Katherine Mansfield (Kathleen Beauchamp), geboren am 14. Oktober 1888 in Wellington/Neuseeland, ist am 9. Januar 1923 in Fontainebleau gestorben.

Fünfzehn Erzählungen sind unter dem Titel *Das Gartenfest* versammelt, fünfzehn Porträts von Frauen, Männern und Kindern, Charakterstudien von Personen und Beziehungen, die in ihrer einfühlsamen Darstellung vornehmlich aus der Perspektive der Frau eher unscheinbar wirkende Geschehnisse aus dem alltäglichen Leben beschreiben. So unscheinbar die Ereignisse auf den ersten Blick wirken, so grundlegend, ja existentiell sind sie für die Betroffenen.

insel taschenbuch 2205
Katherine Mansfield
Das Gartenfest

Katherine Mansfield
Das Gartenfest

und andere Erzählungen

Aus dem Englischen von

Heide Steiner

Insel Verlag

2. Auflage 2016

Erste Auflage 1998
insel taschenbuch 2205

Vertrieb durch den Suhrkamp Taschenbuch Verlag
Satz: Fotosatz Otto Gutfreund, Darmstadt
Printed in Germany
Umschlag: hißmann, heilmann, hamburg
ISBN 978-3-458-33905-2

Inhalt

An der Bucht

I

Sehr früh am Morgen. Die Sonne war noch nicht aufgegangen, und die Crescent-Bucht lag völlig unter einem weißen Nebelschleier verborgen. Die großen, mit Buschwerk bedeckten Hügel im Hintergrund waren ganz eingehüllt. Man konnte nicht sehen, wo sie aufhörten und die Koppeln und Bungalows begannen. Die sandige Landstraße und die Koppeln und Bungalows auf der anderen Seite waren verschwunden. Davor gab es keine weißen, mit rötlichem Gras bewachsenen Dünen. Nichts war da, was Strand und Meer voneinander unterschieden hätte. Starker Tau war gefallen. Das Gras sah blau aus. An den Büschen hingen große Tropfen, die sich gerade noch so hielten. Die silbrigen, flaumigen Toi-toi standen schlapp auf ihren langen Stengeln, und all die Ringelblumen und Nelken in den Gärten der Bungalows hingen vor Nässe auf die Erde herab. Die kühlen Fuchsien troffen, runde Tauperlen lagen auf den flachen Blättern der Kapuzinerkresse. Es sah aus, als hätte die See in der Dunkelheit einen sanften Vorstoß gewagt, als wäre eine riesige Welle dahergerollt gekommen – bis wohin? Wäre man mitten in der Nacht aufgewacht, hätte man vielleicht einen mächtigen Fisch ans Fenster schnellen und dann wieder verschwinden sehen …

Ah-Ach! erklang es von der schläfrigen See. Und aus dem Buschwerk kam das Rauschen kleiner Bäche, die schnell und leicht herabflossen, zwischen die glatten Steine schlüpften, sich in Farnmulden ergossen, um wieder herauszuströmen. Dicke Tropfen klatschten auf große Blätter, und noch etwas anderes war da – was war es? Ein leises Wispern und

Knistern, das Knacken eines Zweiges und darauf eine solche Stille, daß es schien, als lausche jemand.

Um die Ecke der Crescent-Bucht, zwischen aufgetürmten Gesteinsbrocken kam eine Schafherde angetrappelt. Dicht zusammengedrängt, eine kleine, hin und her wogende wollige Masse, und die dünnen, stelzigen Beine trotteten rasch dahin, als hätten die Kälte und Stille sie erschreckt. Ein alter Schäferhund lief hinterher, die patschnassen Pfoten voller Sand, die Schnauze am Boden, unbekümmert, als ob er an etwas anderes dächte. Und dann erschien in dem felsigen Durchgang der Schäfer selbst, ein hagerer, aufrecht gehender alter Mann in einem groben Wollmantel, der von einem Gewebe winziger Tropfen bedeckt war, die Samthosen unter dem Knie zusammengebunden, und mit einem Schlapphut, um dessen Krempe ein blaues Tuch geschlungen war. Eine Hand hielt er in den Gürtel gesteckt, die andere umfaßte einen wunderbar glatten gelben Stock. Und wie er so bedächtig dahinging, ließ er unentwegt ein sanftes, leichtes Pfeifen hören, zarte Flötentöne, wie von weit her, die traurig und zärtlich zugleich klangen. Der alte Hund machte ein, zwei Sprünge wie vor langen Zeiten, blieb darauf, beschämt über seinen Leichtsinn, abrupt stehen und ging dann ein paar würdevolle Schritte an der Seite seines Herrn. Die Schafe rannten in kleinen trappelnden Sätzen dahin; sie begannen zu blöken, und geisterhafte Herden antworteten ihnen unten vom Meer. »Bäh! Bääh!« Eine Zeitlang schien es, als wären sie immer auf derselben Stelle. Vor ihnen erstreckte sich die sandige Landstraße mit seichten Pfützen; zu beiden Seiten die gleichen triefenden Büsche, die gleichen schemenhaften Umzäunungen. Dann kam etwas Gewaltiges in Sicht: ein mächtiger zotteliger Riese breitete die Arme aus. Das war der große Eukalyptusbaum vor dem Laden von Mrs. Stubbs, und als sie vorbeizogen, war ein starker Eukalyptusgeruch zu spüren. Und jetzt schimmerten große

Lichtflecke durch den Nebel. Der Schäfer hörte auf zu pfeifen; er rieb sich die rote Nase und den feuchten Bart mit dem nassen Ärmel und schaute blinzelnd dahin, wo das Meer lag. Die Sonne ging auf. Es war wunderbar, wie rasch der Dunstschleier dünner wurde, fortflog, sich über dem flachen Land auflöste, vom Busch emporkräuselte und verschwunden war, als hätte er es eilig wegzukommen. Große Kräuselringe und Kringel drängten und stießen einander, als die silbernen Strahlen breiter wurden. Das leuchtende, klare Himmelsblau hoch oben spiegelte sich in den Pfützen, und die Tropfen, die an den Telegrafenmasten entlangschwammen, blitzten auf wie Lichter. Die aufschäumende, glitzernde See glänzte jetzt so hell, daß die Augen schmerzten, wenn sie hinsahen. Der Schäfer zog eine Pfeife, mit einem Kopf, so klein wie eine Eichel, aus seiner Brusttasche, suchte nach einem Klumpen gefleckten Tabaks, schnitt ein paar Krümel ab und stopfte die Pfeife. Er war ein würdevoller, feiner alter Mann. Als er die Pfeife anzündete und der blaue Rauch sich um seinen Kopf ringelte, sah ihn der Hund, der ihn beobachtet hatte, ganz stolz an.

»Bäh! Bääh!« Die Schafe liefen wie zu einem Fächer auseinander. Sie hatten gerade die Sommerkolonie hinter sich gelassen, als der erste Schläfer sich umdrehte und schlaftrunken den Kopf hob. Ihr Blöken klang hinüber in die Träume der kleinen Kinder ... die die Arme hoben, um die süßen kleinen Wollschäfchen im Schlaf zu sich herabzuziehen und an sich zu drücken. Dann erschien der erste Bewohner: Burnells Katze Florrie. Sie saß auf dem Torpfosten, um, wie gewöhnlich viel zu früh, nach dem Milchmädchen Ausschau zu halten. Als sie den alten Schäferhund sah, schnellte sie hoch, machte einen Buckel, duckte den gestreiften Kopf und schüttelte sich ein wenig, als wäre sie pikiert. »Puh! Was für ein gemeines, abstoßendes Geschöpf!« sagte Florrie. Doch der alte Schäferhund wackelte vorbei, ohne aufzusehen, hin und her schlenkerte er die Beine. Nur ein Ohr zuckte, zum Zeichen, daß er sie sah und für eine alberne junge Dame hielt.

Im Busch erhob sich ein Morgenlüftchen, und der Geruch von Laub und feuchter dunkler Erde mischte sich mit dem würzigen Ruch des Meeres. Die Stimmen unzähliger Vögel waren zu hören. Ein Goldfink flog dem Schäfer über den Kopf, ließ sich dann auf der äußersten Spitze eines kleinen Zweiges, der Sonne zugewandt, nieder und plusterte die kleinen Brustfedern auf. Und jetzt hatten sie die Hütte des Fischers hinter sich gelassen, waren sie vorbei an der verrußt aussehenden kleinen *Kate*, in der das Milchmädchen Leila mit ihrer alten Großmutter wohnte. Die Schafe verstreuten sich über gelbem Morast, und der Schäferhund Wag trottete hinterher, trieb sie zusammen und dem steilen, engen, felsigen Pfad zu, der aus der Crescent-Bucht zur Daylight-Bai führte. »Bäh! Bääh!« Matt klang der Ruf, als sie die rasch trocknende Straße entlangzogen. Der Schäfer steckte die Pfeife in seine Brusttasche, so daß der kleine Kopf herausguckte. Und sogleich ertönte wieder das leichte zarte Pfeifen. Wag lief auf einem schmalen Felsvorsprung einer Fährte nach und kam angeekelt zurückgelaufen. Dann verschwanden die Schafe unter Stoßen und Drängen eilig um die Biegung, der Schäfer folgte ihnen und war nicht mehr zu sehen.

2

Ein paar Augenblicke später öffnete sich die Hintertür eines der Bungalows, und eine Gestalt in einem breitgestreiften Badeanzug eilte über die Koppel, stieg über den Zauntritt, stürmte durch das Büschelgras in die Mulde, schwankte den sandigen Hügel hinauf und rannte, als gälte es das Leben, über die großen porösen Steine, über die kalten, nassen Kiesel auf den harten, wie Öl schimmernden Sand. Plitsch-platsch! Plitsch-platsch! Das Wasser gluckste Stanley Burnell um die Beine, als er frohlockend hinauswatete. Der erste, wie üblich. Wieder war er allen zuvorgekommen. Und blitzschnell tauchte er Kopf und Nacken unter Wasser.

»Heil, Bruder! Heil dir, der du mächtig bist!« dröhnte eine samtene Baßstimme über das Wasser.

Großer Gott! Verflucht! Stanley richtete sich aus dem Wasser auf und sah weit draußen einen dunklen Kopf auf und ab tanzen und einen erhobenen Arm. Das war Jonathan Trout – da vor ihm. »Ein prachtvoller Morgen!« sang die Stimme.

»Ja, sehr schön!« erwiderte Stanley kurz angebunden. Warum zum Teufel hielt sich der Kerl nicht an sein Revier? Was suchte er ausgerechnet an dieser Stelle? Stanley stieß sich ab, machte einen Satz und schwamm auf der Seite. Doch Jonathan war ihm gewachsen. Er kam heran, sein schwarzes Haar lag glatt auf seiner Stirn, der kurze Bart glänzte.

»Vergangene Nacht hatte ich einen außergewöhnlichen Traum!« schrie er.

Was war bloß mit dem Mann los? Diese Redesucht brachte Stanley maßlos auf. Und es war immer dasselbe – immer irgend so ein Quatsch von einem Traum, den er gehabt hatte, oder irgendeine verrückte Idee, die er sich in den Kopf gesetzt hatte, oder irgendwelcher Blödsinn, den er gelesen hatte. Stanley drehte sich auf den Rücken und strampelte mit den Beinen, bis er ein lebender Wasserspeier war. Doch sogar da... »Ich hab' geträumt, ich hing über einer schrecklich hohen Klippe und rief jemandem unten etwas zu.« ›Das sieht dir ähnlich!‹ dachte Stanley. Er konnte das einfach nicht mehr ertragen. Er hörte zu spritzen auf. »Hör mal, Trout«, sagte er, »ich hab's heute morgen ziemlich eilig.«

»*Was* hast du?« Jonathan war so erstaunt – oder tat so, daß er unter Wasser sank und dann prustend wieder auftauchte.

»Ich meine nur«, sagte Stanley, »ich habe keine Zeit, um – um – um herumzualbern. Ich möchte das hinter mir haben. Ich habe es eilig. Ich muß heute morgen noch arbeiten, verstanden?«

Jonathan war weg, ehe Stanley noch geendet hatte. »Ich passe, mein Freund!« sagte die Baßstimme liebenswürdig, und er glitt durch das Wasser davon, wobei er kaum Wellen schlug... Zum Kuckuck mit dem Kerl! Er hatte Stanley das Bad verdorben. Was für ein ausgemachter Idiot der Mann doch war! Stanley schwamm weiter hinaus und dann ebenso schnell wieder zurück und rannte eilig den Strand hinauf. Er fühlte sich betrogen.

Jonathan blieb noch eine Weile im Wasser. Er ließ sich treiben, wobei er die Hände leicht wie Flossen bewegte und seinen langen, mageren Körper vom Wasser schaukeln ließ. Komisch, doch trotz allem mochte er Stanley Burnell. Zwar hatte er manchmal ein geradezu teuflisches Verlangen, ihn aufzuziehen, sich über ihn lustig zu machen, doch im Grunde tat ihm der Kerl leid. Es lag etwas Rührendes darin, wie er aus allem eine große Sache machte. Man hatte unbedingt das Gefühl, daß es ihn eines Tages erwischen würde, und was für ein mächtiger Reinfall würde das werden! In diesem Augenblick wurde Jonathan von einer gewaltigen Welle hochgehoben, die dann an ihm vorbeirollte und sich mit einem Freudenton am Strand brach. Wie schön das war! Und jetzt kam wieder eine. So mußte man leben – unbekümmert, verwegen, sich verschwendend. Er richtete sich auf und watete zum Strand, wobei er die Zehen in den festen, welligen Sand preßte. Die Dinge nicht so schwernehmen, nicht gegen das Auf und Ab im Leben ankämpfen, sondern ihm nachgeben – so mußte es sein. Was völlig verkehrt war, war diese Spannung. Leben – ach, leben! Und der herrliche Morgen, so frisch und klar, voller Sonnenlicht, gleichsam, als lache er über seine eigene Schönheit, schien zu flüstern: »Warum nicht?«

Aber als Jonathan aus dem Wasser war, sah er ganz blau aus vor Kälte. Der ganze Körper schmerzte ihn. Es war, als ob jemand das Blut aus ihm preßte. Und als er steif und zitternd mit verspannten Muskeln den Strand hinaufging, hatte auch er das Gefühl, daß sein Bad verdorben war. Er war zu lange im Wasser geblieben.

3

Beryl war allein im Wohnzimmer, als Stanley, in einem Anzug aus blauem Serge, mit steifem Kragen und getupfter Krawatte, erschien. Er sah beinahe unheimlich sauber und geschniegelt aus. Er wollte für den Tag in die Stadt. Als er sich auf seinen Stuhl fallen ließ, zog er die Uhr heraus und legte sie neben den Teller.

»Ich habe gerade noch fünfundzwanzig Minuten«, sagte er. »Du könntest mal nachsehen, ob der Porridge fertig ist, ja, Beryl?«

»Mutter ist schon gegangen«, erwiderte Beryl. Sie setzte sich an den Tisch und schenkte ihm Tee ein.

»Danke!« Stanley nahm einen Schluck. »He!« sagte er mit erstaunter Stimme, »du hast den Zucker vergessen.«

»Oh, entschuldige!« Aber auch dann gab sie ihm keinen Zucker. Sie schob ihm die Dose zu. Was sollte das heißen? Als Stanley sich bediente, wurden seine blauen Augen ganz groß. Sie schienen zu beben. Er warf einen raschen Blick auf seine Schwägerin und lehnte sich zurück.

»Alles in Ordnung, oder?« fragte er leichthin und machte sich an seinem Kragen zu schaffen.

Beryl hielt den Kopf gesenkt, sie drehte ihren Teller hin und her.

»Völlig«, sagte sie mit ihrer hellen Stimme. Dann sah auch sie auf und lächelte Stanley zu. »Was sollte denn sein?«

»Ach! Nicht, daß ich wüßte! Ich dachte nur, du schienst ziemlich ...«

In diesem Augenblick wurde die Tür geöffnet, und herein kamen drei kleine Mädchen, jedes mit einem Teller voll Porridge. Alle trugen dieselben blauen Strickjacken und Bundhosen. Die braunen Beine waren nackt, und alle hatten das Haar geflochten und zu einem Pferdeschwanz, wie man das nannte, aufgesteckt. Hinter ihnen kam Mrs. Fairfield mit dem Tablett herein.

»Paßt auf, Kinder«, mahnte sie. Doch sie nahmen sich sehr in acht. Sie liebten es, wenn sie etwas tragen durften. »Habt ihr eurem Vater schon guten Morgen gesagt?«

»Ja, Großmama.« Sie setzten sich auf die Bank, Stanley und Beryl gegenüber.

»Guten Morgen, Stanley!« Die alte Mrs. Fairfield reichte ihm seinen Teller.

»Guten Morgen, Mutter! Wie geht's dem Jungen?«

»Großartig! Er ist diese Nacht nur einmal munter gewesen. Was für ein herrlicher Morgen!« Die alte Frau hielt inne, eine Hand auf dem Laib Brot, und schaute durch die offene Tür in den Garten hinaus. Das Meer rauschte. Durch das weit geöffnete Fenster schien die Sonne auf die gelb gestrichenen Wände und den blanken Fußboden. Auf dem Tisch glänzte und glitzerte alles. In der Mitte stand eine alte Salatschüssel voller gelber und roter Kapuzinerkresse. Sie lächelte, und ein Ausdruck tiefer Zufriedenheit trat in ihre Augen.

»Du könntest mir eine Scheibe von dem Brot da *abschneiden*, Mutter«, sagte Stanley. »In zwölf und einer halben Minute fährt die Kutsche. Hat jemand dem Mädchen meine Schuhe gegeben?«

»Ja, sie sind fertig.« Mrs. Fairfield war ganz ruhig.

»Ach, Kezia! Was bist du für ein Ferkel!« rief Beryl verzweifelt.

»Ich, Tante Beryl?« Kezia sah sie groß an. Was hatte sie denn bloß getan? Sie hatte doch nur einen Fluß mitten durch den Brei gegraben, ihn vollaufen lassen und aß nun die Ufer auf. Aber sie machte das jeden Morgen, und bis jetzt hatte noch keiner etwas gesagt.

»Warum kannst du nicht ordentlich essen wie Isabel und Lottie?« Wie ungerecht die Erwachsenen doch waren!

»Aber Lottie macht doch immer eine schwimmende Insel, nicht wahr, Lottie?«

»Ich nicht«, sagte Isabel altklug. »Ich streue nur Zucker drauf und nehme Milch, und dann esse ich meins auf. Nur Babys spielen mit ihrem Essen.«

Stanley schob den Stuhl zurück und stand auf.

»Würdest du mir die Schuhe holen, Mutter? Und Beryl, wenn du fertig bist, möchte ich, daß du zum Tor läufst und die Kutsche anhältst. Isabel, lauf zu deiner Mutter und frag sie, wo mein Hut geblieben ist. Einen Augenblick noch – habt ihr Kinder mit meinem Stock gespielt?«

»Nein, Vater!«

»Aber ich hab' ihn hierhergestellt«, begann Stanley aufzubrausen. »Ich weiß ganz genau, daß ich ihn in diese Ecke gestellt habe. Also, wer hat ihn gehabt? Die Zeit drängt. Seht euch genau um! Der Stock muß gefunden werden.«

Sogar das Dienstmädchen Alice wurde in die Suche mit einbezogen: »Sie haben ihn nicht zufällig gebraucht, um das Küchenfeuer damit zu schüren?«

Stanley stürzte ins Schlafzimmer, wo Linda lag. »Einfach sagenhaft! Ich kann kein einziges Stück für mich behalten. Jetzt haben sie mir meinen Stock weggenommen.«

»Stock, Liebling? Was für einen Stock?« Lindas Gleichgültigkeit bei solchen Gelegenheiten konnte einfach nicht von dieser Welt sein, dachte Stanley. Hatte denn keiner Mitgefühl für ihn?

»Der Wagen! Stanley, der Wagen«, schrie Beryl vom Tor her.

Stanley winkte Linda zu. »Keine Zeit, auf Wiedersehen zu sagen«, rief er. Und das war als Strafe für sie gedacht.

Er ergriff den Hut, stürzte aus dem Haus und raste den Gartenweg entlang. Ja, die Kutsche wartete dort schon, und Beryl lehnte über der offenen Gartentür und lachte irgend jemandem zu, als ob nichts geschehen wäre. Wie herzlos Frauen doch waren! Wie selbstverständlich sie hinnahmen, daß man für sie rackerte, während sie sich nicht mal die Mühe machten, sich darum zu kümmern, daß der Spazierstock nicht abhanden kam. Kelly ließ die Peitsche über die Pferde gleiten.

»Auf Wiedersehn, Stanley!« rief Beryl nett und fröhlich. Es war nur zu leicht, auf Wiedersehen zu sagen. Und da stand sie nun müßig da und beschattete die Augen mit der Hand. Das schlimmste dabei war ja, daß Stanley, um den Schein zu wahren, ebenfalls auf Wiedersehen rufen mußte. Dann sah er, wie sie sich umdrehte, einen kleinen Hopser machte und zum Haus zurücklief. Sie war froh, ihn los zu sein.

Ja, sie war dankbar dafür. Mit dem Ruf: »Er ist fort!« kam sie ins Wohnzimmer gerannt. Linda hörte man aus ihrem Zimmer rufen: »Beryl! Ist Stanley fort?« Die alte Mrs. Fairfield tauchte auf, sie trug den Jungen in seinem kleinen Flanellrock.

»Fort?«

»Fort!«

Ach, wie erleichtert sie waren, wie anders alles war, wenn der Mann aus dem Hause war! Sogar ihre Stimmen klangen anders, als sie einander zuriefen; sie klangen warm und liebevoll und so, als ob sie ein Geheimnis teilten. Beryl ging zum Tisch. »Trink doch noch eine Tasse Tee, Mutter. Er ist noch heiß.« Irgendwie wollte sie es feiern, daß sie jetzt tun und lassen konnten, was sie wollten. Da war kein Mann, der sie hätte stören können. Der ganze herrliche Tag gehörte ihnen.

»Nein, danke, mein Kind«, sagte die alte Mrs. Fairfield. Doch wie sie gerade da den kleinen Jungen hochwarf und »ei-jei-jeiei-jei-jei« sagte, hieß, daß sie genauso empfand. Die kleinen Mädchen liefen auf den Hof wie Küken, die man aus einem Verschlag freigelassen hatte.

Sogar das Dienstmädchen Alice, das in der Küche das Geschirr abwusch, wurde davon angesteckt und ging völlig sorglos mit dem kostbaren Wasser aus dem Tank um.

»Ach, diese Männer!« Sie tauchte die Teekanne in die Schüssel und hielt sie sogar noch unter Wasser, als keine Bläschen mehr kamen, so, als ob auch sie ein Mann und Ertrinken noch zu gut dafür wäre.

4

»Isabel, so warte doch! Kezia, so warte doch!«

Wieder einmal war die arme kleine Lottie zurückgeblieben, weil es ihr furchtbar schwerfiel, allein über den Zauntritt zu kommen. Als sie auf der ersten Stufe stand, begannen ihr die Knie zu schlottern. Sie klammerte sich an den Pfosten. Dann mußte man ein Bein hinübersetzen. Aber welches? Sie konnte sich nie entschließen. Und als sie schließlich in einer Anwandlung von Verzweiflung ein Bein hinübersetzte, war das ein fürchterliches Gefühl. Halb war sie noch auf der Koppel und halb in dem Büschelgras. Verzweifelt klammerte sie sich an den Pfosten und schrie lauter: »So wartet doch!«

»Nein, Kezia, wart' bloß nicht auf sie!« sagte Isabel. »Sie

ist ja so ein kleiner Dummerjan. Immer macht sie so ein Theater. Komm!« Und sie zog Kezia an der Strickjacke. »Du kannst meinen Eimer nehmen, wenn du mit mir kommst«, sagte sie freundlich. »Er ist größer als deiner.« Doch Kezia konnte Lottie nicht einfach sich selbst überlassen. Sie lief zu ihr zurück. Lottie war jetzt hochrot im Gesicht und atmete schwer.

»Setz deinen andern Fuß hier rüber«, sagte Kezia.

»Wo?«

Lottie blickte auf Kezia hinab, als stünde sie auf einem hohen Berg.

»Hier, wo meine Hand ist.« Kezia strich über die Stelle.

»Ach, *dort* meinst du?« Lottie seufzte schwer und setzte den zweiten Fuß hinüber.

»Jetzt drehst du dich so gut wie rum, setzt dich hin und rutschst«, sagte Kezia.

»Aber da ist doch gar nichts, wo man sich *drauf*setzen kann, Kezia«, jammerte Lottie.

Schließlich hatte sie es geschafft. Und als es erst einmal überstanden war, schüttelte sie sich und begann zu strahlen.

»Ich komme schon besser über Zauntritte, nicht wahr, Kezia?«

Lottie war eine sehr optimistische Natur.

Ein blauer und ein rosaroter Sonnenhut folgten Isabels leuchtendrotem den schlüpfrigen, glatten Hügel hinauf. Oben angekommen, machten sie erst einmal halt, um zu entscheiden, wohin sie gehen sollten, und um sich genau zu orientieren, wer bereits da war. Wenn man sie von hinten sah, wie sie sich gegen den Horizont abhoben und schwungvoll mit ihren Spaten gestikulierten, sahen sie aus wie kleine Entdecker, die Kriegsrat hielten.

Samuel Josephs gesamte Familie war bereits mit ihrer Haustochter da, die auf einem Klapphocker saß, mit einer Pfeife, die sie um den Hals trug, und einem kurzen Stock, mit dem sie herumdirigierte, für Ordnung sorgte. Die Samuel Josephs spielten nie für sich oder brachten ein eigenes Spiel zustande. Wenn, dann endete es damit, daß die Jungen den Mädchen Wasser in den Nacken gossen oder die Mädchen versuchten, den Jungen kleine schwarze Krabben in die Taschen zu stecken. So machten Mrs. S. J. und die arme Haustochter jeden Morgen etwas, das sie ein ›Brogramm‹ nannten, damit sie ihren Spaß hätten und keinen ›Unfuch anstellten‹. Es waren immer Wettspiele oder Wettrennen oder Gesellschaftsspiele. Das Ganze begann mit einem durchdringenden Pfiff aus der Pfeife der Haustochter und endete auch so. Es gab sogar Preise – große, in ziemlich schmutziges Papier eingewickelte Päckchen, die die Haustochter mit einem leicht sauren Lächeln aus einer ausgebeulten Stofftasche zog. Die Samuel Josephs kämpften ungeheuerlich um die Preise, sie schummelten dabei und kniffen sich in die Arme; sie waren alle ganz groß im Kneifen. Das einzige Mal, als die Burnell-Kinder mit ihnen gespielt hatten, hatte Kezia einen Preis gewonnen, und nachdem sie drei Papierhüllen aufgemacht hatte, fand sie einen sehr kleinen rostigen Stiefelknöpfer. Sie konnte absolut nicht verstehen, warum sie soviel Aufhebens machten ...

Aber jetzt spielten sie nie mehr mit den Samuel Josephs, noch gingen sie zu ihren Parties. Die Samuel Josephs veranstalteten standig Kinderfeste an der Bucht, bei denen es immer dasselbe zu essen gab. Eine große Waschschüssel voll sehr bräunlichem Fruchtsalat, in Viertel geschnittene Rosinenbrötchen und einen Waschkrug voll ›Limmonadää‹, wie das die Haustochter nannte. Und wenn man dann abends nach Hause ging, war einem die halbe Rüsche vom Kleid abgerissen oder vorn die ganze Hohlsaumschürze bekleckst, und die Samuel Josephs sprangen wie die Wilden auf der Wiese herum. Nein, sie waren zu abscheulich!

Auf der anderen Seite vom Strand, dicht am Wasser,

flitzten zwei kleine Jungs, die Hosen hochgekrempelt, wie Spinnen hin und her. Der eine grub, der andere trippelte immer ins Wasser, um einen kleinen Eimer zu füllen. Das waren die Trout-Jungen Pip und Rags. Aber Pip grub so emsig, und Rags half dabei ebenso emsig, daß sie ihre kleinen Cousinen erst sahen, als sie ganz dicht heran waren.

»Seht mal!« sagte Pip. »Seht mal, was ich entdeckt habe!« Und er zeigte ihnen einen alten, nassen, zusammengequetscht aussehenden Stiefel. Die drei kleinen Mädchen blickten gebannt.

»Was willst du bloß damit anfangen?« fragte Kezia.

»Behalten, natürlich!« Pip war voller Verachtung. »Das ist ein Fund, verstehst du?«

Ja, Kezia verstand das. Trotzdem ...

»Da sind jede Menge Sachen im Sand vergraben«, erklärte Pip. »Sie kommen von Wracks. Schätze. Also – was man da finden könnte ...«

»Aber warum muß Rags immer Wasser reingießen?« fragte Lottie.

»Ach, um es naß zu machen«, sagte Pip, »damit die Arbeit ein bißchen leichter wird. Mach weiter, Rags!«

Und der gute kleine Rags lief hin und her und schüttete Wasser, das sich braun färbte wie Kakao, in das Loch.

»Soll ich euch zeigen, was ich gestern gefunden habe?« fragte Pip geheimnisvoll, und er steckte den Spaten in den Sand. »Aber ihr müßt versprechen, niemandem etwas zu sagen.«

Sie versprachen es.

»Sagt, Hand aufs Herz und nicht gelogen!«

Die kleinen Mädchen sagten es.

Pip nahm etwas aus seiner Hosentasche, rieb es lange an seinem Pullover, dann hauchte er drauf und rieb wieder.

»Umdrehen!« befahl er.

Sie drehten sich um.

»Guckt alle in die gleiche Richtung! Seid ruhig! Jetzt!«

Und er öffnete seine Hand. Er hielt etwas ins Licht, das aufflammte, das blinkte, das herrlich grün aussah.

»Ein Smarat«, sage Pip feierlich.

»Wirklich, Pip?« Sogar Isabel schien beeindruckt.

Das herrliche grüne Ding schien in Pips Fingern zu tanzen. Tante Beryl hatte einen Smarat in einem Ring, aber nur einen kleinen. Dieser hier war so groß wie ein Stern und viel schöner.

5

Später am Morgen kamen ganze Gruppen über die Dünen an den Strand, um zu baden. Es war eine stillschweigende Abmachung, daß um elf die See den Frauen und Kindern der Sommerkolonie gehörte. Zuerst zogen sich die Frauen aus, streiften ihre Badegewänder über und setzten scheußliche, Schwammbeuteln ähnliche Mützen auf. Dann wurden die Kinder ausgeschält. Der Strand war übersät mit kleinen Haufen von Kleidungsstücken und Schuhen. Die großen Sonnenhüte, mit Steinen beschwert, damit sie nicht fortgeweht würden, sahen wie riesige Muscheln aus. Komisch, sogar das Meer schien anders zu rauschen, wenn all die hüpfenden, lachenden Gestalten in die Wellen liefen. Die alte Mrs. Fairfield, in einem lila Baumwollkleid und schwarzem, unterm Kinn gebundenen Hut, versammelte ihre kleine Schar um sich und machte sie fertig. Die kleinen Trout-Jungen streiften sich hurtig das Hemd über den Kopf, und fort rannten die fünf, während die Großmama dasaß, eine Hand in ihrem Strickzeug, bereit, den Wollknäuel herauszuziehen, wenn sie beruhigt sein konnte, daß sie glücklich im Wasser waren.

Die stabilen, strammen kleinen Mädchen waren nicht

halb so mutig wie die zarten, schwächlich aussehenden kleinen Jungen. Für Pip und Rags, die zitterten, sich zusammenkauerten, mit der flachen Hand aufs Wasser schlugen, gab es kein Zögern. Doch Isabel, die zwölf, und Kezia, die beinahe acht Züge schwimmen konnte, folgten nur unter der strikten Voraussetzung, daß sie nicht vollgespritzt würden. Und was Lottie anging, sie ging überhaupt nicht hinein. Sie mochte es, wenn man sie ihre eigenen Wege gehen ließ, bitte schön. Und die eigenen Wege bestanden darin, daß sie sich mit ausgestrecken Beinen und zusammengepreßten Knien an den Rand des Wassers setzte und bestimmte Armbewegungen machte, als ob sie erwartete, auf die See geweht zu werden. Aber wenn einmal eine Welle, die größer war als gewöhnlich, eine alte bärtige, schwerfällig in ihre Richtung gerollt kam, krabbelte sie mit entsetzter Miene mühsam auf die Beine und rannte den Strand wieder hinauf.

»Hier, Mutter, bewahre das bitte für mich auf, ja?«

Zwei Ringe und eine dünne Goldkette fielen in Mrs. Fairfields Schoß.

»Ja, meine Liebe. Aber willst du denn nicht hier baden?«

»Nei-ein«, sagte Beryl gedehnt und ganz unbestimmt. »Ich ziehe mich weiter hinten aus. Ich gehe mit Mrs. Harry Kember baden.«

»Schön.« Doch Mrs. Fairfields Lippen wurden ganz schmal. Sie hielt nichts von Mrs. Harry Kember. Beryl wußte das.

Arme alte Mutter, lächelte sie, als sie über die Steine dahineilte. Arme alte Mutter! Alt! Ach, was für eine Freude, was für eine Wonne war es doch, jung zu sein ...

»Sie sehn ja so vergnügt aus«, sagte Mrs. Kember. Sie saß zusammengekauert auf den Steinen, die Arme um die Knie geschlungen, und rauchte.

»Es ist so ein herrlicher Tag!« Beryl lächelte auf sie herab.

»Ach, meine *Liebe!*« Mrs. Kembers Stimme klang, als ob sie es besser wüßte. Aber schließlich klang ihre Stimme immer so, als ob sie mehr über einen wüßte als man selbst. Sie war eine große, ungewöhnlich aussehende Frau mit schmalen Händen und Füßen. Auch ihr Gesicht war lang und schmal und sah verbraucht aus. Sogar die blonde lockige Ponyfrisur wirkte ausgebrannt und verdorrt. Sie war die einzige Frau an der Bucht, die rauchte, und sie rauchte unablässig. Auch beim Sprechen hatte sie eine Zigarette im Mund, und sie nahm sie nur heraus, wenn die Asche so lang war, daß man sich wunderte, daß sie nicht herunterfiel. Wenn sie nicht Bridge spielte – sie spielte jeden Tag ihres Lebens Bridge –, verbrachte sie die Zeit damit, daß sie in der grellen Sonne lag. Sie konnte enorm viel davon vertragen, sie hatte nie genug. Trotzdem schien sie nicht warm zu werden. Ausgedörrt, vertrocknet, kalt, so lag sie lang ausgestreckt auf den Steinen wie ein Stück hingeworfenes Treibholz. Die Frauen der Bucht hielten sie für sehr, sehr emanzipiert. Ihr Mangel an Eitelkeit, ihre lässige Sprache, die Art, wie sie die Männer behandelte, als wäre sie ihresgleichen, und der Umstand, daß sie sich keinen Deut um den Haushalt kümmerte und daß sie ihr Dienstmädchen Margaret ›Männergret‹ nannte, war eine Schande. Von den Verandastufen rief Mrs. Kember mit ihrer gleichgültigen, müden Stimme etwa: »Hören Sie, Männergret, Sie könnten mir ein Taschentuch herschmeißen, wenn ich noch eins habe, ja?« Und Männergret, eine rote Schleife im Haar anstelle eines Häubchens und in weißen Schuhen, kam mit einem dreisten Lächeln angerannt. Es war einfach ein Skandal! Zwar hatte sie keine Kinder, und ihr Mann... Hier erreichten die Stimmen immer höchste Töne, wurden sie geradezu feurig. Wie kann er sie nur geheiratet haben? Wie kann er nur, wie kann er nur? Da muß natürlich Geld dahinterstecken, aber auch dann!

Mrs. Kembers Mann war mindestens zehn Jahre jünger

als sie und sah so unwahrscheinlich gut aus, daß er eher einer Maske oder einem absolut vollkommenen Bild in einem amerikanischen Roman glich als einem Mann. Schwarzes Haar, dunkelblaue Augen, rote Lippen, ein bedächtiges verträumtes Lächeln, ein ausgezeichneter Tennisspieler, ein tadelloser Tänzer, und alles in allem ein Rätsel. Harry Kember war wie ein Schlafwandler. Männer konnten ihn nicht ausstehen, sie konnten kein Wort aus dem Kerl herauskriegen. Seine Frau beachtete er ebensowenig wie sie ihn. Wie lebte er eigentlich? Natürlich gab es da Geschichten, und was für welche! Man konnte sie einfach nicht erzählen. Die Frauen, mit denen er gesehen worden war, die Orte, an denen er gesehen worden war ... aber nichts war je gewiß, nichts bestimmt. Einige Frauen an der Bucht glaubten so ganz insgeheim, daß er eines Tages einen Mord begehen würde. Ja, sogar während sie mit Mrs. Kember sprachen und registrierten, daß sie sich wieder einmal gräßlich hergerichtet hatte, sahen sie sie, wie sie hingestreckt am Strand lag – doch kalt, blutüberströmt, die Zigarette noch im Mundwinkel.

Mrs. Kember stand auf, gähnte, löste die Gürtelschnalle und zog an dem Band ihrer Bluse. Und Beryl stieg aus ihrem Rock, streifte die Jacke ab und stand da in ihrem kurzen weißen Unterrock und der Untertaille mit Schleifen aus schmalen Bändern auf den Schultern.

»Barmherziger Himmel!« rief Mrs. Kember, »wie schön Sie sind!«

»Nicht doch!« protestierte Beryl leise. Aber als sie erst den einen und dann den anderen Strumpf auszog, kam sie sich wahrhaftig schön vor.

»Aber meine Liebe, warum denn nicht?« sagte Mrs. Kember, wobei sie auf ihren Unterrock trat. Wirklich – ihre Unterwäsche! Ein Paar blauer Baumwollschlüpfer und ein leinenes Leibchen, das einen irgendwie an einen Kopfkissenbezug erinnerte... »Und sie tragen wirklich kein Korsett?« Sie berührte Beryls Taille, und Beryl sprang mit einem kleinen gezierten Schrei zur Seite. »Nie!« antwortete sie dann ruhig.

»Glückliches kleines Ding«, seufzte Mrs. Kember, als sie ihres aufschnürte.

Beryl wandte ihr den Rücken zu und begann die komplizierten Bewegungen einer Frau, die versucht, sich auszuziehen und gleichzeitig den Badeanzug anzuziehen.

»Ach, lassen Sie sich durch mich nicht stören«, sagte Mrs. Kember. »Warum sollten Sie sich denn schämen? Ich tue Ihnen doch nichts. Ich bin auch nicht entsetzt wie diese anderen dummen Dinger.« Und sie lachte ihr seltsames wieherndes Lachen und deutete mit einer verächtlichen Grimasse zu den anderen Frauen hin.

Aber Beryl war schamhaft. Sie zog sich nie vor jemandem aus. War das albern? Mrs. Kember erweckte in ihr das Gefühl, daß das albern sei, sogar etwas, dessen man sich schämen sollte. Ja, warum sollte man sich denn schämen? Schnell sah sie zu ihrer Freundin hinüber, die so kühn in ihrem zerrissenen Hemd dastand und sich eine frische Zigarette ansteckte; und ein rasches, verwegenes, böses Gefühl entstand in ihrer Brust. Unbekümmert lachend zog sie den schlappen, noch feuchten Badeanzug an, der sich sandig anfühlte, und machte die verschränkten Knöpfe zu.

»So ist's besser«, meinte Mrs. Kember. Sie gingen zusammen an den Strand hinab. »Es ist wirklich eine Sünde, daß Sie Kleider tragen. Das wird Ihnen ganz bestimmt mal jemand sagen.«

Das Wasser war ganz warm. Es war von einem wunderbaren durchsichtigen Blau mit silbrigen Flecken. Aber der Sand auf dem Grunde sah wie Gold aus. Wenn man mit den Zehen ein bißchen dareinstieß, wirbelte eine kleine Goldstaubwolke auf. Jetzt gingen die Wellen Beryl gerade bis an die Brust. Sie stand mit weit ausgestreckten Armen da und sah aufs Meer hinaus, und jedesmal, wenn eine Welle kam, sprang sie ein klein wenig hoch, so daß es schien, als würde sie von der Welle ganz zart hochgehoben.

»Ich finde, hübsche Mädchen sollten sich amüsieren«, sagte Mrs. Kember. »Warum auch nicht? Machen Sie bloß keinen Fehler, meine Liebe. Genießen Sie das Leben!« Und plötzlich machte sie einen Überschlag, verschwand und schwamm ganz rasch davon, wie eine Ratte. Dann schnellte sie herum und begann zurückzuschwimmen. Sie würde noch mehr sagen. Beryl hatte das Gefühl, daß sie von dieser kalten Frau verdorben würde, aber sie brannte darauf, es zu hören. Doch wie seltsam! Wie entsetzlich! Als Mrs. Kember nahe herankam, sah sie in ihrer schwarzen wasserdichten Badekappe, das verträumte Gesicht erhoben, so daß nur das Kinn das Wasser berührte, wie eine schreckliche Karikatur ihres Mannes aus.

6

Im Liegestuhl unter einem Manukabaum, der mitten auf der Wiese vorm Haus wuchs, verträumte Linda Burnell den Vormittag. Sie tat nichts. Sie blickte hinauf in die dunklen, dichten, trockenen Blätter des Manukabaumes, in die blauen Ritzen dazwischen, und ab und zu fiel eine winzige gelbliche Blüte auf sie herab. Sehr hübsch – ja, wenn man so eine Blüte auf der Handfläche hielt und sie genau ansah, war das ein äußerst feines kleines Ding. Jedes einzelne blaßgelbe Blütenblatt schimmerte, als wäre es von liebevoller Hand sorgsam gefertigt. Der winzige Klöppel in der Mitte gab ihr das Aussehen einer Glocke. Und wenn man sie herumdrehte, war die Außenseite von einem tiefen Bronzeton. Aber sobald sie aufblühten, fielen sie herab und wurden verstreut. Man strich sie vom Kleid, während man sprach; die schrecklichen kleinen Dinger verfingen sich im Haar. Warum blühten sie dann überhaupt? Wer machte sich die Mühe – oder die Freude –, all diese Dinge zu schaffen, die verschwendet werden, ja verschwendet... Es war unheimlich.

Neben ihr im Gras lag zwischen zwei Kissen der Junge. Er lag da in tiefem Schlaf, den Kopf von seiner Mutter abgekehrt. Sein feines dunkles Haar glich eher einem Schatten als richtigem Haar, doch sein Ohr leuchtete in tiefem Korallenrot. Linda verschränkte die Hände über dem Kopf und legte die Füße übereinander. Zu wissen, daß all diese Bungalows leer standen, daß alle Leute unten am Strand waren, daß keiner zu sehen noch zu hören war, war sehr angenehm. Sie hatte den Garten ganz für sich. Sie war allein.

Blendend weiß leuchteten die Nelken. Die goldenen Ringelblumen glänzten. In grünen und goldenen Flammen wand sich die Kapuzinerkresse um die Verandasäulen. Wenn man nur Zeit hätte, diese Blumen lange genug anzuschauen, Zeit, um das Gefühl der Neuheit und Fremdheit zu überwinden, Zeit, sie kennenzulernen! Doch sobald man innehielt, um die Blütenblätter auseinanderzudrücken, die Unterseite des Blattes zu erkunden, kam das Leben selbst daher, und man wurde weggerissen. Und wie sie in ihrem Rohrstuhl lag, fühlte sich Linda so leicht; sie kam sich vor wie ein Blatt. Daher kam das Leben gestürmt und ergriff und schüttelte sie. Sie mußte gehen. Ach je, würde das immer so sein? Gab es kein Entrinnen?

... Jetzt saß sie auf der Veranda ihres tasmanischen Hauses und lehnte an ihres Vaters Knie. Und er versprach: »Sobald du und ich alt genug sind, Linny, hauen wir ab, irgendwohin, reißen wir aus. Zwei Jungen gemeinsam. Ich hab' so eine Idee, daß ich gern einen Fluß in China langsegeln würde.« Linda sah diesen Fluß vor sich, sehr breit, voll lauter kleiner Flöße und Boote. Sie sah die gelben Hüte der Bootsleute und hörte ihre hohen, dünnen Stimmen, als sie einander zuriefen...

»Ja, Papa.«

Aber eben da ging ein sehr breiter junger Mann mit leuchtendrötlichbraunem Haar langsam am Haus vorbei, und langsam, direkt feierlich, zog er den Hut. Lindas Vater zupfte sie neckend, wie es seine Art war, am Ohr.

»Linnys Verehrer«, flüsterte er.

»Ach, Papa, stell dir bloß vor, mit Stanley Burnell verheiratet zu sein!«

Nun, sie heiratete ihn. Und damit nicht genug, sie liebte ihn. Nicht den Stanley, wie ihn jedermann sah, nicht den alltäglichen Stanley; sondern einen scheuen, empfindsamen, unschuldigen Stanley, der jeden Abend zum Gebet niederkniete und der sich danach sehnte, gut zu sein. Stanley war ein einfaches Gemüt. Wenn er an jemanden glaubte, wie er beispielsweise an sie glaubte, dann tat er das mit ganzem Herzen. Er konnte nicht falsch sein, er konnte nicht lügen. Und wie furchtbar litt er darunter, wenn er glaubte, daß jemand – sie – nicht absolut ehrlich, absolut aufrichtig ihm gegenüber war! »Das ist mir zu schwierig!« Er stieß die Worte förmlich hervor, aber sein offener, bebender, verwirrter Blick war wie der Blick eines gefangenen Tieres.

Doch das Schlimme war, und hier mußte Linda beinahe lachen, obgleich es – weiß der Himmel – dabei nichts zu lachen gab, *ihren* Stanley sah sie so selten. Da gab es flüchtige Eindrücke, Augenblicke, Atempausen der Stille, doch die übrige Zeit war es, als lebte sie in einem Haus, das immer und immer wieder Feuer fing, oder auf einem Schiff, das täglich zerschellte. Und immer war es Stanley, dem die größte Gefahr drohte. Die ganze Zeit mußte sie darauf verwenden, ihn zu retten, ihn wiederherzustellen, ihn zu beruhigen und ihm zuzuhören. Und was dann noch von ihrer Zeit übrigblieb, gehörte der Furcht, Kinder zu bekommen.

Linda runzelte die Stirn. Rasch setzte sie sich in ihrem Liegestuhl auf und umklammerte die Knöchel. Ja, das war ihr eigentlicher Groll gegen das Leben, das war es, was sie nicht verstehen konnte. Das war die Frage, die sie immer und immer wieder stellte, um vergeblich auf die Antwort zu lauschen. Es war alles ganz gut und schön zu sagen, es sei nun einmal das Los der Frauen, Kinder zu gebären. Aber das stimmte nicht. Sie jedenfalls könnte beweisen, daß dem nicht so war. Sie war gebrochen, schwach, mutlos geworden durch das Kinderkriegen. Und doppelt schwer war es zu ertragen, weil sie ihre Kinder nicht liebte. Es hatte keinen Zweck, so zu tun. Auch wenn sie die Kraft gehabt hätte, hätte sie nie gestillt und nie mit den kleinen Mädchen gespielt. Nein, es war, als hätte auf jeder dieser schrecklichen Reisen ein kalter Hauch sie durch und durch erstarren lassen. Sie hatte keine Wärme mehr für sie übrig. Und der Junge, nun, Gott sei Dank hatte ihn die Mutter genommen. Er gehörte der Mutter oder Beryl oder jedem, der ihn wollte. Sie hatte ihn kaum in ihren Armen gehalten. Er war ihr so gleichgültig, daß, als er so dalag... Linda warf einen Blick auf ihn herab.

Der Junge hatte sich umgedreht. Er lag da, das Gesicht ihr zugewandt, und schlief nicht mehr. Die dunkelblauen Babyaugen waren weit geöffnet. Er sah aus, als guckte er verstohlen seine Mutter an. Und plötzlich erschienen Grübchen in seinem Gesicht; es verzog sich zu einem breiten, zahnlosen Lächeln, zu einem vollkommem Strahlen, nichts weniger.

›Ich bin da!‹ schien das glückliche Lächeln zu sagen. ›Warum magst du mich nicht?‹

Dieses Lächeln hatte etwas so Drolliges und Unerwartetes an sich, daß Linda selbst lächelte. Doch sie besann sich eines anderen und sagte kalt zu dem Jungen: »›Ich mag keine Babys.‹«

›Magst keine Babys?‹ Der Junge konnte ihr einfach nicht glauben. ›Magst *mich* nicht?‹ Täppisch winkte er seiner Mutter mit den Armen zu.

Linda ließ sich von dem Stuhl ins Gras fallen.

»Warum lächelst du immerzu?« fragte sie streng. »Wenn du wüßtest, woran ich gedacht habe, würdest du nicht mehr lächeln.«

Doch er kniff nur schelmisch die Augen zusammen und wälzte den Kopf auf dem Kissen. Er glaubte nicht ein Wort, das sie sagte!

»Das kennen wir schon«, lächelte der Junge.

Linda war so erstaunt über die Zuversicht dieses kleinen Geschöpfes ... Ach nein, sei ehrlich. Das war's nicht, was sie empfand; es war etwas ganz anderes, etwas ganz Neues, so ...

In ihren Augen tanzten Tränen. Flüsternd hauchte sie dem Jungen zu: »Hallo, mein drolliges Kerlchen!«

Aber jetzt hatte der Junge seine Mutter vergessen. Er war wieder ganz ernst. Da vor ihm wehte etwas Blaßrotes, etwas Weiches. Er grapschte danach, und sofort war es weg. Doch wenn er sich zurücklegte, erschien wieder so etwas. Diesmal war er entschlossen, es zu fangen. Er strengte sich gewaltig an und kugelte ganz herum.

7

Die Flut war vorüber, verlassen der Strand, träge gluckste das warme Meer. Die Sonne brannte hernieder, brannte glühendheiß auf den feinen Sand hernieder und schmorte die grau- und blau- und schwarz- und weißgeäderten Kiesel.

Sie sog den kleinen Wassertropfen aus der Höhlung der gewölbten Muscheln auf. Sie bleichte die blaßroten Winden, die überall die Sanddünen durchwoben. Nichts schien sich zu regen außer den kleinen Sandhüpfern. Tip-tip-tip! Sie waren niemals still.

Da drüben auf den tangüberwucherten Steinen, die bei Ebbe wie struppiges Vieh aussahen, das zur Tränke gekommen ist, schien das Sonnenlicht feine Fäden zu spinnen, als hätte man eine Silbermünze in jeden der kleinen Gesteinstümpel fallen lassen. Sie tanzten, sie zitterten, und winzige Kabbelwellen spülten an die durchlässigen Gestade. Wenn man sich darüberbeugte und hineinsah, war jede Lache wie ein See, an dessen Ufer sich blaßrote und blaue Häuser drängten. Und ach, das weite bergige Land hinter jenen Häusern – die Schluchten, Pässe, die gefährlichen, gewundenen Pfade und angsteinflößenden Wege, die an den Rand des Wassers führten! Unten wogte der Meereswald – blaßrote fadenförmige Bäume, samtige Anemonen und mit orangefarbenen Beeren gesprenkelter Tang. Jetzt bewegte sich auf dem Grunde ein Stein, wackelte, und für den Bruchteil einer Sekunde war ein schwarzer Fühler zu sehen. Jetzt flimmerte ein fadenförmiges Wesen vorbei und verlor sich wieder. Mit den blaßroten, wogenden Bäumen geschah etwas; sie nahmen die kalte Farbe blauen Mondlichts an. Und jetzt machte es ganz leise »plumps!«. Wer war das? Was ging hier unten vor? Und wie stark, wie dumpfig der Tang in der heißen Sonne roch ...

In den Bungalows der Sommerkolonie waren die grünen Jalousien heruntergelassen. Über die Verandabrüstung, flach auf den Koppeln ausgebreitet, über die Zäune geworfen, überall waren erschöpft aussehende Badeanzüge und buntgestreifte Frottiertücher. In allen Fenstern, die nach hinten hinausgingen, schienen ein Paar Strandschuhe und Steine oder ein Eimer oder eine Sammlung von Pawamuscheln zu liegen. Der Busch flimmerte im Hitzedunst. Die sandige Landstraße war leer, nur Trouts Hund Snooker hatte sich mitten auf der Straße hingelegt. Das blaue Auge nach oben verdreht, die Beine steif von sich gestreckt, hechelte er und gab von Zeit zu Zeit verzweifelte Schnauftöne von sich, als ob er sagen wollte, er habe beschlossen, mit allem Schluß zu machen, und warte nur noch darauf, daß ein freundliches Gefährt daherkäme.

»Was guckst du denn so, Großmama? Warum sitzt du da und starrst immer so die Wand an?«

Kezia und ihre Großmutter hielten zusammen Mittagsruhe. Nur mit kurzen Schlüpfern und Unterleibchen bekleidet, mit bloßen Armen und Beinen, lag das kleine Mädchen auf einem der dicken Kissen in Großmamas Bett, und die alte Frau saß in einem weißen gerüschten Morgenrock in einem Schaukelstuhl am Fenster. In ihrem Schoß lag ein langes Stück blaßroter Strickarbeit. Wie die anderen Räume des Bungalows war dieses ihr gemeinsames Zimmer mit hellackiertem Holz verkleidet, und der Fußboden war blank. Die Einrichtung war von der einfachsten und schäbigsten Sorte. Der Toilettentisch bestand zum Beispiel aus einer Packkiste, auf die ein geblümter Musselinunterrock gezweckt war. Der Spiegel darüber war sehr eigenartig, so, als ob darin ein zickzackförmiger Blitz eingefangen wäre. Auf dem Tisch stand ein Krug mit Strandnelken, die so dicht zusammengepreßt waren, daß sie eher wie ein Nadelkissen aus Samt aussahen, und eine besondere Muschel, die Kezia der Großmama für die Nadeln gegeben hatte, und noch eine viel ungewöhnlichere, in der sich ihrer Meinung nach eine Uhr hübsch ausnahm.

»So sag mir's doch, Großmama«, sagte Kezia.

Die alte Frau seufzte, wickelte die Wolle zweimal um den Daumen und zog die Hornnadel durch. Sie war beim Maschenaufnehmen.

»Ich hab' an deinen Onkel William gedacht, Liebling«, antwortete sie ruhig.

»Meinen australischen Onkel William?« fragte Kezia. Sie hatte noch einen anderen.

»Ja, natürlich.«

»Den ich nie gesehen habe?«

»Genau den.«

»Was ist mit ihm passiert?« Kezia wußte es ganz genau, doch sie wollte es noch einmal hören.

»Er ging in die Grube, und dort kriegte er einen Hitzschlag und starb«, sagte die alte Mrs. Fairfield.

Kezia blinzelte und überdachte das Bild noch einmal... Ein kleiner Mann fällt um wie ein Zinnsoldat am Rande eines großen schwarzen Lochs.

»Macht es dich traurig, wenn du an ihn denkst, Großmama?« Sie mochte es ganz und gar nicht, wenn ihre Großmama traurig war.

Jetzt war die alte Frau dran mit Nachdenken. Machte es sie traurig? Immer zurückzuschauen. Die Jahre entlangzublicken, wie Kezia es sie hatte tun sehen. *Ihnen* nachzublikken, wie es eine Frau tut, lange nachdem *sie* aus den Augen verschwunden sind. Machte es sie traurig? Nein, so war das Leben eben.

»Nein, Kezia.«

»Aber warum?« fragte Kezia. Sie hob einen nackten Arm hoch und begann, etwas in die Luft zu zeichnen. »Warum mußte Onkel William eigentlich sterben? Er war doch noch nicht alt.«

Mrs. Fairfield begann, die Maschen zu dreien abzuzählen. »Das passierte einfach so«, sagte sie gedankenverloren.

»Muß jeder sterben?« fragte Kezia.

»Jeder!«

»*Ich* auch?« Kezia klang ängstlich-ungläubig.

»Eines Tages, mein Liebling.«

»Aber, Großmama«, Kezia bewegte das linke Bein und wackelte mit den Zehen. Sie waren voller Sand. »Was ist, wenn ich nun einfach nicht will?«

Wieder seufzte die alte Frau und zog einen langen Faden vom Knäuel ab.

»Wir werden nicht gefragt, Kezia«, sagte sie traurig. »Früher oder später kommen wir alle dran.«

Kezia lag still da und dachte darüber nach. Sie wollte nicht sterben. Das hieße ja, sie müßte von hier fortgehen, von allem fortgehen, für immer, von – von ihrer Großmama fortgehen. Sie drehte sich rasch um.

»Großmama«, sagte sie ganz bestürzt.

»Was ist, mein Kleines?«

»*Du* sollst nicht sterben«, Kezia war fest entschlossen.

»Ach, Kezia«, die Großmama sah auf, lächelte und schüttelte den Kopf, »reden wir nicht davon.«

»Aber du sollst nicht. Du könntest mich doch nicht verlassen. Du könntest doch nicht *nicht* dasein!« Das war schrecklich. »Versprich mir, daß du das nie tun wirst, Großmama«, bat Kezia flehentlich.

Die alte Frau strickte weiter.

»Versprich mir das! Sag nie!«

Doch noch immer war die Großmutter still.

Kezia wälzte sich vom Bett herab. Sie konnte das nicht länger ertragen, und flink sprang sie der Großmama auf die Knie, schlang der alten Frau die Hände um den Hals und begann sie zu küssen, unter das Kinn, hinter das Ohr, und ihr in den Nacken zu pusten.

»Sag nie ... sag nie ... sag nie«, keuchte sie zwischen den Küssen. Und dann fing sie an, die Großmama ganz leicht und zart zu kitzeln.

»Kezia!« Die alte Frau ließ ihr Strickzeug sinken. Sie ließ sich nach hinten in den Schaukelstuhl fallen. Sie begann Kezia zu kitzeln. »Sag nie, sag nie, sag nie«, gluckste Kezia, während sie sich beide lachend in den Armen lagen. »So, genug, mein Eichhörnchen! Genug, mein wildes Pony!« sagte die alte Mrs. Fairfield und rückte ihr Häubchen gerade. »Heb mein Strickzeug auf!«

Beide hatten sie vergessen, worum es bei dem ›Nie‹ ging.

8

Die Sonne stand noch hoch über dem Garten, als sich bei den Burnells die Hintertür mit einem Knall schloß und eine auffällig herausgeputzte Gestalt den Weg zum Tor entlangging. Es war das Dienstmädchen Alice, das sich für den freien Nachmittag herausgeputzt hatte. Sie trug ein weißes Baumwollkleid mit so großen roten Tupfen und so vielen, daß es einen schauderte, weiße Schuhe und einen Strohhut mit Mohnblumen auf der nach oben gebogenen Krempe. Selbstverständlich trug sie Handschuhe, weiße Handschuhe mit Rostflecken am Verschluß, und in einer Hand hielt sie einen sehr flott aussehenden Sonnenschirm, den sie ihren ›Parisoll‹ nannte.

Beryl, die im Fenster saß und ihr frisch gewaschenes Haar trockenwedelte, glaubte, noch nie eine solche Vogelscheuche gesehen zu haben. Wenn sich Alice vor dem Weggehen noch das Gesicht mit einem Stück Kork geschwärzt hätte, wäre das Bild komplett gewesen. Und wohin ging denn nun so ein Mädchen an so einem Ort? Der herzförmige Fächer, der von den Fidschiinseln stammte, schlug spöttisch auf die herrliche glänzende Mähne ein. Sicher hatte Alice irgend so einen schrecklichen gemeinen Straßenlümmel aufgelesen, und sie gingen nun zusammen in den Busch. Eigentlich schade, sich so auffällig herzurichten, es dürfte nicht einfach sein, sich bei dieser Aufmachung mit Alice zu verstekken.

Doch nein, Beryl war unfair. Alice ging zum Tee zu Mrs. Stubbs, die ihr durch den kleinen Jungen, der die Bestellungen abholte, eine ›Einladung‹ geschickt hatte. Sie hatte ja so eine Zuneigung zur Mrs. Stubbs gefaßt, gleich beim ersten Mal, als sie in den Laden gegangen war, um sich etwas gegen Moskitostiche zu holen.

»Du liebes bißchen!« Mrs. Stubbs hatte sich mit der Hand in die Seite geschlagen. »Ich hab' noch nie wen so zerstochen gesehn. Als wärnse Kanningbaln in die Hände gefalln.«

Alice hätte es ja sehr gern gesehen, wenn auf der Straße wenigstens ein bißchen was los gewesen wäre. Ihr wurde richtig schwummrig, daß da gar keiner hinter ihr war. Ihr wurde richtig schwach im Rücken. Sie konnte es einfach nicht glauben, daß niemand sie beobachten sollte. Und doch war es so albern, sich umzudrehen. Das verriet einen. Sie zog die Handschuhe hoch, summte vor sich hin und sagte zu dem Eukalyptusbaum in der Ferne: »Nun ist's nicht mehr weit.« Doch den konnte man kaum als Gesellschaft rechnen.

Der Laden von Mrs. Stubbs lag auf einer kleinen Anhöhe direkt an der Straße. Seine beiden großen Fenster wirkten wie zwei Augen, die breite Veranda wie ein Hut, und auf dem Dach das Schild mit MRS. STUBBS erinnerte an eine Visitenkarte, die keck oben an den Hut gesteckt war.

Auf der Veranda hing eine lange Reihe Badeanzüge, die zusammenklebten, als wären sie gerade aus dem Meer gerettet worden, und nicht, als warteten sie darauf, hineinzugehen, und daneben hing ein Bündel Strandschuhe so völlig durcheinander, daß man mindestens fünfzig Paar abmachen und auseinanderreißen müßte, um an eines ranzukommen. Auch dann noch passierte es sicher so gut wie nie, daß man den linken fand, der zu dem rechten gehörte. So viele Leute hatten schon die Geduld verloren und waren mit einem Schuh, der paßte, und einem Schuh, der ein bißchen zu groß war, weggegangen... Mrs. Stubbs tat sich etwas darauf zugute, von allem etwas zu führen. Die beiden Fenster waren in Form von wackligen Pyramiden gestaltet und so vollgepfropft, so hoch aufgestapelt, daß es an Zauberei zu grenzen schien, daß sie nicht umfielen. In der linken Ecke des einen Fensters war schon seit undenklichen Zeiten eine Bekanntmachung mit vier Gelatinepastillen an die Scheibe geklebt:

Verloren!
Schöhne Goltbrosche
echt Gold
am Strand oder in der Nähe
abzugeben gegen Belohnung

Alice drückte die Tür auf. Die Glocke schrillte, die roten Sergevorhänge gingen auseinander, und Mrs. Stubbs erschien. Wie sie so über das ganze Gesicht lächelte und das lange Brotmesser in der Hand hielt, sah sie wie ein freundlicher Straßenräuber aus. Alice wurde so herzlich begrüßt, daß es ihr schwerfiel, ihre ›guten Manieren‹ beizubehalten. Diese bestanden in hartnäckigem Räuspern und ebenso hartnäckigen ›Hms‹; ferner darin, daß sie ständig an ihren Handschuhen zog und an ihrem Rock zerrte und sich sonderbarerweise schwertat, das zu sehen, was ihr vorgesetzt wurde, oder zu verstehen, was ihr gesagt wurde.

Der Teetisch war im Wohnzimmer gedeckt – Schinken, Sardinen, ein ganzes Pfund Butter und ein mächtiger Kuchen aus Weizenmehl, der so groß war, daß er wie eine Backpulverreklame aussah. Doch der Primuskocher rauschte so laut, daß es zwecklos war, ihn übertönen zu wollen. Alice setzte sich auf den Rand eines Korbstuhls, während Mrs. Stubbs den Kocher noch mehr aufdrehte. Plötzlich fegte Mrs.

Stubbs das Kissen von einem Stuhl und brachte ein großes braunes Paket zum Vorschein.

»Ich hab' grade erst 'n paar neue Foters machen lassen, meine Liebe«, rief sie Alice fröhlich zu. »Sagense mir, wie Se se finden!«

Auf äußerst feine und elegante Art feuchtete sich Alice die Finger an und entfernte das Seidenpapier von dem ersten. Du lieber Himmel! So viele! Mindestens drei Dutzend! Und sie hielt eins gegen das Licht.

Mrs. Stubbs saß in einem Sessel, weit nach einer Seite gelehnt. Ihr großes Gesicht zeigte einen Ausdruck leichten Erstaunens, und das war nicht verwunderlich. Denn obwohl der Lehnsessel auf einem Teppich stand, stürzte sich links davon, wie durch ein Wunder den Teppichrand streifend, ein Wasserfall herab. Zur Rechten stand eine griechische Säule zwischen zwei Riesenfarnen, und im Hintergrund erhob sich ein öder, schneebedeckter Gipfel.

»Nett arrangschiert, nicht wahr?« rief Mrs. Stubbs. Und Alice hatte gerade »Ganz reizend!« gerufen, als das Rauschen des Primuskochers nachließ, schwächer wurde, aufhörte, und ihr »Sehr hübsch!« fiel in eine direkt erschreckende Stille.

»Rückense Ihrn Stuhl ran, meine Liebe«, sagte Mrs. Stubbs und begann einzuschenken. »Ja«, sagte sie in Gedanken, als sie den Tee ausgoß, »aber de Größe gefällt mir nich. Ich laß se mir vergrößern. Das is alles ganz gut un schön für Weihnachtskarten, doch ich für mein Teil hab' mir nie was aus kleinen Foters gemacht. Man hat nischt davon. Wennse's genau wissen wolln, se machn ein' nich so recht zefriedn.«

Alice verstand recht gut, was sie meinte.

»Größe«, sagte Mrs. Stubbs. »Größe braucht mer. Das hat mein Seliger immer gesagt. Der konnte nischt Kleines ausstehn. Kriegte Zustände davon. Und ob Se's glauben oder nich, meine Liebe«, hier gab Mrs. Stubbs einen knarrenden Laut von sich und schien bei der bloßen Erinnerung anzuschwellen, »zuletzt is er an de Wassersucht gestorben. So oft hamse ihm bei de Doktersch übern halben Liter abgenomm ... Wie wenn's 'ne Strafe gewesn is.«

Alice hätte nur allzugern gewußt, was man ihm denn abgenommen habe. Sie wagte ein: »Vermutlich Wasser?«

Aber Mrs. Stubbs heftete die Augen auf Alice und entgegnete vielsagend: »*Liquor*, meine Liebe.«

Liquor! Alice schreckte vor dem Wort zurück wie eine Katze und griff es dann ganz vorsichtig wieder auf.

»Das is er!« Mrs. Stubbs zeigte theatralisch auf das lebensgroße Brustbild eines korpulenten Mannes mit einer welken weißen Rose im Knopfloch, die einen an einen Kringel kaltes Hammelfett denken ließ. Darunter standen in silberner Schrift auf roter Pappe die Worte: »Fürchtet euch nicht, ich bin's!«

»Das ist ja so ein feines Gesicht«, hauchte Alice.

Die blaßblaue Schleife auf Mrs. Stubbs' hellem Kraushaar zitterte. Sie beugte ihren feisten Nacken. Und was für einen Nacken! Hellrosa im Ansatz, ging er dann in die warme Farbe von Aprikosen über, und diese wiederum verblaßte zu brauner Eierschale und dann zu einem tiefen Cremeton.

»Trotzdem, meine Liebe«, sagte sie überraschend, »Freiheit is am besten.« Das weiche, fette, stillvergnügte kleine Lachen, das sie hören ließ, klang wie ein Schnurren. »Freiheit is am besten!« sagte Mrs. Stubbs noch einmal.

Freiheit! Alice ließ ein lautes, albernes kleines Kichern hören. Sie war verlegen. In Gedanken war sie wieder in ihrer eigenen Küche. Wirklich zu komisch! Sie sehnte sich danach zurück.

9

Eine seltsame Gesellschaft war nach dem Tee in der Waschküche der Burnells versammelt. Um den Tisch saßen ein Stier, ein Hahn, ein Esel, der immer vergaß, daß er ein Esel war, ein Schaf und eine Biene. Die Waschküche war der ideale Ort für solch eine Zusammenkunft. Sie konnten dort so laut sein, wie sie wollten, keiner störte sie. Es war ein kleiner Wellblechschuppen abseits vom Wohnhaus. An der Wand stand ein tiefer Trog, in der Ecke ein Kessel mit einem Korb voll Wäscheklammern obendrauf. Auf dem staubigen Sims des kleinen, mit Spinnweben bedeckten Fensters lagen ein Kerzenstummel und eine Mausefalle. Wäscheleinen waren kreuz und quer gespannt, an einem Haken in der Wand hing ein sehr großes, ein riesiges verrostetes Hufeisen. In der Mitte stand ein Tisch mit Bänken zu beiden Seiten.

»Du kannst keine Biene sein, Kezia. Eine Biene ist kein Tier, sondern ein Sekt.«

»Ach, aber ich möchte doch so schrecklich gern eine Biene sein«, jammerte Kezia... Eine winzige Biene, mit rundum gelbem Pelz und gestreiften Beinen. Sie zog die Beine unter sich und lehnte sich über den Tisch. Sie kam sich wie eine Biene vor.

»Ein Sekt muß ein Tier sein«, sagte sie bestimmt. »Es gibt Geräusche von sich. Es ist nicht wie ein Fisch.«

»Ich bin ein Stier, ich bin ein Stier!« schrie Pip. Und er ließ ein solch gewaltiges Gebrüll ertönen – wie machte er das nur? –, daß Lottie ganz erschrocken aussah.

»Ich bin ein Schaf«, sagte der kleine Rags. »Heute früh sind eine ganze Menge Schafe vorbeigezogen.«

»Woher weißt du das?«

»Papa hat sie gehört. Bäh!« Das klang wie das kleine Lamm, das hinterhertrottet und darauf zu warten scheint, getragen zu werden.

»Kikeriki!« schrie Isabel gellend. Mit den roten Backen und glänzenden Augen sah sie wirklich wie ein Hahn aus.

»Und was mache ich?« fragte Lottie in die Runde, und sie saß lächelnd da und erwartete ihre Entscheidung. Es mußte etwas Leichtes sein.

»Mach einen Esel, Lottie«, schlug Kezia vor. »Iah! Das kannst du dir merken.«

»Iah!« sagte Lottie feierlich. »Wann muß ich das denn machen?«

»Ich erklär's, ich erklär's«, rief der Stier. Er hatte die Karten. Er schwenkte sie über dem Kopf. »Seid mal alle still! Alles herhören!« Und er wartete. »Sieh mal, Lottie.« Er drehte eine Karte um. »Da sind zwei Punkte drauf, klar? Wenn du jetzt diese Karte in die Mitte legst und jemand anders hat auch eine mit zwei Punkten, sagst du ›Iah!‹, und die Karte ist dir.«

»Mir?« Lottie machte Kulleraugen. »Für ganz?«

»Nein, du Dummkopf. Bloß für das Spiel, klar? Bloß, solange wir spielen.« Der Stier war sehr mürrisch zu ihr.

»Ach, Lottie, du *bist* aber auch ein kleiner Dummerjan«, sagte der stolze Hahn.

Lottie sah sie beide an. Dann ließ sie den Kopf hängen, um ihren Mund zuckte es. »Ich will nicht mitspielen«, flüsterte sie. Die anderen warfen sich Verschwörerblicke zu. Sie alle wußten, was das bedeutete. Sie würde weggehen, und irgendwo würde man sie finden, wie sie mit der Schurze über dem Kopf in einer Ecke oder an einer Wand oder auch hinter einem Stuhl dastand.

»*Doch*, du spielst mit, Lottie. Es ist ganz leicht«, sagte Kezia.

Und reumütig meinte Isabel im Ton einer Erwachsenen: »Paß auf, wie *ich's* mache, dann lernst du's bald.«

»Kopf hoch, Lot«, sagte Pip. »Da, ich weiß was. Ich geb' dir die erste Karte. Sie ist eigentlich meine, aber ich geb' sie dir. Hier.« Und er warf die Karte vor Lottie hin.

Da lebte Lottie wieder auf. Doch jetzt war sie in einer neuen Verlegenheit. »Ich hab' kein Taschentuch. Ich brauch' aber ganz dringend eins.«

»Hier, Lottie, du kannst meins nehmen.« Rags langte in seine Matrosenbluse und brachte eins zum Vorschein, das sehr naß aussah und zusammengeknotet war. »Sei vorsichtig«, mahnte er. »Nimm nur diese Ecke. Mach's nicht auf. Da ist ein kleiner Seestern drin. Ich will versuchen, ihn zu zähmen.«

»Ach, kommt, ihr Mädchen«, drängte der Stier. »Und denkt dran, ihr dürft eure Karten nicht angucken. Ihr müßt die Hände unterm Tisch lassen, bis ich ›Los!‹ sage.«

Die Karten knallten um den Tisch. Sie versuchten mit aller Macht, sie zu sehen, doch Pip war einfach zu schnell. Es war sehr aufregend, da in der Waschküche zu sitzen. Ehe Pip nicht fertig ausgeteilt hatte, konnten sie nichts weiter tun, auch nicht in einen Chor von Tierstimmen ausbrechen.

»Jetzt, Lottie, du fängst an.«

Ängstlich streckte Lottie eine Hand aus, nahm die oberste Karte von ihrem Stoß, schaute sie lange an – es war klar, daß sie die Punkte zählte – und legte sie hin.

»Nein, Lottie, nicht so. Du darfst nicht vorher gucken. Du mußt die Karte andersrum aufdecken.«

»Aber dann sieht sie doch jeder zur gleichen Zeit wie ich«, sagte Lottie.

Sie spielten weiter. Muh-uuh! Der Stier war furchterregend. Er stieß nach vorn und schien die Karten auffressen zu wollen.

»Sss – sss!« summte die Biene.

»Kikeriki!« Vor Aufregung stand Isabel auf und bewegte die Ellbogen wie Flügel.

»Bäh!« Der kleine Rags legte den Karokönig hin und Lottie den Piekskönig, wie sie ihn nannten. Sie hatte kaum noch Karten übrig.

»Warum rufst du nicht, Lottie?«

»Ich hab' vergessen, was ich bin«, sagte der Esel kläglich.

»Da machst du eben was andres! Dann bist du eben ein Hund. Wau-wau!«

»O ja, das ist *viel* leichter.« Lottie lächelte wieder. Aber als sie und Kezia jede eine Karte hatten, wartete Kezia absichtlich ein bißchen. Die anderen machten Lottie Zeichen und zeigten. Lottie wurde ganz rot. Sie sah verwirrt aus, und schließlich sagte sie: »Iah! Kezia.«

»Pst! Augenblick mal!« Sie waren gerade mitten im schönsten Spiel, als der Stier ihnen mit erhobener Hand Einhalt gebot. »Was ist das? Was ist das für ein Geräusch?«

»Was denn für ein Geräusch? Was meinst du?« fragte der Hahn.

»Pst! Haltet mal alle den Mund! Hört mal!« Sie waren mucksmäuschenstill. »Mir war, als hätte ich etwas – etwas klopfen gehört«, sagte der Stier.

»Wie denn?« frage das Schaf leise.

Keine Antwort.

Die Biene erschauderte. »Wozu haben wir denn eigentlich die Tür zugemacht?« fragte sie leise. Ach, warum, warum nur hatten sie die Tür zugemacht?

Während sie spielten, war der Tag zur Neige gegangen. Ein prächtiger Sonnenuntergang war aufgeflammt und vergangen. Und über das Meer und die Dünen und die Koppel brach jetzt rasch die Dunkelheit herein. Es war zum Fürchten, in die Ecken des Waschhauses zu gucken, und trotzdem zog es die Blicke mit aller Gewalt dahin. Und irgendwo weit weg steckte Großmama eine Lampe an. Die Jalousien wurden heruntergelassen, in dem Zinnzeug auf dem Kamin loderte das Küchenfeuer auf.

»Stellt euch mal vor, eine Spinne würde jetzt von der Decke auf den Tisch runterfallen. Wäre das nicht entsetzlich?« ließ sich der Stier hören.

»Spinnen fallen nicht von Decken runter.«

»Doch. Unsere Min hat uns erzählt, sie hätte eine Spinne gesehen, die so groß war wie eine Untertasse und lange Haare hatte wie eine Stachelbeere.«

Sofort flogen all die kleinen Köpfe hoch. All die kleinen Gestalten krochen zusammen, preßten sich aneinander.

»Warum kommt denn keiner und ruft uns?« rief der Hahn.

Ach, diese Erwachsenen! Sie saßen jetzt gemütlich und lachend im Lampenschein, die Tasse in der Hand! Sie hatten sie ganz vergessen. Nein, nicht richtig vergessen. Ihr Lächeln sollte soviel heißen wie, sie hätten beschlossen, sie ganz sich selbst zu überlassen.

Plötzlich schrie Lottie so durchdringend auf, daß sie alle von den Bänken sprangen und ebenfalls schrien. »Ein Gesicht – da guckt ein Gesicht herein!« gellte Lotties Schrei.

Ja, wahrhaftig. Gegen die Scheibe preßte sich ein bleiches Gesicht, schwarze Augen, ein dunkler Bart.

»Großmama! Mutter! Komm doch jemand!«

Doch sie waren noch nicht, übereinanderstürzend, bis zur Tür gelangt, als sie aufging und Onkel Jonathan erschien. Er wollte die kleinen Jungen nach Hause holen.

10

Er hatte eigentlich eher dasein wollen. Doch im Garten vorm Haus hatte er Linda getroffen, die auf dem Rasen auf und ab ging und gelegentlich stehenblieb, um eine welke Nelke abzubrechen oder eine schwere Blüte an etwas anzulehnen oder auch, um einen tiefen Atemzug zu tun, und dann in ihrer leicht entrückten Art weiterging. Über ihrem weißen Kleid trug sie einen gelben Schal mit blaßroten Fransen aus dem chinesischen Laden.

»Hallo, Jonathan!« rief Linda. Und Jonathan zog schwungvoll seinen abgetragenen Panamahut, drückte ihn an die Brust, ließ sich auf die Knie fallen und küßte Linda die Hand.

»Zum Gruße, meine Schöne! Zum Gruße, meine himmlische Pfirsichblüte!« brummte galant die Baßstimme. »Wo sind die anderen edlen Damen?«

»Beryl ist Bridge spielen gegangen, und Mutter badet den Jungen ... Möchtest du etwas borgen?«

Bei den Trouts wurde ständig irgend etwas alle, und im letzten Moment schickten sie immer zu den Burnells herüber.

Aber Jonathan gab nur zur Antwort: »Ein wenig Liebe, ein wenig Freundlichkeit«, und er ging an der Seite seiner Schwägerin dahin.

Linda legte sich in Beryls Hängematte unter dem Manukabaum, und Jonathan streckte sich neben ihr auf dem Rasen aus, riß einen langen Halm ab und begann darauf herumzukauen. Sie kannten einander gut. Aus den anderen Gärten klangen Kinderstimmen herüber. Der leichte Karren eines Fischers holperte die sandige Landstraße entlang, und weit in der Ferne bellte ein Hund. Es klang ganz erstickt, als ob der Hund mit dem Kopf in einem Sack steckte. Wenn man lauschte, konnte man das leise Rauschen des Meeres hören, das jetzt bei Flut über die Steine brandete. Die Sonne ging gerade unter.

»Und da gehst du also am Montag wieder ins Büro, Jonathan, nicht wahr?« fragte Linda.

»Am Montag öffnet sich die Käfigtür und schließt sich hinter dem Opfer für weitere elf Monate und eine Woche«, antwortete Jonathan.

Linda schaukelte leicht hin und her. »Es muß schrecklich sein«, sagte sie langsam.

»Soll ich lachen, schöne Schwester? Soll ich weinen, edle

Frau?« Linda war so an Jonathans Sprechweise gewöhnt, daß sie ihr keine Aufmerksamkeit schenkte.

»Wahrscheinlich gewöhnt man sich daran«, meinte sie unbestimmt. »Man gewöhnt sich schließlich an alles.«

»Wirklich? Hm!« Das ›Hm‹ klang so tief, daß es aus unterirdischen Regionen zu kommen schien. »Ich wüßte gern, wie man das macht«, sagte Jonathan nachdenklich. »Ich hab' das nie geschafft.«

Als sie ihn ansah, wie er so dalag, kam es Linda erneut in den Sinn, wie anziehend er doch wirkte. Eigentlich komisch, wenn man daran dachte, daß er nur ein gewöhnlicher Angestellter war, daß Stanley zweimal soviel verdiente wie er. Was war nur mit Jonathan los? Er hatte keinen Ehrgeiz; das mußte es wohl sein. Und doch hatte man das Gefühl, daß er begabt war, daß er kein Durchschnittsmensch war. Er liebte leidenschaftlich Musik. Jeden Penny, den er erübrigen konnte, gab er für Bücher aus. Immer steckte er voll neuer Ideen, Vorhaben, Pläne. Doch aus all dem wurde nie etwas. Das neue Feuer loderte in Jonathan auf, man hörte es förmlich knistern, wenn er erklärte, beschrieb und sich über die neue Sache ausließ. Wenig später jedoch war es zusammengefallen, und es blieb nichts als Asche, und Jonathan lief mit einem hungrigen Blick in den schwarzen Augen umher. Dann steigerte er seine alberne Sprechweise, und in der Kirche sang er – er war die Stütze des Chores – mit einer derartigen dramatischen Intensität, daß die gewöhnlichste Hymne einen ruchlosen Glanz annahm.

»Am Montag ins Büro gehen zu müssen kommt mir genauso idiotisch, genauso infernalisch vor, wie es mir immer vorgekommen ist und immer vorkommen wird«, sagte Jonathan. »Die besten Jahre seines Lebens damit zu verbringen, daß man von neun bis fünf auf einem Schemel hockt und für irgendwen da ins Hauptbuch kritzelt! Eigentlich fragwürdig, was man da so aus seinem Leben macht, und man hat ja nur eins, nicht wahr? Oder ist das nur ein dummer Traum?« Er rollte sich auf dem Rasen auf die andere Seite und sah Linda an. »Sag mir doch, was mein Leben von dem eines normalen Gefangenen unterscheidet! Für mich ist der einzige Unterschied der, daß ich mich selbst ins Gefängnis gesteckt habe und keiner mich jemals rauslassen wird. Das ist viel unerträglicher als das andere. Denn wenn ich gegen meinen Willen – ja sogar, wenn ich mich mit Händen und Füßen dagegen gewehrt hätte – hineingeworfen worden wäre, wäre das Tor dann einmal zugefallen, oder auf jeden Fall nach fünf Jahren oder so, hätte ich mich vielleicht damit abgefunden und mich vielleicht für den Flug der Fliegen interessiert, oder ich hätte begonnen, die Schritte des Wärters auf dem Gang zu zählen, und dabei besonders achtgegeben auf Veränderungen des Tritts und so weiter. Aber es ist doch so, ich bin wie ein Falter, der von selbst in ein Zimmer geflogen ist. Ich pralle gegen die Wände, pralle gegen die Fenster, stoße an die Decke, tue tatsächlich alles mögliche auf Gottes weiter Erde, nur eines nicht: wieder hinausfliegen. Und die ganze Zeit komme ich von dem Gedanken nicht los, wie dieser Falter oder Schmetterling oder was es auch immer sein mag: ›Das Leben ist so kurz! Das Leben ist so kurz!‹ Ich habe nur eine Nacht oder einen Tag, und draußen wartet dieser große gefährliche Garten, noch unentdeckt, unerforscht.«

»Aber, wenn dir's so zumute ist, warum –«, begann Linda schnell.

»*Ach!*« rief Jonathan. Und das ›Ach!‹ klang irgendwie beinahe frohlockend. »Da hast du's. Warum? Warum eigentlich? Das ist ja die rätselhafte Frage, die einen verrückt machen könnte. Warum fliege ich denn nicht wieder hinaus? Da gibt es ja das Fenster oder die Tür oder wodurch ich auch immer hereingekommen bin. Es ist nicht ein für allemal verschlossen, nicht wahr? Warum suche ich nicht den Ausgang und fliege weg? Beantworte mir das doch mal, kleine Schwester.« Doch er ließ ihr keine Zeit für eine Antwort.

»Da geht es mir wieder genauso wie dem Falter. Aus irgendeinem Grunde«, Jonathan stockte zwischen den Wörtern, »ist es nicht erlaubt, ist es verboten, verstößt es gegen das Gesetz der Falter, auch nur für einen Augenblick aufzuhören, gegen die Scheibe zu stoßen und zu schlagen und zu kriechen. Warum gehe ich nicht weg aus dem Büro? Warum überlege ich mir nicht ernsthaft, in diesem Augenblick zum Beispiel, was mich eigentlich davon abhält, dort wegzugehen? Nicht, daß ich übermäßig gebunden wäre. Ich habe zwei Jungen, für die ich sorgen muß, aber letzten Endes sind es ja Jungen. Ich könnte mich davonmachen und zur See gehen oder mir etwas im Landesinnern suchen oder ...« Plötzlich lächelte er Linda zu und sagte mit veränderter Stimme, als ob er ein Geheimnis verrate: »Schwach ... einfach schwach. Kein Mark in den Knochen. Kein Halt. Kein lenkendes Prinzip, so kann man es wohl nennen.« Doch dann deklamierte die dunkle samtene Stimme:

Vernähmt ihr die Geschichte,
wie sie sich begab ...

und sie schwiegen.

Die Sonne war untergegangen. Am westlichen Himmel standen große Haufen zusammengeballter, rosig angehauchter Wolken. Breite glänzende Strahlen schienen durch die Wolken hindurch und leuchteten darüber hinaus, als ob sie den ganzen Himmel bedeckten. Droben das Blau verblaßte, färbte sich blaßgolden, und der Busch hob sich dagegen ab, glänzte dunkel und strahlend wie Metall.

Manchmal sind diese Lichtstrahlen, wenn sie sich am Himmel zeigen, sehr ehrfurchtgebietend. Sie erinnern daran, daß da oben Jehova thront, der fordernde Gott, der Allmächtige, dessen wachsames, nimmermüdes Auge auf uns ruht. Man besinnt sich darauf, daß bei Seinem Erscheinen die ganze Erde erbeben und zu einem verwüsteten Friedhof werden wird. Die kalten strahlenden Engel werden einen hierhin und dorthin treiben, und es wird keine Zeit auch nur für die einfachsten Erklärungen geben ... Doch heute abend kam es Linda vor, daß etwas von unendlicher Freude und Liebe in diesen silbernen Strahlen war. Und kein Laut war jetzt vom Meer zu hören. Es atmete leise, als ob es diese zarte, frohe Schönheit in seine Brust aufnehmen wolle.

»Das ist ganz und gar verkehrt, ganz und gar verkehrt«, ertönte schattenhaft Jonathans Stimme. »Es ist nicht der Ort, es ist nicht der Schauplatz für ... drei Schemel, drei Pulte, drei Tintenfässer und eine Drahtjalousie.«

Linda wußte, daß er sich nie ändern würde, trotzdem sagte sie: »Ist es denn zu spät, auch jetzt?«

»Ich bin alt – ich bin alt«, ließ sich Jonathan hören. Er neigte sich zu ihr, strich sich mit der Hand über den Kopf. »Sieh mal!« Sein schwarzes Haar war überall von Silberfäden durchzogen wie die Brustfedern eines schwarzen Vogels.

Linda war überrascht. Sie hatte keine Ahnung gehabt, daß er grau war. Und doch, als er so neben ihr stand und seufzte und sich dehnte, sah sie ihn zum ersten Mal nicht entschlossen, nicht galant, nicht unbekümmert, sondern bereits vom Alter gezeichnet. Auf dem Rasen, der zunehmend dunkler wurde, sah er sehr groß aus, und der Gedanke schoß ihr durch den Kopf: ›Er ist wie Unkraut.‹

Jonathan neigte sich erneut zu ihr herab und küßte ihr die Hand.

»Der Himmel lohne dir deine Geduld, süße Frouwe

min«, murmelte er. »Ich muß gehen und die Erben meines Ruhmes und Vermögens suchen.« Damit war er fort.

11

Durch die Fenster des Bungalows schimmerte Licht. Zwei goldene Vierecke fielen auf die Nelken und die spitzen Ringelblumen. Die Katze Florrie kam auf die Veranda heraus und setzte sich auf die oberste Stufe, die weißen Pfoten hielt sie dicht beisammen, der Schwanz ringelte sich. Sie sah zufrieden aus, als hätte sie den ganzen Tag auf diesen Augenblick gewartet.

»Gott sei Dank wird es langsam spät«, sagte Florrie. »Gott sei Dank ist der lange Tag vorüber.« Ihre grünen Augen wurden groß.

Alsbald hörte man die Kutsche heranrumpeln und Kellys Peitsche knallen. Sie war jetzt so nahe, daß man die Stimmen der Männer hörte, die aus der Stadt kamen; sie unterhielten sich laut. An Burnells Gartentor hielt der Wagen an.

Stanley sah Linda erst, als er den Gartenweg schon zur Hälfte hinauf war. »Bist du's, Liebling?«

»Ja, Stanley.«

Er sprang über ein Blumenbeet und nahm sie in die Arme. Umschloß sie in der vertrauten, heißen, starken Umarmung.

»Vergib mir, Liebling, vergib mir«, stammelte Stanley, und er schob ihr die Hand unters Kinn und hob ihr Gesicht zu sich empor.

»Dir vergeben?« lächelte Linda. »Aber was denn nur?«

»Großer Gott! Das kannst du doch nicht vergessen haben!« rief Stanley Burnell. »Den ganzen Tag hab' ich an nichts anderes gedacht. Es war ein entsetzlicher Tag. Ich wollte eigentlich schon losstürzen und telegrafieren, aber dann dachte ich, daß das Telegramm dich vielleicht nicht erreichen würde, ehe ich käme. Ich habe fürchterliche Qualen ausgestanden, Linda.«

»Aber Stanley«, fragte Linda, »was muß ich dir denn vergeben?«

»Linda!« Stanley war tief getroffen, »hast du denn nicht gemerkt – doch du mußt das gemerkt haben –, daß ich heute früh weggegangen bin, ohne mich von dir zu verabschieden? Wie habe ich nur so etwas tun können? Natürlich meine verdammte Laune. Aber – hm«, und er seufzte und nahm sie wieder in die Arme, »ich hab' heute genug darum gelitten.«

»Was haltst du denn da in der Hand?« fragte Linda. »Neue Handschuhe? Laß mich mal sehen.«

»Ach, bloß ein Paar aus billigem Waschleder«, sagte Stanley bescheiden. »Ich hab' heute früh in der Kutsche gesehen, daß Bell welche trug, so bin ich eben, als ich an dem Laden vorbeikam, hineingegangen und hab' mir auch ein Paar gekauft. Worüber lächelst du? Du denkst doch nicht etwa, ich hätte das nicht machen sollen?«

»Im *Gegen*teil, Liebling«, erwiderte Linda, »ich halte das für sehr vernünftig.«

Sie zog einen der großen hellen Handschuhe über ihre Hand und sah sie an, wobei sie sie nach allen Steiten drehte. Sie lächelte immer noch.

Stanley wollte eigentlich sagen: »Ich hab' die ganze Zeit, als ich sie kaufte, an dich gedacht.« Es stimmte auch, doch aus irgendeinem Grunde brachte er es nicht heraus. »Gehen wir hinein«, sagte er nur.

Warum fühlt man sich nachts so anders? Warum ist das so aufregend, wach zu sein, wenn alle anderen schlafen? Es ist spät – sehr spät. Und doch kommt man sich mit jedem Augenblick immer munterer vor, als erwachte man langsam, beinahe mit jedem Atemzug, in einer neuen, wunderbaren Welt, die viel packender und erregender als bei Tageslicht war. Und was ist das für ein eigenartiges Gefühl, daß man sich wie ein Verschwörer vorkommt? Leise und verstohlen bewegt man sich durch das Zimmer. Man nimmt etwas vom Toilettentisch und legt es geräuschlos wieder hin. Und alles, sogar der Bettpfosten, kennt einen, reagiert, teilt das Geheimnis ...

Am Tage liebt man sein Zimmer nicht besonders, denkt nie daran. Hinein und heraus, die Tür öffnet und schließt sich, der Schrank knarrt. Auf der Bettkante sitzend, werden die Schuhe gewechselt, und schon stürzt man wieder hinaus. Schnell mal zum Spiegel gebückt, zwei Nadeln ins Haar gesteckt, die Nase gepudert und wieder fort. Aber jetzt ist es einem auf einmal lieb geworden, ein süßes, kleines, merkwürdiges Zimmer, dein Zimmer. Ach, wie schön ist es, etwas zu besitzen! Meins – mein eigenes!

»Für immer mein?«

»Ja.« Ihre Lippen trafen sich.

Nein, das hatte natürlich nichts damit zu tun. Das war alles ganz großer Unsinn. Doch sich zum Trotz sah Beryl ganz deutlich mitten in ihrem Zimmer zwei Menschen stehen. Sie hatte die Arme um seinen Hals geschlungen, er hielt sie fest. Und jetzt flüsterte er: »Mein Liebling, mein kleiner Liebling!« Sie sprang vom Bett auf, lief zum Fenster hinüber und kniete sich auf den Stuhl am Fenster, die Ellbogen auf dem Fensterbrett. Doch auch die wunderbare Nacht, der Garten, jeder Busch, jedes Blatt, sogar die weißen Zaunlatten und die Sterne waren Verschworene. Der Mond schien so hell, daß die Blumen wie am Tage leuchteten. Die köstlichen lilienartigen Blätter und weitgeöffneten Blüten der Kapuzinerkresse warfen auf der silbrigen Veranda ihre Schatten. Der durch den Südwind gebeugte Manukabaum glich einem Vogel auf einem Bein, der einen Flügel ausgestreckt hatte.

Aber als Beryl zum Busch hinsah, kam es ihr vor, als wäre er traurig.

»Wir sind stumme Bäume, die in die Nacht hineinragen und ich weiß nicht was erflehen«, sagte der bekümmerte Busch.

Wenn man allein ist und über das Leben nachsinnt, ist das freilich immer traurig. Es gehört zu diesem ganzen aufregenden Gefühl und so weiter, daß es einen plötzlich verläßt, und es ist, als ob man in der Stille beim Namen gerufen würde und seinen Namen zum ersten Male hörte. »Beryl!«

»Ja, hier bin ich. Ich bin Beryl. Wer ist da?«

»Beryl!«

»Laß mich kommen!«

Man fühlt sich einsam, wenn man allein lebt. Sicher sind da jede Menge Freunde und Verwandte, aber das meint sie ja auch nicht. Sie sehnt sich nach jemandem, der die Beryl entdeckt, die keiner von ihnen kennt, der erwartet, daß sie immer diese Beryl ist. Sie sehnt sich nach einem, der sie liebt.

»Nimm mich fort von all den anderen Leuten, Liebling! Laß uns weit fortgehen. Wir wollen unser Leben leben, unser eigenes neues Leben, von Anfang an. Wir wollen uns unser Feuer anmachen. Wir wollen uns zusammen zum Essen niedersetzen. Wir wollen uns nachts lange unterhalten.«

Und der Gedanke dabei war beinahe: »Rette mich, Liebster. Rette mich!«

... »Ach, gehen Sie! Seien Sie doch nicht so prüde, meine Liebe. Genießen Sie das Leben, solange Sie jung sind. Das kann ich Ihnen nur raten.« Und plötzlich fiel ein albernes Gelächter in Mrs. Kembers lautes, gleichgültiges Wiehern ein.

Ach, es ist so schrecklich schwer, wenn man niemanden hat. Man ist allem so ausgeliefert. Man kann ja nicht einfach unhöflich sein. Und dann immer diese Angst, so unerfahren und spießig zu erscheinen wie die anderen dummen Dinger an der Bucht. Und – und es ist doch ein erhebendes Gefühl zu wissen, daß man Macht über jemanden hat. Ja, erhebend ...

Ach, warum, warum nur kommt ›er‹ nicht bald?

Wenn ich weiter hier lebe, dachte Beryl, kann mir alles mögliche passieren.

»Aber woher weißt du denn, daß er überhaupt kommt?« spottete eine zarte Stimme in ihr.

Beryl unterdrückte sie jedoch. Sie konnte nicht einfach so übrigbleiben, andere vielleicht, aber doch nicht sie. Es war einfach nicht vorstellbar, daß Beryl Fairfield niemals heiratete, dieses reizende, entzückende Mädchen.

»Kannst du dich noch an Beryl Fairfield erinnern?«

»Mich an sie erinnern! Als ob ich sie je vergessen könnte! Einmal im Sommer habe ich sie an der Bucht gesehen. Sie stand da am Strand in einem blauen, nein, blaßroten Musselinkleid und hielt einen großen cremefarbenen, nein, schwarzen Strohhut. Aber das ist jetzt Jahre her.«

»Sie ist so reizend wie eh und je, vielleicht noch schöner.«

Beryl lächelte, biß sich auf die Lippe und schaute hinaus über den Garten. Als sie so ihre Blicke schweifen ließ, sah sie jemanden, einen Mann, die Straße verlassen, die Koppel an ihrem Zaun langgehen, als käme er geradewegs auf sie zu. Ihr schlug das Herz. Wer war das? Wer konnte das nur sein? Das konnte doch kein Einbrecher sein, bestimmt nicht, denn er rauchte ja und spazierte so unbekümmert dahin. Beryls Herz machte einen Satz; es war, als ob es sich überschlug und dann stehenblieb. Sie erkannte ihn.

»Guten Abend, Miss Beryl«, sagte eine leise Stimme.

»Guten Abend!«

»Hätten Sie nicht Lust auf einen kleinen Spaziergang?« kam es schleppend.

Spazierengehen – zu dieser Nachtzeit! »Das könnte ich nicht. Alle sind schon im Bett und schlafen.«

»Oh«, sagte die Stimme leichthin, und eine angenehme Rauchwolke kam zu ihr herübergeweht. »Was gehen uns alle an? Kommen Sie nur! Es ist so eine herrliche Nacht. Keine Menschenseele unterwegs.«

Beryl schüttelte den Kopf. Doch da rührte sich bereits etwas in ihr, etwas hob den Kopf.

Die Stimme fragte: »Angst?« Sie spottete: »Armes kleines Mädchen!«

»Nicht im geringsten«, erwiderte sie. Als sie sprach, schien sich dieses schwache Etwas in ihr zu entfalten, auf einmal ungeheuer stark zu werden. Sie wollte ja so gern gehen!

Und als ob der andere das spürte, sagte die Stimme leise und zart, aber bestimmt: »Kommen Sie nur!«

Beryl stieg aus dem niedrigen Fenster, ging über die Veranda, lief über den Rasen zum Gartentor. Er war vor ihr dort.

»So ist's recht«, flüsterte die Stimme, und dann neckend: »Sie fürchten sich doch nicht etwa? Sie fürchten sich doch nicht etwa?«

Doch, sie fürchtete sich. Jetzt, da sie hier war, hatte sie schreckliche Angst, und alles kam ihr ganz anders vor. Das Mondlicht glänzte starr; die Schatten glichen Eisenstangen. Da wurde ihre Hand ergriffen.

»Nicht im geringsten«, sagte sie leichthin. »Warum sollte ich denn auch?«

Ihre Hand wurde zart, dann heftig gezogen. Sie blieb stehen.

»Nein, ich komme nicht weiter mit«, sagte Beryl.

»Ach, Unsinn!« Harry Kember glaubte ihr nicht. »Kommen Sie! Wir gehen nur bis zu dem Fuchsienstrauch. Kommen Sie nur!«

Die große Fuchsie fiel üppig über den Zaun. Darunter war eine kleine Höhle aus Dunkelheit.

»Nein, ich möchte wirklich nicht«, sagte Beryl.

Für einen Augenblick erwiderte Harry Kember nichts. Dann kam er nahe zu ihr, wandte sich ihr zu, lächelte und sagte rasch: »Seien Sie doch nicht albern! Seien Sie doch nicht so albern!«

Ein derartiges Lächeln hatte sie noch nie vorher gesehen. War er betrunken? Dieses strahlende, undurchsichtige, graueneinflößende Lächeln ließ sie vor Schreck erstarren. Was tat er da? Wie war sie hierhergekommen? fragte sie der düstere Garten, als die Gartentür aufgestoßen wurde und flink wie eine Katze Harry Kember durch die Tür glitt und sie an sich riß.

»Kleine kalte Hexe! Kleine kalte Hexe!« sagte die abscheuliche Stimme.

Doch Beryl war stark. Sie duckte sich und zerrte sich los.

»Sie sind gemein, ganz gemein!«

»Warum in Gottes Namen sind Sie denn dann gekommen?« stammelte Harry Kember.

Niemand antwortete ihm.

13

Eine Wolke zog vor den Mond, klein, ruhig. In dieser flüchtigen Finsternis klang das Meer tief und aufgewühlt. Dann segelte die Wolke vorbei, und das Rauschen des Meeres war nur noch ein leises Murmeln, als erwachte es aus einem düsteren Traum. Alles war still.

Das Gartenfest

Und das Wetter war schließlich ideal. Auch auf Bestellung hätte der Tag für ein Gartenfest nicht schöner sein können. Windstill, warm, keine Wolke am Himmel. Nur das Blau war, wie manchmal im Frühsommer, von einem leichten Goldschleier verhangen. Seit dem Morgengrauen war der Gärtner auf den Beinen, mähte und säuberte den Rasen, bis das Gras und die dunklen flachen Rosetten, wo die Maßliebchen gewesen waren, zu glänzen schienen. Was die Rosen betrifft, so hatte man das Gefühl, sie wüßten, daß Rosen die einzigen Blumen sind, die auf Gartenfesten wirken, die einzigen Blumen, die jeder mit Sicherheit kennt. Hunderte, ja buchstäblich Hunderte waren in einer einzigen Nacht aufgebrochen; die grünen Büsche neigten sich, als ob ein Erzengel sie besucht hätte.

Das Frühstück war noch nicht vorbei, als die Männer kamen, um das große Zelt aufzubauen.

»Wo möchtest du das Zelt hinhaben, Mutter?«

»Mein liebes Kind, frag doch nicht mich. Ich bin fest entschlossen, dieses Jahr alles euch Kindern zu überlassen. Vergeßt, daß ich eure Mutter bin. Behandelt mich wie einen Ehrengast.«

Doch Meg konnte unmöglich gehen, die Männer anzuweisen. Sie hatte sich vor dem Frühstück die Haare gewaschen und saß nun beim Kaffeetrinken in einem grünen Turban da, wobei ihr eine nasse dunkle Locke auf jeder Wange klebte. Jose, der Schmetterling, kam immer in einem seidenen Unterrock und einer Kimonojacke herunter.

»Laura, du mußt gehen, du bist die Künstlerin unter uns.«

Laura flog davon. Dabei hielt sie immer noch ihr Butterbrot in der Hand. Wie köstlich, einen Grund zu haben, im Freien essen zu können, und außerdem liebte sie es, etwas arrangieren zu müssen. Sie fand, sie könne es soviel besser als die anderen.

Vier Männer in Hemdsärmeln standen in einer Gruppe auf dem Gartenweg. Sie trugen um Stangen gerollte Zeltplanen, und auf dem Rücken baumelten ihnen große Werkzeugtaschen. Sie sahen beeindruckend aus. Laura wünschte sich jetzt, daß sie nicht dieses Butterbrot hielte, aber sie konnte es nirgendwo hintun, und sie konnte es doch auch nicht einfach wegwerfen. Sie wurde rot, versuchte streng auszusehen und sogar ein bißchen kurzsichtig, als sie auf sie zutrat.

»Guten Morgen«, sagte sie, wobei sie die Stimme ihrer Mutter nachahmte. Doch das klang so entsetzlich affektiert, daß sie sich schämte und wie ein kleines Mädchen stammelte: »Ach – eh – sind Sie gekommen – ist es wegen des Zeltes?«

»Stimmt, Miss«, sagte der größte der Männer, ein langer, dünner, sommersprossiger Kerl, und er rückte seine Werkzeugtasche zurecht, schob den Strohhut zurück und lächelte auf sie herab. »So ist's.«

Sein Lächeln war so ungezwungen, so freundlich, daß Laura die Fassung wiedergewann. Was für hübsche Augen er hatte, klein, aber so tiefblau! Und jetzt sah sie die anderen an, auch sie lächelten. »Kopf hoch, wir beißen nicht«, schien ihr Lächeln zu sagen. Wie nett Arbeiter doch waren! Und was für ein schöner Morgen! Sie darf den Morgen nicht erwähnen, sie muß geschäftsmäßig auftreten. Das Zelt.

»Nun, was halten Sie von der Lilienwiese? Ginge das?«

Und mit der Hand, die nicht das Butterbrot hielt, zeigte sie auf die Lilienwiese. Sie drehten sich um und blickten in die Richtung. Ein kleiner Dicker schob die Unterlippe vor, und der Lange runzelte die Stirn.

»Gefällt mir nicht«, sagte er, »fällt nicht genug auf. Sehn Sie, so was wie ein großes Zelt« – und er drehte sich in seiner ungezwungenen Art zu Laura um, »das woll'n Sie doch wo hinstellen, wo's einem richtig in die Augen knallt, wenn Sie wissen, was ich meine.«

Lauras Erziehung ließ sie einen Augenblick überlegen, ob es respektvoll sei, wenn ein Arbeiter zu ihr von In-die-Augen-Knallen sprach. Aber sie verstand, was er meinte.

»In eine Ecke vom Tennisplatz«, schlug sie vor. »Aber in einer Ecke wird die Kapelle spielen.«

»Hm, 'ne Kapelle wird's geben, sagen Sie?« fragte ein anderer der Arbeiter. Er war blaß. Er sah verstört aus, als er seine dunklen Augen über den Tennisplatz schweifen ließ. Was mochte er denken?

»Nur eine sehr kleine Kapelle«, erwiderte Laura freundlich. Vielleicht machte es ihm nicht soviel aus, wenn die Kapelle nur klein war. Doch da unterbrach sie der Lange.

»Schaun Sie mal, Miss, das ist der richtige Platz. Vor den Bäumen dort drüben. Das macht sich prima.«

Vor den Karakas. Dann wären die Karakabäume verdeckt. Und sie waren so prächtig mit ihren breiten schimmernden Blättern und den Trauben gelber Früchte. Das waren Bäume, wie man sie sich auf einer einsamen Insel vorstellt, einzeln, stolz, Blätter und Früchte in einer Art stiller Erhabenheit der Sonne entgegengereckt. Mußten sie von einem Zelt verdeckt werden?

Sie mußten. Schon hatten die Männer die Stangen geschultert und marschierten auf die Stelle zu. Nur der Lange blieb zurück. Er bückte sich, knickte einen Lavendelzweig ab, hielt Daumen und Zeigefinger an die Nase und sog den Duft ein. Als Laura diese Geste sah, vergaß sie völlig die Karakabäume, so erstaunt war sie, daß er für solche Dinge, für den Duft von Lavendel, etwas übrig hatte. Wie viele von den Männern, die sie kannte, hätten so etwas getan! Ach, wie ausgesprochen nett Arbeiter doch waren, dachte sie. Warum konnte sie nicht Arbeiter als Freunde haben anstatt dieser albernen Jungen, mit denen sie tanzte und die sonntagabends zum Essen kamen? Mit solchen Männern würde sie sich viel besser verstehen.

Schuld an allem sind, stellte sie fest, als der Lange etwas auf die Rückseite eines Briefumschlages zeichnete, etwas, das aufgesteckt oder hängengelassen werden sollte, diese absurden Klassenunterschiede. Nun, was sie betraf, sie empfand sie nicht. Kein bißchen, kein winziges bißchen ... Und jetzt hörte man die Schläge hölzerner Hämmer. Einer pfiff, einer sang. »Fertig drüben, alter Junge?« – ›Alter Junge!‹ Der freundliche Klang dieses Wortes, der – der ... Nur um zu zeigen, wie glücklich sie war, nur um dem Langen zu beweisen, wie wohl sie sich fühlte und wie sie diese albernen Konventionen verachtete, biß Laura ein großes Stück von dem Butterbrot ab, als sie die kleine Zeichnung betrachtete. Sie kam sich richtig wie ein Arbeitermädchen vor.

»Laura, Laura, wo bist du? Laura, Telefon!« rief eine Stimme vom Haus her.

»Ich komme!« Sie flog davon, über den Rasen, den Weg entlang, die Stufen hinauf, über die Veranda in die Halle. Dort waren ihr Vater und Laurie gerade dabei, ihre Hüte abzubürsten, bereit, ins Büro zu gehen.

»Du, Laura«, sagte Laurie sehr hastig, »du könntest vor heute nachmittag noch mal nach meinem Rock sehen, kann sein, daß er gebügelt werden muß.«

»Mach' ich«, sagte sie. Plötzlich konnte sie nicht an sich halten. Sie rannte zu Laurie und drückte ihn ganz schnell und leicht an sich. »Ach, ich bin ganz verrückt auf solche Feste, du nicht auch?« brachte sie heraus.

»Ja, frei-lich«, erwiderte Laurie mit seiner warmen, jungenhaften Stimme, und auch er drückte seine Schwester und gab ihr einen leichten Schubs. »Schnell ans Telefon, Kleine.«

Das Telefon. »Ja, ja, o ja. Kitty? Guten Morgen, mein Schatz. Kommst du zum Mittagessen? Komm doch! Natürlich freuen wir uns. Es ist nur ein dürftig zusammengekratztes Essen – nur Brotkrusten und zerbrochene Baisers und was sonst noch übrig ist. Ja, ist das nicht ein herrlicher Morgen? Dein Weißes? O ja, ich würde es anziehn. Einen Augenblick – bleib am Apparat, meine Mutter ruft.« Und Laura lehnte sich zurück. »Was ist, Mutter? Kann nichts verstehn.«

Mrs. Sheridans Stimme klang die Treppe herab. »Sag ihr, sie soll den reizenden Hut tragen, den sie letzten Sonntag aufhatte.«

»Mutter sagt, du sollst den *reizenden* Hut tragen, den du letzten Sonntag aufhattest. Gut. Um eins. Tschüß!«

Laura legte den Hörer auf, warf die Arme über den Kopf, holte tief Luft, streckte sich und ließ sie wieder fallen. »Hach«, seufzte sie, um sich gleich darauf rasch aufzurichten. Sie saß ganz still und lauschte. Alle Türen im Haus schienen offenzustehen. Das ganze Haus war erfüllt von leichten, schnellen Schritten und hin und her laufenden Stimmen. Die grün gepolsterte Tür, die in die Küchenregionen führte, flog auf und fiel mit einem dumpfen Knall zu. Und jetzt gab es ein langes, glucksendes, komisches Geräusch. Das war das schwere Klavier, das auf seinen schwerfälligen Rollen bewegt wurde. Aber die Luft! Wenn man innehielt und darauf achtete – war die Luft immer so? Kleine leise Lüftchen spielten Haschen, oben zu den Fenstern herein und zu den Türen hinaus. Und da waren zwei winzige Sonnenflecken, einer auf dem Tintenfaß und einer auf einem silbernen Fotorahmen, die auch mitspielten. Süße kleine Flecken. Besonders der eine auf dem Tintenfaß. Er war ganz warm. Ein warmer kleiner Silberstern. Sie hätte ihn küssen mögen.

Es läutete an der Vordertür, und man hörte das Rascheln von Sadies Kattunrock auf der Treppe. Eine Männerstimme murmelte etwas, Sadie antwortete gleichmütig: »Ich weiß da nichts davon. Einen Augenblick, ich frage Mrs. Sheridan.«

»Was ist los, Sadie?« Laura kam in die Halle.

»Der Mann vom Blumenladen ist da, Miss Laura.«

Und tatsächlich. Da, in der Tür, stand ein großer flacher Korb mit Töpfen blaßroter Lilien. Nichts anderes, nur Lilien – Cannas, große blaßrote Blüten, weit aufgeblüht, strahlend, beinahe erschreckend lebendig auf leuchtendroten Stengeln.

»O-oh, Sadie!« sagte Laura, und es klang wie leichtes Stöhnen. Sie kauerte sich hin, als wollte sie sich an den flammenden Lilien erwärmen. Sie spürte sie an den Fingern, den Lippen, sie wuchsen in ihrer Brust.

»Das muß ein Versehen sein«, sagte sie schwach. »Niemand hat so viele bestellt. Sadie, gehen Sie und suchen Sie meine Mutter.«

Doch in dem Augenblick trat Mrs. Sheridan zu ihnen.

»Das ist schon in Ordnung«, sagte sie ruhig. »Ja, ich habe sie bestellt. Sind sie nicht herrlich?« Sie drückte Lauras Arm. »Ich bin gestern an dem Laden vorbeigegangen, und da habe ich sie im Schaufenster gesehen. Und da kam mir plötzlich der Gedanke, daß ich einmal im Leben genug Lilien haben möchte. Das Gartenfest ist ein guter Vorwand dafür.«

»Aber ich denke, du hast gesagt, du wolltest dich nicht einmischen«, sagte Laura. Sadie war gegangen. Der Blumenhändler war immer noch draußen an seinem Wagen. Sie legte der Mutter den Arm um den Hals und biß sie zart, ganz zart ins Ohr.

»Mein Liebling, du möchtest doch keine logische Mutter haben, wie? Hör auf damit. Da ist der Mann.«

Er brachte immer mehr Lilien, noch einen ganzen Korb.

»Stellen Sie sie bitte gleich hinter die Tür, zu beiden Seiten der Halle«, sagte Mrs. Sheridan. »Meinst du nicht auch, Laura?«

»Oh, *doch*, Mutter.«

Im Salon hatten es Meg, Jose und der gute kleine Hans schließlich geschafft, das Klavier umzurücken.

»Wenn wir jetzt dieses Sofa an die Wand schieben und außer den Stühlen alles rausräumen, was meint ihr?«

»In Ordnung.«

»Hans, stellen Sie die Tische ins Rauchzimmer und holen Sie einen Besen und machen Sie die Spuren da auf dem Teppich weg, und – einen Augenblick, Hans –« Jose liebte es, den Dienstboten Befehle zu erteilen, und diese gehorchten ihr gern. Sie gab ihnen immer das Gefühl, daß sie an einem Schaustück teilnähmen. »Sagen Sie meiner Mutter und Miss Laura, sie möchten sofort herkommen.«

»Sehr wohl, Miss Jose.«

Sie wandte sich zu Meg. »Ich möchte hören, wie das Klavier klingt, für den Fall, ich werde heute nachmittag aufgefordert zu singen. Versuchen wir's mit ›Das Leben ist traurig‹.«

Pom! Ta-ta-ta! *Ti*-ta! Das Klavier erklang so leidenschaftlich, daß sich Joses Miene veränderte. Sie faltete die Hände. Sie warf ihrer Mutter und Laura einen trauervollen und unergründlichen Blick zu, als sie hereinkamen.

Das Leben ist tra-aurig,
voll Tränen und Fle-ehn,
die Liebe verge-e-het,
das Leben ist tra-aurig,
voll Tränen und Fle-ehn,
die Liebe verge-e-het,
dann ... Auf Wieder-se-ehn.

Doch bei dem Wort ›Auf Wiedersehen!‹ – obwohl das Klavier so verzweifelt wie noch nie klang – überzog ein strahlendes, furchtbar kaltes Lächeln ihr Gesicht.

»Bin ich nicht gut bei Stimme, Mami?« strahlte sie.

Das Leben ist tra-aurig,
wenn Wünsche verwe-ehn,
ein Traum – ein Erwa-achen …

Aber da wurden sie von Sadie unterbrochen. »Was gibt's, Sadie?«

»Verzeihung, Madam, die Köchin läßt fragen, ob Sie die Fähnchen für die belegten Brote haben?«

»Die Fähnchen für die belegten Brote, Sadie?« wiederholte Mrs. Sheridan wie im Traum. Und die Kinder sahen es an ihrem Gesicht, daß sie sie nicht hatte. »Ich will mal nachsehen.« Und mit fester Stimme sagte sie zu Sadie: »Sagen Sie der Köchin, in zehn Minuten hat sie sie.«

Sadie ging hinaus.

»Laura«, sagte die Mutter schnell, »komm mit ins Rauchzimmer. Ich habe die Namen irgendwo auf die Rückseite eines Briefumschlags geschrieben. Du mußt sie für mich schreiben. Meg, du gehst sofort hinauf und nimmst das nasse Ding von deinem Kopf. Jose, mach schnell und zieh dich schleunigst fertig an. Versteht ihr mich, Kinder, oder muß ich es eurem Vater sagen, wenn er heute abend nach Hause kommt? Und – und Jose, besänftige die Köchin, wenn du in die Küche gehst, ja? Ich habe heute morgen richtig Angst vor ihr.«

Der Briefumschlag fand sich schließlich hinter der Uhr im Eßzimmer, obgleich sich Mrs. Sheridan nicht vorstellen konnte, wie er dorthin geraten war.

»Eins von euch Kindern muß ihn aus meiner Tasche stibitzt haben, ich weiß ganz genau – Schmelzkäse und Zitronenquark, hast du das?«

»Ja.«

»Ei und –« Mrs. Sheridan hielt den Umschlag von sich weg. »Das sieht wie Ochsen aus. Es können doch aber keine Ochsen sein, oder?«

»Oliven, Liebes«, sagte Laura, die ihr über die Schulter sah.

»Ja, natürlich, Oliven. Klingt diese Zusammenstellung nicht schrecklich· Ei und Oliven?«

Schließlich waren die Fähnchen fertig, und Laura brachte sie in die Küche. Dort fand sie Jose dabei, die Köchin zu besänftigen, die aber durchaus nicht beängstigend aussah.

»Noch nie in meinem Leben habe ich solche delikaten Brote gesehen«, sagte Jose voller Begeisterung in der Stimme. »Wie viele Arten, sagten Sie, wären das? Fünfzehn?«

»Fünfzehn, Miss Jose.«

»Also, verehrte Köchin, ich gratuliere Ihnen.«

Die Köchin fegte mit dem langen Brotmesser ein paar Krusten beiseite und lächelte über das ganze Gesicht.

»Von Godber ist jemand da«, verkündete Sadie und stürzte aus der Vorratskammer hervor. Sie hatte den Mann am Fenster vorbeigehen sehen.

Das bedeutete, daß die Windbeutel da waren. Godbers waren für ihre Windbeutel bekannt. Keiner wäre je auf den Gedanken gekommen, welche selbst zu machen.

»Bring sie rein und leg sie auf den Tisch, Mädchen«, befahl die Köchin.

Sadie brachte sie herein und ging zurück zur Tür. Selbstverständlich waren Laura und Jose viel zu erwachsen, um sich aus solchen Sachen wirklich etwas zu machen. Dennoch mußten sie zugeben, daß die Windbeutel sehr verlokkend aussahen. Ungeheuer verlockend! Die Köchin begann, sie zu arrangieren, und schüttelte den überschüssigen Puderzucker ab.

»Wecken sie nicht die Erinnerung an alle Kinderfeste?« fragte Laura.

»Das mag schon sein«, erwiderte die praktische Jose, die Erinnerungen nicht mochte. »Sie sehn wirklich herrlich weich und federleicht aus, das muß ich schon sagen.«

»Nehmt euch jede einen, meine Lieben«, sagte die Köchin mit ihrer angenehmen Stimme. »Eure Mutter wird's nicht merken.«

Oh, unmöglich! Sich vorzustellen, Windbeutel so kurz nach dem Frühstück! Der bloße Gedanke ließ einen erschauern. Trotzdem leckten sich zwei Minuten später Jose und Laura die Finger ab mit jenem verklärten, verinnerlichten Blick, wie ihn nur Schlagsahne hervorbringen kann.

»Komm, gehn wir hinten hinaus in den Garten«, schlug Laura vor. »Ich möchte sehen, wie die Männer mit dem Zelt vorankommen. Das sind so schrecklich nette Leute.«

Aber die Hintertür wurde von der Köchin, Sadie, dem Boten von Godber und Hans versperrt.

Etwas war geschehen.

»Tuk-tuk-tuk«, gluckste die Köchin wie eine aufgeregte Henne. Sadie hielt die Hand ans Gesicht, als ob sie Zahnschmerzen hätte. Hans' Miene war verzerrt, so strengte er sich an zu verstehen. Nur der Bote von Godber schien sich gut zu unterhalten. Es war ja seine Neuigkeit.

»Was ist los? Was ist geschehn?«

»Es hat einen schrecklichen Unfall gegeben«, sagte die Köchin.

»Ein Mann ist getötet worden.«

»Ein Mann getötet! Wo? Wie? Wann?«

Doch der Bote von Godber wollte sich nicht seine Geschichte vor der Nase wegschnappen lassen.

»Sie kennen die kleinen Katen gleich hier unten, Miss?« Ob sie die kannte? Natürlich kannte sie die. »Also, da wohnt 'n junger Mann, heißt Scott, 'n Fuhrmann. Sein Pferd scheute vor 'ner Zugmaschine, heute früh an der Ecke der Hawke Street, und er wurde runtergeschleudert, auf den Hinterkopf. Tot.«

»Tot!« Laura blickte den Mann ganz starr an.

»Tot, als sie ihn aufhoben«, erzählte dieser genießerisch. »Sie haben die Leiche grade heimgebracht, als ich hierherkam.« Und er wandte sich an die Köchin: »Er hinterläßt eine Frau und fünf kleine Kinder.«

»Jose, komm hierher!« Laura erwischte ihre Schwester am Ärmel und zog sie durch die Küche hinter die grün gepolsterte Tür. Dort blieb sie stehen und lehnte sich dagegen. »Jose«, sagte sie voller Entsetzen. »Wie können wir nun alles abblasen?«

»Alles abblasen, Laura!« rief Jose erstaunt. »Was soll das heißen?«

»Das Gartenfest abblasen natürlich.« Warum tat Jose nur so?

Doch Joses Erstaunen wuchs. »Das Gartenfest abblasen? Aber Laura, sei doch nicht albern. Selbstverständlich können wir nichts Derartiges tun. Das erwartet auch keiner. Sei bloß nicht so überspannt.«

»Aber wir können doch ganz unmöglich ein Gartenfest feiern – mit einem Toten direkt vor der Tür.«

Das war wirklich überspannt, denn die kleinen Katen standen in einer Gasse für sich am Fuße eines steilen Anstiegs, der zu ihrem Haus führte. Dazwischen verlief eine breite Straße. Stimmt, sie waren viel zu nahe. Sie boten wirklich den häßlichsten Anblick, den man sich vorstellen konnte, und sie hatten kein Recht darauf, überhaupt in der Nachbarschaft zu sein. Es waren kleine, gewöhnliche, schokoladenbraun gestrichene Behausungen. In den Gartenstreifen gab es nur Kohlstrünke, kranke Hühner und Tomatenbüchsen. Selbst der Rauch, der aus ihren Schornsteinen stieg, war armselig. Kleine zerlumpte Rauchfetzen, ganz anders als die großen silbernen Rauchfahnen, die aus den Schornsteinen der Sheridans aufstiegen. Waschfrauen wohnten in der Gasse und Straßenkehrer und ein Flickschuster und ein Mann, dessen Hausfront mit winzigen Vogelbauern übersät war. Es wimmelte von Kindern. Als die Sheridans noch klein waren, war es ihnen verboten gewesen, ihren Fuß dorthin zu setzen, wegen der anstößigen Sprache und aus Angst davor, was sie sich dort holen könnten. Doch seit sie herangewachsen waren, gingen Laura und Laurie auf ihren Streifzügen manchmal durch. Abstoßend und schmutzig war es da. Hinterher schauderte es sie. Und dennoch mußte man überallhin gehen; mußte man alles sehen. Also gingen sie durch.

»Und denk doch bloß mal, wie die Kapelle auf die arme Frau wirken muß«, sagte Laura.

»Ach, Laura!« Jose wurde nun richtig ärgerlich. »Wenn du jedesmal, wenn jemand einen Unfall hat, eine Kapelle nicht spielen lassen willst, das wäre ein mühseliges Leben. Mir tut das genauso leid wie dir. Ich habe genausoviel Mitgefühl.« Ihre Augen wurden hart. Sie sah ihre Schwester an wie zu den Zeiten, als sie noch klein waren und sich balgten. »Du kannst keinen betrunkenen Arbeiter dadurch wieder zum Leben erwecken, daß du sentimental wirst«, sagte sie leise.

»Betrunken! Wer hat denn gesagt, daß er betrunken war?« fuhr Laura auf Jose los. Und sie sagte genau das, was sie seinerzeit bei solchen Gelegenheiten zu sagen pflegte: »Ich werde das gleich Mutter sagen.«

»Tu das«, girrte Jose.

»Mutter, kann ich hereinkommen?« Laura drehte den großen gläsernen Türknauf.

»Natürlich, mein Kind. Warum, was ist denn los? Warum siehst du so aus?« Und Mrs. Sheridan wandte sich von ihrem Toilettentisch um. Sie war dabei, einen neuen Hut aufzuprobieren.

»Mutter, ein Mann ist getötet worden«, begann Laura.

»Doch *nicht* etwa im Garten?« unterbrach sie die Mutter.

»Nein, nein!«

»Ach, wie du mich erschreckt hast!« Mrs. Sheridan seufzte erleichtert auf, setzte den großen Hut ab und hielt ihn auf den Knien.

»Hör doch, Mutter«, sagte Laura. Atemlos, mit halb erstickter Stimme, erzählte sie der Mutter die schreckliche Geschichte. »Natürlich können wir unser Fest nicht feiern, nicht wahr?« bat sie flehentlich. »Die Kapelle und wenn alle kommen. Sie würden uns hören, Mutter; es sind doch so gut wie Nachbarn!«

Zum Erstaunen Lauras reagierte die Mutter genau wie Jose. Das war noch schwerer zu ertragen, weil sie amüsiert zu sein schien. Sie nahm Laura einfach nicht ernst.

»Aber, mein liebes Kind, wo bleibt denn dein gesunder Menschenverstand? Wir haben doch nur zufällig davon erfahren. Wenn dort jemand ganz normal gestorben wäre – und ich kann mir einfach nicht vorstellen, wie sie in diesen engen kleinen Löchern überhaupt am Leben bleiben können –, würden wir doch trotzdem unser Fest feiern, nicht wahr?«

Laura mußte das bejahen. Dabei hatte sie aber das Gefühl, daß das ganz und gar nicht in Ordnung sei. Sie setzte sich auf das Sofa und zupfte an der Rüsche eines Kissens.

»Mutter, ist das nicht einfach furchtbar herzlos von uns?« fragte sie.

»Aber Liebling!« Mrs. Sheridan stand auf und kam zu ihr, den Hut in der Hand. Ehe Laura sie daran hindern konnte, hatte sie ihn ihr aufgesetzt. »Kind! Der Hut gehört dir. Er ist wie für dich gemacht. Er ist zu jugendlich für mich. So blendend hast du noch nie ausgesehn. Sieh dich an!« Und sie hielt ihr den Handspiegel vor.

»Aber Mutter«, begann Laura wieder. Sie konnte sich nicht ansehn, sie wandte sich ab.

Jetzt verlor Mrs. Sheridan genau wie Jose die Geduld.

»Du bist aber albern, Laura«, sagte sie kalt. »Solche Leute erwarten keine Opfer von uns. Und es zeugt nicht gerade von sehr viel Mitgefühl, allen das Vergnügen zu verderben, wie du es jetzt tust.«

»Das verstehe ich nicht«, sagte Laura, sie ging rasch aus dem Zimmer hinaus und in ihr eigenes Schlafzimmer. Das erste, was sie dort ganz zufällig erblickte, war dieses reizende Mädchen im Spiegel, mit dem schwarzen Hut, der mit goldenen Maßliebchen und einem langen schwarzen Samtband geschmückt war. Sie hätte sich nie träumen lassen, daß sie so aussehen konnte. Hat Mutter doch recht? dachte sie. Und jetzt hoffte sie, daß Mutter recht hätte. Bin ich wirklich überspannt? Vielleicht war sie überspannt. Für einen flüchtigen Augenblick sah sie wieder die arme Frau mit den kleinen Kindern vor sich und wie der Tote ins Haus getragen wurde. Doch das alles wirkte verschwommen, unwirklich, wie ein Bild aus der Zeitung. Ich will wieder daran denken, wenn das Fest vorbei ist, beschloß sie. Und irgendwie erschien ihr das die beste Lösung...

Halb zwei war das Mittagessen vorbei. Halb drei waren sie alle gefechtsbereit. Die Musiker waren in grünen Röcken erschienen und in einer Ecke des Tennisplatzes untergebracht.

»Meine Liebe«, trällerte Kitty Maitland, »sehen sie nicht ganz und gar wie Frösche aus? Du hättest sie rund um den Teich setzen sollen und den Dirigenten in die Mitte auf ein Blatt.«

Laurie kam und rief ihnen einen Gruß zu, als er hineinging, um sich umzuziehen. Bei seinem Anblick fiel Laura wieder der Unfall ein. Sie wollte es ihm erzählen. Wenn Laurie wie die anderen dachte, dann mußte es einfach in Ordnung sein. Und sie folgte ihm in die Halle.

»Laurie!«

»Hallo!« Er war die Treppe schon halb oben, doch als er sich umdrehte und Laura erblickte, blies er die Backen auf und verdrehte die Augen. »Ehrenwort, Laura! Du siehst einfach umwerfend aus! Was für ein fabelhafter Hut!«

Laura hauchte nur: »Wirklich?«, lächelte Laurie zu und sagte es ihm nun doch nicht.

Bald darauf kamen die Leute in Scharen. Die Kapelle setzte ein, die gemieteten Kellner liefen zwischen Haus und Zelt hin und her. Wohin man sah, spazierten Paare umher, beugten sich zu den Blumen hinab, grüßten, gingen weiter über den Rasen. Sie glichen leuchtenden Vögeln, die sich auf ihrem Weg nach – ja, wohin? – für einen Nachmittag im Garten der Sheridans niedergelassen hatten. Ach, was für ein Glück ist es doch, mit lauter glücklichen Menschen zusammenzusein, Hände zu drücken, Wangen zu streicheln, in Augen zu lächeln!

»Laura, mein Liebling, wie gut du aussiehst!«

»Wie gut dir der Hut steht!«

»Laura, du siehst direkt spanisch aus. Du hast noch nie so großartig ausgesehn!«

Und Laura, glühend, antwortete leise: »Hast du schon Tee getrunken? Möchtest du nicht ein Eis haben? Dieses Eis ist wirklich etwas ganz Besonderes.« Sie lief zu ihrem Vater und bat ihn: »Liebster Daddy, können die Musiker nicht etwas zu trinken bekommen?«

Und langsam reifte der vollkommene Nachmittag, langsam welkte er, langsam schloß er seine Blüte.

»... noch nie ein entzückenderes Gartenfest ...« – »Wirklich gelungen ...« – »Das beste ...«

Laura half ihrer Mutter, die Gäste zu verabschieden. Sie

standen nebeneinander auf der Veranda, bis alles vorbei war.

»So, das hätten wir hinter uns, Gott sei Dank!« sagte Mrs. Sheridan. »Laura, ruf die andern. Wir wollen frischen Kaffee trinken. Ich bin erledigt. Ja, es war ein voller Erfolg. Aber, ach, diese Parties, diese Parties! Warum besteht ihr Kinder immer darauf, Parties zu geben?« Und sie alle setzten sich in das leere Zelt.

»Nimm ein belegtes Brot, liebster Daddy. Ich hab' die Fähnchen beschrieben.«

»Danke.« Mr. Sheridan tat einen kräftigen Biß, und das Brot war verschwunden. Er nahm noch eins. »Vermutlich habt ihr nichts von dem scheußlichen Unfall gehört, der heute passiert ist?« fragte er.

»Mein Lieber«, sagte Mrs. Sheridan und hob abwehrend die Hand, »wir haben davon gehört. Er hätte uns beinahe das Fest verdorben. Laura wollte unbedingt, daß wir's verschieben.«

»Ach Mutter!« Laura wollte nicht damit aufgezogen werden.

»Es war jedenfalls eine schreckliche Sache«, sagte Mr. Sheridan. »Zudem war der Mann verheiratet. Wohnte dort unten in der Gasse, hinterläßt eine Frau und ein halbes Dutzend Kinder, heißt es.«

Eine kurze peinliche Stille trat ein. Mrs. Sheridan machte sich an ihrer Tasse zu schaffen. Es war wirklich sehr taktlos von Vater ...

Plötzlich hob sie den Blick. Da – der Tisch stand voller belegter Brote, Kuchen, Gebäck, all das war übriggeblieben und würde weggeworfen werden. Sie hatte einen ihrer glänzenden Einfälle.

»Ich weiß was«, sagte sie. »Wir machen einen Korb zurecht und schicken dem armen Geschöpf ein paar von diesen köstlichen Sachen. Auf jeden Fall wird das für die

Kinder ein Hochgenuß sein. Meint ihr nicht auch? Und bestimmt werden zu ihr Nachbarn kommen und so weiter. Wie gut, daß alles fix und fertig ist. Laura!« Sie sprang auf. »Hol den großen Korb aus dem Schrank unter der Treppe.«

»Aber Mutter, glaubst du wirklich, daß das eine gute Idee ist?« fragte Laura.

Wie seltsam, wieder schien sie anders zu sein als sie alle. Reste von ihrem Fest. Würde die arme Frau das wirklich mögen?

»Natürlich! Was ist nur heute mit dir los? Noch vor ein, zwei Stunden wolltest du partout, daß wir Mitgefühl zeigen sollten.«

Nun gut! Laura holte den Korb. Er wurde gefüllt, ihre Mutter überlud ihn bald.

»Bring ihn selbst hin, mein Liebling«, sagte sie. »Lauf los, so wie du bist. Nein, warte, nimm die Feuerlilien mit. Auf Leute dieser Klasse machen Feuerlilien einen mächtigen Eindruck.«

»Die Stiele werden ihr das Spitzenkleid verderben«, sagte die praktische Jose.

Allerdings. Noch zur rechten Zeit. »Dann nur den Korb. Und, Laura!« rief die Mutter, als sie ihr aus dem Zelt folgte, »und auf keinen Fall ...«

»Was, Mutter?«

Nein, lieber nicht dem Kind solche Gedanken in den Kopf setzen. »Nichts! Geh schon.«

Es wurde gerade dämmrig, als Laura die Gartentür hinter sich schloß. Ein großer Hund lief wie ein Schemen vorbei. Die Straße schimmerte weiß, und unten im Tal lagen die kleinen Hütten tief im Schatten. Wie still es ihr vorkam nach dem Nachmittag! Da ging sie nun hinab, dorthin, wo ein toter Mann lag, und sie konnte es nicht fassen. Warum nicht? Sie blieb einen Augenblick stehen. Und es kam ihr vor, als ob Küsse, Stimmen, Löffelklirren, Gelächter, der

Geruch von zertretenem Gras irgendwie in ihr wären. Da war kein Raum für etwas anderes. Komisch! Sie schaute zu dem fahlen Himmel hinauf und dachte nichts als ›Ja, es war wirklich ein überaus gelungenes Fest!‹

Jetzt war die breite Straße überquert. Die Gasse begann, dunkel und verräuchert. Frauen in Umschlagtüchern und Männer mit Tweedmützen eilten vorüber. Über die Staketzäune lehnten Männer, in den Torwegen spielten Kinder. Aus den kleinen ärmlichen Katen kam ein leises Summen. In einigen war ein Lichtschein, und ein Schatten, krebsähnlich, huschte hinter dem Fenster vorbei. Laura senkte den Kopf und ging eilig weiter. Sie wünschte jetzt, daß sie einen Mantel angezogen hätte. Wie ihr Kleid schimmerte! Und der große Hut mit dem Samtband – wenn sie nur einen anderen Hut aufhätte! Waren die Blicke der Leute auf sie gerichtet? Ganz bestimmt. Es war ein Fehler, daß sie hierhergekommen war; sie wußte es schon die ganze Zeit über, daß es ein Fehler war. Sollte sie jetzt noch umkehren?

Nein, zu spät. Da war das Haus. Das mußte es sein. Ein dunkles Menschenknäuel stand davor. Neben dem Tor saß eine uralte Frau mit einem Krückstock in einem Lehnstuhl und beobachtete, was vorging. Die Füße hatte sie auf einer Zeitung. Die Stimmen verstummten, als Laura näher kam. Die Gruppe ging auseinander. Es war, als ob man sie erwartet hätte, als ob sie gewußt hätten, daß sie hierherkäme.

Laura war entsetzlich bange. Sie warf das Samtband über ihre Schulter und fragte eine in der Nähe stehende Frau: »Wohnt hier Mrs. Scott?« Und die Frau antwortete mit einem sonderbaren Lächeln: »Ja, mein Mädchen.«

Ach, wäre sie nur fort von hier! Und wahrhaftig sagte sie: »Lieber Gott, hilf mir!«, als sie den winzigen Pfad entlangging und anklopfte. Nur fort von diesen starrenden Augen, oder in irgend etwas eingehüllt sein, und wenn es in eins dieser Umschlagtücher wäre! Ich gebe nur den Korb ab und gehe wieder, beschloß sie. Ich werde nicht einmal warten, daß er ausgepackt wird.

Dann wurde die Tür geöffnet. In der Dunkelheit war eine kleine Frau in Schwarz zu sehen.

Laura sagte: »Sind Sie Mrs. Scott?« Doch zu ihrem Entsetzen antwortete die Frau: »Kommense bitte rein, Miss«, und da stand sie nun im Flur.

»Nein«, erwiderte Laura, »ich möchte nicht hineinkommen. Ich möchte nur diesen Korb abgeben. Meine Mutter hat ...«

Die kleine Frau in dem dunklen Flur schien sie nicht gehört zu haben. »Hierlang, bitte, Miss«, sagte sie mit schmeichlerischer Stimme, und Laura folgte ihr.

Sie kam in eine kleine, niedrige, armselige Küche, die von einer rauchigen Lampe erhellt wurde. Am Feuer saß eine Frau.

»Emma«, sagte das kleine Wesen, das sie hereingelassen hatte. »Em! Da is 'ne junge Dame.« Sie wandte sich zu Laura. Sie sagte bedeutungsvoll: »Ich bin ihre Schwester, Miss. Sie entschuldigense, nich wahr?«

»Aber natürlich!« erwiderte Laura. »Bitte, bitte, stören Sie sie nicht. Ich – ich möchte nur ...«

Doch in dem Augenblick drehte sich die Frau am Feuer um. Ihr Gesicht, verquollen, rot, mit geschwollenen Augen und geschwollenen Lippen, sah schrecklich aus. Es schien, als ob sie nicht verstehen könnte, warum Laura da war. Was bedeutete das? Warum stand diese Fremde da in der Küche mit einem Korb? Was sollte das alles? Und das arme Gesicht verzog sich wieder zum Weinen.

»Is gut, meine Liebe«, sagte die andere. »Ich werd' der jungen Dame danken.«

Und wieder begann sie: »Sie nehm's ihr nich übel, Miss, nich wahr«, und ihr Gesicht, ebenfalls geschwollen, versuchte ein schmeichlerisches Lächeln.

Laura wollte nur hinaus, fort von hier. Sie war wieder im Flur. Die Tür ging auf. Sie kam geradewegs in das Schlafzimmer, wo der Tote lag.

»Sie möchten ihn gern sehn, nich wahr?« sagte Emmas Schwester, und sie drängte sich an Laura vorbei hinüber zum Bett. »Hamse keine Angst, Mädchen« – und jetzt klang ihre Stimme liebevoll verstohlen, und liebevoll zog sie das Laken weg –, »er sieht wie gemalt aus. Man sieht gar nischt. Kommense her, meine Liebe.«

Und Laura kam.

Da lag ein junger Mann in tiefem Schlaf, er schlief so tief, so fest, daß er weit, weit weg von ihnen beiden war. Oh, so entrückt, so friedlich. Er träumte. Weckt ihn nie wieder auf. Sein Kopf war aufs Kissen gesunken, die Augen geschlossen, sie waren blind unter den geschlossenen Lidern. Er war völlig seinem Traum hingegeben. Was bedeuteten ihm schon Gartenfeste und Körbe und Spitzenkleider? Er war weit weg von all diesen Dingen. Er war wunderbar, schön. Während sie lachten und während die Kapelle spielte, war dieses Wunder in die Gasse gekommen. Glücklich... glücklich... Alles ist gut, sagte das schlafende Gesicht. Genau wie es sein sollte. Ich bin zufrieden.

Aber trotzdem mußte man weinen, und sie konnte nicht aus dem Zimmer gehen, ohne etwas zu ihm zu sagen. Laura schluchzte laut wie ein Kind.

»Vergib den Hut«, sagte sie.

Und dieses Mal wartete sie nicht auf Ems Schwester. Sie fand den Weg zur Tür hinaus, den Pfad entlang an all den düsteren Gestalten vorbei. An der Ecke der Gasse traf sie Laurie.

Er trat aus dem Schatten hervor. »Bist du's, Laura?«

»Ja.«

»Mutter machte sich langsam Sorgen. Alles in Ordnung?«

»Ja, völlig. Ach, Laurie!« Sie nahm seinen Arm und schmiegte sich an ihn.

»Hör mal, du weinst doch nicht etwa?« fragte der Bruder.

Laura schüttelte den Kopf. Sie weinte.

Laurie legte ihr den Arm um die Schulter. »Weine nicht«, sagte er mit seiner warmen, zärtlichen Stimme. »War es schrecklich?«

»Nein«, schluchzte Laura. »Es war einfach wundervoll. Aber, Laurie –«, sie blieb stehen und sah ihren Bruder an. »Ist das Leben nicht«, stammelte sie, »ist das Leben nicht...« Doch wie das Leben war, konnte sie nicht erklären. Es machte nichts. Er verstand sie.

»Ja, *nicht wahr*, Liebling?« sagte Laurie.

Die Töchter des Obersten selig

I

Die Woche danach war eine der aufregendsten ihres Lebens. Sogar wenn sie zu Bett gingen, war es nur ihr Körper, der dalag und ruhte; ihr Geist fuhr fort, Dinge zu überdenken, zu besprechen, zu fragen, zu entscheiden, versuchte sich zu erinnern, wo...

Constantia lag da wie ein Statue, die Hände an der Seite, die Beine übereinander, die Bettdecke bis zum Kinn gezogen. Sie starrte hinauf zur Decke.

»Was meinst du, ob Vater etwas dagegen hätte, wenn wir seinen Zylinder dem Portier gäben?«

»Dem Portier?« fuhr Josephine auf. »Warum denn ausgerechnet dem Portier? Was für eine verrückte Idee!«

»Weil«, erwiderte Constantia langsam, »er doch oft zu Begräbnissen gehen muß. Und mir ist auf dem Friedhof aufgefallen, daß er nur eine Melone aufhatte.« Sie zögerte. »Da dachte ich mir, wie sehr er einen Zylinder schätzen würde. Und wir sollten ihm auch etwas schenken. Er war immer sehr nett zu Vater.«

»Aber« – Josephine warf sich auf dem Kissen herum und starrte durch die Dunkelheit zu Constantia: »Vaters Kopf!« Und plötzlich, einen schrecklichen Augenblick lang, hätte sie fast gekichert. Natürlich war ihr ganz und gar nicht nach Kichern zumute; es mußte einfach Gewohnheit sein. Vor Jahren, wenn sie nachts wach geblieben waren und sich unterhielten, hatten ihre Betten förmlich gewackelt. Und nun der Portierskopf, wie er unter Vaters Hut verschwand, ausgepustet wie eine Kerze... Das Kichern schwoll immer mehr an, sie ballte die Hände, sie bezwang es; verbissen und mißbilligend blickte sie ins Dunkel und befahl sich: »Denk dran!« in furchtbar strengem Ton.

»Wir können das morgen entscheiden«, sagte sie.

Constantia hatte nichts bemerkt; sie seufzte.

»Was denkst du, müßten wir nicht auch unsere Morgenröcke färben lassen?«

»Schwarz?« schrie Josephine beinahe gellend auf.

»Wie denn sonst?« fragte Constantia. »Ich dachte mir nur, es scheint irgendwie nicht ganz aufrichtig zu sein, auf der Straße und wenn wir richtig angezogen sind schwarz zu tragen, und dann, wenn wir zu Hause sind ...«

»Aber da sieht uns doch keiner«, sagte Josephine. Sie zerrte derart an der Bettdecke, daß beide Füße hervorguckten und sie in die Kissen hochrutschen mußte, um sie wieder zuzudecken.

»Kate sieht uns«, sagte Constantia. »Und der Briefträger vielleicht auch.«

Josephine dachte an ihre dunkelroten Pantoffeln, die genau zu ihrem Morgenrock paßten, und an das undefinierbare Grün von Constantias Lieblingspantoffeln, die auf ihren abgestimmt waren. Schwarz! Zwei schwarze Morgenröcke und zwei Paar schwarzwollener Pantoffeln, die sich wie zwei schwarze Katzen ins Badezimmer schlichen!

»Ich denke nicht, daß das unbedingt nötig ist«, erwiderte sie.

Schweigen. Dann sagte Constantia: »Wir werden die Zeitungen mit der Anzeige morgen aufgeben müssen, um die Post nach Ceylon zu kriegen ... Wie viele Briefe haben wir bis jetzt bekommen?«

»Dreiundzwanzig.«

Josephine hatte sie alle beantwortet, und dreiundzwanzigmal, wenn sie zu den Worten kam: ›Unser lieber Vater fehlt uns so sehr‹, hatte sie die Fassung verloren und hatte zum Taschentuch greifen müssen, und auf manchen hatte sie sogar eine sehr blaßblaue Träne mit dem Rand des Löschpapiers aufsaugen müssen. Seltsam! Sie hätte nicht nur so tun können – aber dreiundzwanzigmal! Sogar jetzt noch hätte sie, wenn sie sich in traurigem Ton vorsagte: ›Unser lieber Vater fehlt uns so sehr‹, weinen können, wenn sie gewollt hätte.

»Hast du genug Briefmarken?« kam es von Constantia.

»Ach, woher soll ich das wissen?« erwiderte Josephine mürrisch. »Was fragst du mich das jetzt?«

»Ich dachte grade daran«, sagte Constantia sanft.

Wiederum Schweigen. Dann ein leichtes Rascheln, Trippeln, Hopsen.

»Eine Maus«, sagte Constantia.

»Das kann keine Maus sein, weil keinerlei Krümel hier sind.«

»Aber sie weiß doch nicht, daß hier keine sind«, kam es von Constantia.

Ein Anflug von Mitleid krampfte ihr das Herz zusammen. Armes kleines Ding! Sie wünschte, sie hätte wenigstens ein winziges Stück Keks auf dem Nachttisch liegenlassen. Schrecklich, sich vorzustellen, daß das arme Tier so gar nichts fand. Was würde es machen?

»Ich kann mir nicht vorstellen, wie sie überhaupt leben können«, sagte sie langsam.

»Wer?« wollte Josephine wissen.

Und Constantia entgegnete, lauter, als sie beabsichtigte: »Mäuse.«

Josephine war wütend. »So ein Unsinn, Con! Was haben denn Mäuse damit zu tun? Du schläfst ja schon.«

»Ich glaube nicht«, sagte Constantia. Sie schloß die Augen, um sich zu vergewissern. Ja, sie schlief.

Josephine rollte sich zusammen, zog die Knie an, verschränkte die Arme, daß die Fäuste unter den Ohren lagen, und drückte den Kopf fest ins Kissen.

2

Was alles noch komplizierter machte, war, daß Schwester Andrews, die Pflegerin, diese Woche bei ihnen blieb. Es war ihre eigene Schuld. Sie hatten sie darum gebeten. Josephine war auf die Idee gekommen. An dem Morgen – nun, an dem letzten Morgen, als der Arzt gegangen war, hatte Josephine zu Constantia gesagt: »Was meinst du, wär's nicht gut, wenn wir Schwester Andrews aufforderten, eine Woche als unser Gast dazubleiben?«

»Sehr gut«, hatte Constantia erwidert.

»Ich dachte mir«, fuhr Josephine rasch fort, »ich sollte heute nachmittag einfach zu ihr sagen, nachdem ich ihr ihren Lohn gegeben habe: ›Meine Schwester und ich fänden es sehr nett, nach allem, was Sie für uns getan haben, Schwester Andrews, wenn Sie noch eine Woche als unser Gast dablieben.‹ Das mit dem Gast werde ich anbringen müssen, im Fall ...«

»Oh, aber sie könnte doch kaum erwarten, Geld zu bekommen!« rief Constantia.

»Man kann nie wissen«, erwiderte Josephine weise.

Schwester Andrews hatte natürlich den Vorschlag sofort bereitwilligst akzeptiert. Aber es war lästig. Es bedeutete, daß sie sich zu den üblichen Zeiten zu regulären Mahlzeiten an den Tisch setzen mußten, wogegen sie, wären sie allein gewesen, Kate hätten bitten können, ihnen einfach ein Tablett dahin zu bringen, wo sie gerade waren. Und jetzt, da die Anspannung vorüber war, waren die festen Mahlzeiten eine rechte Plage.

Schwester Andrews war einfach fürchterlich, wenn es um Butter ging. Ja, sie konnten sich des Eindrucks nicht erwehren, daß sie, wenigstens was Butter betraf, ihre Freundlichkeit ausnützte. Und zum Verrücktwerden war ihre Angewohnheit, um nur noch ein winziges Stück Brot zu bitten, um aufzuessen, was sie auf dem Teller hatte, und dann, den letzten Bissen noch im Mund, wie in Gedanken – natürlich war das nicht wie in Gedanken – noch mal zuzulangen. Josephine wurde dann hochrot, wenn das geschah, und sie heftete ihre kleinen Knopfaugen auf das Tischtuch, als sähe sie ein winziges fremdartiges Insekt durch das Gewebe kriechen. Constantias langes, blasses Gesicht jedoch wurde noch länger und ganz starr, und ihr Blick ging in die Ferne, weit über die Wüste, dahin, wo diese Reihe von Kamelen sich wie ein Wollfaden aufrollte...

»Als ich bei Lady Tukes war«, sagte Schwester Andrews, »hatte sie so eine nüdliche kleine Vorrüchtung für die Buttah. Ein Amor aus Sülbah war auf dem Rand einer Glasschüssel und hült eine wünzige Gabel. Wenn man Buttah wollte, drückte man auf seinen Fuß, er beugte sich runtah und spüßte einem ein Stück auf. Das war rüchtig lustig.«

Josephine konnte das kaum ertragen. »Aber ich finde so etwas recht extravagant«, war alles, was sie sagte.

»Wieso?« fragte Schwester Andrews und funkelte durch ihre Brillengläser. »Nümand würde sich doch mehr Buttah nehmen, als er möchte, odah?«

»Con, läute!« rief Josephine. Sie fühlte sich außerstande zu antworten.

Und die stolze junge Kate, die verzauberte Prinzessin, erschien, um zu sehen, was die alten Jungfern nun wieder wollten. Sie riß ihnen die Teller weg, die irgend so eine Nachbildung darstellten, und knallte eine weiße, erschrokkene Mandelsüßspeise hin.

»Gelee bitte, Kate«, sagte Josephine freundlich.

Kate kniete hin, riß die Anrichte auf, hob den Deckel der Geleedose, sah, daß sie leer war, stellte sie auf den Tisch und stolzierte hinaus.

»Ich fürchte«, sagte Schwester Andrews einen Augenblick später, »da ist nüchts mehr drin.«

»Ach, wie ärgerlich!« Josephine biß sich auf die Lippe. »Was machen wir da bloß?«

Constantia blickte unschlüssig drein. »Wir können Kate nicht wieder bemühen«, sagte sie leise.

Schwester Andrews wartete und sah lächelnd von einer zur andern. Hinter den Brillengläsern wanderten ihre Augen umher, erfaßten alles mit Späherblicken, Constantia zog sich verzweifelt wieder zu ihren Kamelen zurück. Josephine zog die Braue hoch und dachte angestrengt nach. Wenn nicht diese dumme Person gewesen wäre, hätten Con und sie ihre Süßspeise natürlich ›ohne‹ gegessen. Plötzlich hatte sie's.

»Ich weiß«, sagte sie, »die Apfelsinenmarmelade. In der Anrichte ist noch welche. Hol sie, Con.«

»Ich hoffe«, lachte Schwester Andrews – und ihr Lachen klang, als ob ein Löffel gegen ein Arzneiglas klirrte –, »ich hoffe, die Apfelsünenmarmeladah ist nicht sehr bittah.«

3

Aber schließlich dauerte es nicht mehr lange, bis sie ein für allemal weg wäre. Auch war es nicht zu leugnen, daß sie sehr nett zu Vater gewesen war. In der letzten Zeit hatte sie ihn Tag und Nacht gepflegt. Ja, so ganz insgeheim dachten sowohl Constantia als auch Josephine, daß sie zuletzt das Nicht-von-der-Seite-Weichen übertrieben hatte. Denn als sie hineingegangen waren, um Abschied zu nehmen, hatte Schwester Andrews die ganze Zeit an seinem Bett gesessen, seine Hand gehalten und getan, als ob sie dabei auf die Uhr sähe. Das war bestimmt nicht nötig gewesen. Es war auch so taktlos! Angenommen, Vater hätte ihnen etwas – etwas Vertrauliches sagen wollen. Das hatte er allerdings nicht. Ach, nicht im entferntesten! Er lag da, rot, eine dunkle, zornige Röte im Gesicht, und schaute sie nicht einmal an, als sie hereinkamen. Dann, als sie dastanden und nicht wußten, was sie tun sollten, hatte er plötzlich ein Auge geöffnet. Ach, wie anders wäre es gewesen, wie anders hätten sie sich an ihn erinnert, und wieviel leichter wäre es gewesen, den Leuten davon zu erzählen, wenn er wenigstens beide Augen aufgemacht hätte! Aber nein, nur eins. Das starrte sie einen Augenblick lang an, und dann ... erlosch es.

4

Das hatte es auch schwierig für sie gemacht, als Hochwürden Farolles von St. John den Nachmittag kam.

»Das Ende war wohl friedvoll, hoffe ich?« waren seine ersten Worte, als er durch den dunklen Salon auf sie zuglitt.

»Ja«, erwiderte Josephine zaghaft. Beide ließen sie den Kopf hängen. Sie hatten das sichere Gefühl, daß dieses Auge durchaus nicht friedvoll gewesen war.

»Möchten Sie sich nicht setzen?« fragte Josephine.

»Danke, Miss Pinner«, erwiderte Hochwürden verbindlich. Er faltete seine Rockschöße und begann sich in Vaters Lehnstuhl niederzulassen. Doch in dem Moment, als er ihn berührte, sprang er förmlich auf und glitt statt dessen in den nächsten Stuhl.

Er hüstelte. Josephine preßte die Hände fest zusammen, Constantias Blick war verschwommen.

»Sie sollen wissen, Miss Pinner«, sagte Hochwürden, »und auch Sie, Miss Constantia, daß ich Ihnen behilflich sein möchte. Ich möchte Ihnen beiden helfen, wenn ich darf. In solchen Zeiten«, sagte er ernst und schlicht, »will Gott, daß wir einander beistehen.«

»Vielen Dank, Hochwürden«, sagten Josephine und Constantia.

»Keine Ursache«, entgegnete Hochwürden liebenswürdig. Er zog seine Glacéhandschuhe durch die Finger und neigte sich vor. »Und wenn eine von Ihnen gern das Abendmahl hätte, eine oder alle beide, hier *und* jetzt, brauchen Sie es mir nur zu sagen. Ein kleines Abendmahl ist oft Beistand – ein großer Trost«, fügte er gütig hinzu.

Doch die Vorstellung von einem kleinen Abendmahl flößte ihnen Grauen ein. Wie! Für sich im Wohnzimmer – mit keinem – keinem Altar oder so! Das Klavier wäre doch viel zu hoch, dachte Constantia, Hochwürden könnte sich doch unmöglich mit dem Abendmahlskelch darüberlehnen. Und sicherlich würde Kate hereingeplatzt kommen und sie stören, dachte Josephine. Und angenommen, mittendrin läutete es? Es könnte jemand Wichtiges sein – ein Kondolenzbesuch. Würden sie sich ehrfurchtsvoll erheben und hinausgehen, oder würden sie warten müssen ... voller Qual?

»Vielleicht geben Sie durch Ihre gute Kate Nachricht, wenn Sie es später möchten«, sagte Hochwürden.

»Ach ja, vielen Dank!« erwiderten beide.

Hochwürden stand auf und nahm seinen schwarzen Strohhut von dem runden Tisch.

»Und was das Begräbnis betrifft«, sagte er leise, »das darf ich wohl übernehmen – als alter Freund von Ihrem lieben Vater und von Ihnen, Miss Pinner – und Miss Constantia?«

Josephine und Constantia standen ebenfalls auf.

»Ich möchte es ganz schlicht haben«, sagte Josephine mit fester Stimme, »und nicht zu teuer. Dabei möchte ich aber ...«

›Ein gutes, das hält‹, dachte die verträumte Constantia, als wäre Josephine dabei, ein Nachthemd zu kaufen. Doch natürlich sagte Josephine das nicht. ›Eines, das der Stellung unseres Vaters angemessen ist.‹ Sie war sehr nervös.

»Ich werde bei unserem guten Freund Mr. Knight vorbeigehen«, sagte Hochwürden tröstlich. »Ich werde ihn bitten, Sie aufzusuchen. Er wird Ihnen sicher sehr behilflich sein können.«

5

Nun, das alles war jedenfalls vorbei, obgleich keine von ihnen irgendwie glauben konnte, daß Vater nun nie wiederkäme. Josephine hatte einen Augenblick völligen Entsetzens auf dem Friedhof durchlebt, als der Sarg hinabgelassen wurde und sie daran dachte, daß sie und Constantia das getan hatten, ohne ihn um Erlaubnis zu fragen. Was würde Vater sagen, wenn er es erführe? Denn er mußte es einfach früher oder später erfahren. Wie er immer alles erfuhr. »Begraben. Da habt ihr zwei Mädchen mich *begraben* lassen!« Sie hörte seinen Stock aufschlagen. Ach, was würden sie nur sagen? Was für eine Ausrede könnten sie vorbringen? Es klang so furchtbar herzlos, so etwas zu tun. Als ob sie auf gemeine Art ausgenutzt hätten, daß jemand momentan zufällig hilflos war. Die anderen Leute schienen das alles als ganz selbstverständlich hinzunehmen. Aber das waren Fremde. Man konnte von ihnen kein Verständnis dafür erwarten, daß Vater der allerletzte war, dem so etwas geschehen konnte. Nein, die ganze Schuld an all dem fiele auf sie und Constantia. Und die Kosten, dachte sie, als sie in den dicht geschlossenen Mietwagen stieg. Wenn sie ihm die Rechnungen zeigen müßte! Was würde er dann sagen?

Sie hörte ihn schrecklich toben. »Und erwartet ihr etwa, daß ich für diese Kinkerlitzchen von euch bezahle?«

»Oh«, stöhnte die arme Josephine laut, »wir hätten das nicht tun sollen, Con!«

Und Constantia, bleich wie eine Zitrone in all dem Schwarz, flüsterte ängstlich: »Was hätten wir nicht tun sollen, Jug?«

»Vater so be-be-graben lassen«, schluchzte Josephine. Sie verlor die Fassung und weinte in ihr neues, eigenartig duftendes Trauertaschentuch.

»Aber was hätten wir denn sonst tun können?« fragte Constantia erstaunt. »Wir hätten ihn doch nicht bei uns lassen können, Jug – wir hätten ihn doch nicht ohne Begräbnis bei uns lassen können, jedenfalls nicht in einer Wohnung dieser Größe.«

Josephine schneuzte sich. In dem Wagen war es fürchterlich stickig.

»Ich weiß nicht«, sagte sie verzweifelt. »Das ist alles so schrecklich. Wir hätten es versuchen sollen, wenigstens für eine gewisse Zeit. Um ganz sicherzugehen. Eines steht fest«, und sie brach wieder in Tränen aus, »das wird Vater uns nie verzeihen – niemals!«

6

Vater würde ihnen nie verzeihen. Das spürten sie so deutlich wie noch nie, als sie am übernächsten Morgen sein Zimmer betraten, um seine Sachen durchzusehen. Sie hatten ganz ruhig darüber gesprochen. Es stand sogar auf Josephines Liste der zu erledigenden Dinge. *Vaters Sachen durchsehen und darüber befinden.* Das war jedoch etwas ganz anderes, als nach dem Frühstück zu sagen: »Bist du bereit, Con?«

»Ja, Jug, wenn du's bist.«

»Dann ist's das beste, wir bringen's hinter uns.«

In der Diele war es dunkel. Die ganzen Jahre hatten sie sich an die Regel gehalten, Vater nie am Morgen zu stören, ganz gleich, was passierte. Und jetzt machten sie sich daran, die Tür zu öffnen, ohne auch nur anzuklopfen ... Constantia bekam bei diesem Gedanken ganz große Augen. Josephine wurde schwach in den Knien.

»Du, du gehst zuerst hinein«, keuchte sie und schob Constantia vorwärts.

Doch wie immer bei solchen Gelegenheiten sagte Constantia: »Nein, Jug, das ist nicht in Ordnung. Du bist die Ältere.«

Josephine war im Begriff, etwas zu erwidern, was sie sonst um alles in der Welt nie eingestanden hätte, was sie als ihre letzte Waffe ansah: ›Aber du bist die Größere‹, als sie merkte, daß die Küchentür offen war, und da stand Kate ...

»Sie geht furchtbar schwer«, sagte Josephine, griff nach der Türklinke und mühte sich mit aller Kraft, sie runterzudrücken. Als ob irgend etwas Kate je getäuscht hätte!

Es war nicht zu ändern. Dieses Mädchen war ... Dann schloß sich die Tür hinter ihnen, aber – aber sie waren ja gar nicht in Vaters Zimmer. Sie hätten ebensogut auch auf einmal durch die Wand in eine ganz andere Wohnung geraten sein können. War da die Tür hinter ihnen? Sie konnten vor Furcht nicht nachsehen. Josephine wußte, wenn sie da war, dann hielte sie sie fest geschlossen. Constantia war, als ob sie, wie die Türen in Träumen, gar keine Klinke hätte. Es war die Kälte, die alles so schrecklich machte. Oder daß alles weiß war? Alles war zugedeckt. Die Jalousien waren herabgelassen, ein Tuch verhüllte den Spiegel, das Bett wurde von einem Laken verdeckt. Ein riesiger Fächer aus weißem Papier füllte den Kamin. Constantia streckte ängstlich die Hand aus, als erwartete sie, daß eine Schneeflocke fiele. Josephine spürte ein eigenartiges Kribbeln in der Nase, als ob Frost drin wäre. Dann ratterte eine Droschke unten über das Pflaster, und die Stille schien in kleine Stücke zu zerspringen.

»Es ist wohl am besten, wenn ich eine Jalousie hochziehe«, sagte Josephine mutig.

»Ja, das ist eine gute Idee«, flüsterte Constantia.

Sie zog nur ganz leicht an der Jalousie, aber sie schnellte

hoch mitsamt der Schnur, die sich um den Stab wickelte, und die kleine Quaste wackelte, als ob sie sich frei zu machen versuchte. Das war zuviel für Constantia.

»Meinst du nicht – meinst du nicht, daß wir es auf ein andermal verschieben könnten?« flüsterte sie.

»Warum?« fuhr Josephine sie an, die sich jetzt wie gewöhnlich wohler fühlte, da sie wußte, daß Constantia Angst hatte. »Das muß doch gemacht werden. Was flüsterst du denn, Con!«

»Ich wußte gar nicht, daß ich geflüstert habe«, flüsterte Constantia.

»Und warum starrst du immerzu auf das Bett?« fragte Josephine, wobei sie beinahe herausfordernd die Stimme hob. »Da ist nichts *auf* dem Bett.«

»Ach, Jug, sag das nicht!« erwiderte die arme Connie. »Jedenfalls nicht so laut.«

Josephine merkte selbst, daß sie zu weit gegangen war. Sie machte einen großen Bogen hinüber zur Kommode, streckte die Hand aus, zog sie aber rasch wieder zurück.

»Connie!« keuchte sie, und sie drehte sich herum und lehnte sich an die Kommode.

»Ach, Jug, was ist?«

Josephine konnte nur starr vor sich hin schauen. Sie hatte das ganz außerordentliche Gefühl, soeben etwas Schrecklichem entronnen zu sein. Doch wie konnte sie Constantia erklären, daß Vater in der Kommode war? Er war in der obersten Schublade mit den Taschentüchern und Halsbinden oder in der nächsten mit den Hemden und Schlafanzügen oder in der untersten mit den Garnituren. Er lag dort auf der Lauer, versteckt, gleich hinter dem Schloß, sprungbereit.

Als sie Constantia ansah, verzog sie das Gesicht auf eine komische Art, genauso wie sie es früher als Kind getan hatte, wenn sie zu weinen anfing.

»Ich kann sie nicht aufmachen«, sie jammerte fast.

»Nein, Jug, tu's nicht«, flüsterte Constantia ernsthaft. »Es ist viel besser, es nicht zu tun. Wir wollen hier überhaupt nichts aufmachen. Jedenfalls noch längere Zeit nicht.«

»Aber – aber, das sieht so schwach aus«, erwiderte Josephine, ganz außer sich.

»Aber warum soll man nicht einmal schwach sein, Jug?« wandte Constantia in ziemlich heftigem Flüsterton ein. »Wenn es überhaupt schwach ist.« Und bleich flog ihr starrer Blick von dem verschlossenen Schreibtisch – so sicher – zu dem geräumigen, glänzenden Kleiderschrank, und sie begann, seltsam keuchend zu atmen. »Warum sollten wir nicht einmal im Leben schwach sein, Jug? Das ist doch verzeihlich. Laß uns doch schwach sein, schwach, Jug. Es ist viel netter, schwach zu sein als stark.«

Und dann tat sie etwas erstaunlich Kühnes, wie sie es vielleicht schon zweimal zuvor in ihrem Leben getan hatte: Sie ging zum Kleiderschrank, drehte den Schlüssel um und zog ihn ab. Zog ihn ab und hielt ihn vor Josephine. Ihr seltsames Lächeln zeigte Josephine, daß sie wußte, was sie getan hatte; sie hatte bewußt das Risiko auf sich genommen, daß Vater da drin mitten unter seinen Mänteln wäre.

Wenn der riesige Kleiderschrank vorwärts gewankt wäre und Constantia zerschmettert hätte, wäre Josephine nicht erstaunt gewesen. Im Gegenteil, sie hätte das für das einzig Passende gehalten, das geschehen konnte. Doch nichts geschah. Nur das Zimmer erschien stiller als zuvor, und größere Flocken kalter Luft fielen auf Josephines Schultern und Knie. Sie begann zu zittern.

»Komm, Jug«, sagte Constantia, immer noch mit dem schrecklichen gleichgültigen Lächeln. Und Josephine folgte ihr genau wie das letzte Mal, als Constantia Benny in den runden Teich gestoßen hatte.

7

Die Anspannung aber wirkte nach, als sie wieder im Eßzimmer waren. Sie setzten sich hin, sehr zittrig, und sahen sich an.

»Ich glaube, ich kann nichts tun«, sagte Josephine, »bis ich nicht etwas zu mir genommen habe. Ob wir Kate um zwei Tassen heißes Wasser bitten könnten?«

»Warum eigentlich nicht?« entgegnete Constantia vorsichtig. Sie war wieder ganz sie selbst. »Ich werde nicht läuten. Ich gehe an die Küchentür und sage es ihr.«

»Ja, tu das«, Josephine sank auf ihren Stuhl zurück. »Sag ihr, bloß zwei Tassen, Con, nichts weiter, auf einem Tablett.«

»Sie braucht nicht einmal den Krug draufzustellen, nicht wahr?« bemerkte Constantia, als ob Kate Veranlassung gehabt hätte, sich zu beklagen, wenn der Krug dabeisein müßte.

»Ach nein, gewiß nicht. Der Krug ist gar nicht nötig. Sie kann es direkt aus dem Kessel eingießen«, rief Josephine, überzeugt, daß das eine wahrhafte Arbeitsersparnis wäre.

Ihre kalten Lippen bebten an dem grünlichen Tassenrand. Josephine umfaßte die Tasse mit ihren kleinen roten Händen. Constantia saß aufrecht da und blies in den Dampf, daß er hin und her wallte.

»Da wir gerade von Benny sprechen«, sagte Josephine.

Und obgleich von Benny keine Rede gewesen war, blickte Constantia augenblicklich so drein, als hätten sie von ihm gesprochen.

»Er erwartet sicher, daß wir ihm etwas von Vaters Sachen schicken. Aber es ist so schwierig, was soll man nach Ceylon schicken.«

»Du meinst, unterwegs geht soviel kaputt«, murmelte Constantia.

»Nein, verloren«, entgegnete Josephine scharf. »Du weißt doch, da gibt es keine Post. Nur Boten.«

Beide hielten inne, um einen Farbigen in weißen Leinenhosen über fahle Felder wie um sein Leben laufen zu sehen, mit einem großen braunen Paket in der Hand. Josephines dunkelhäutiger Mann war klein. Er eilte dahin, glitzernd wie eine Ameise. Constantias großer, dünner Bursche jedoch hatte etwas Unbesonnenes und Ruheloses an sich, das ihn, stellte sie für sich fest, zu einem sehr unangenehmen Menschen machte... Auf der Veranda stand Benny, ganz in Weiß und mit einem Korkhelm. Seine rechte Hand zuckte auf und ab, wie bei Vater, wenn er ungeduldig war. Und hinter ihm, völlig uninteressiert, saß Hilda, die unbekannte Schwägerin. Sie wiegte sich in einem Rohrstuhl und blätterte im ›Tatler‹.

»Ich denke, das passendste Geschenk wäre seine Uhr«, sagte Josephine.

Constantia sah auf. Sie schien überrascht zu sein.

»Oh, würdest du einem Eingeborenen eine goldene Uhr anvertrauen?«

»Ich würde sie natürlich geschickt verpacken«, sagte Josephine. »Keiner wüßte, daß es eine Uhr wäre.« Ihr gefiel der Gedanke, ein Päckchen von einem so eigenartigen Format zu packen, daß keiner auf die Idee käme, was darin wäre. Einen Augenblick lang dachte sie sogar daran, die Uhr in einer schmalen Miederschachtel zu verstecken, die sie schon lange aufgehoben hatte in der Hoffnung, sie mal gebrauchen zu können. Das war so schöner fester Karton. Aber nein, das wäre nicht das richtige für diese Gelegenheit. Da stand ›Mittlere Damen 28, extra feste Stäbchen‹ drauf. Es wäre eine fast zu große Überraschung für Benny, wenn er das aufmachte und Vaters Uhr darin fände.

»Und sie würde natürlich auch nicht gehen, ticken, meine ich«, sagte Constantia, die noch immer an die Vorliebe der

Eingeborenen für Schmuck dachte. »Zumindest«, fügte sie hinzu, »wäre es sehr merkwürdig nach der langen Zeit.«

8

Josephine gab keine Antwort. Sie war wieder einmal ganz woanders. Sie hatte plötzlich an Cyril gedacht. Wäre es nicht eher passend, wenn der einzige Enkel die Uhr bekäme? Und dann wußte es der liebe Cyril so zu schätzen, und eine goldene Uhr bedeutete einem jungen Mann doch soviel. Vermutlich hatte es sich Benny ganz abgewöhnt, Uhren zu tragen. In so heißem Klima trugen Männer doch kaum Westen. Während Cyril in London jahraus, jahrein eine trug. Und es wäre doch so nett für sie und Constantia zu wissen, daß sie da war, wenn er zum Tee käme. »Ich sehe, du trägst Großvaters Uhr, Cyril.« Das wäre irgendwie so beruhigend.

Der liebe Junge! Was für eine Enttäuschung seine lieben, teilnahmsvollen Zeilen gewesen waren! Natürlich hatten sie volles Verständnis. Aber es war wirklich sehr bedauerlich.

»Es wäre so gut gewesen, ihn hier zu haben«, sagte Josephine.

»Und es hätte ihm solchen Spaß gemacht«, Constantia bedachte nicht, was sie da sagte.

Sobald er wieder zurück wäre, käme er jedoch zu seinen lieben Tanten zum Tee. Cyril zum Tee dazuhaben war eines ihrer seltenen Vergnügen.

»Nun, Cyril, keine Scheu vor unserem Kuchen. Deine liebe Tante Con und ich haben ihn heute morgen bei Buszard gekauft. Wir wissen doch, was ein Mann für Appetit hat. Also zier dich nicht und lang richtig zu!«

Josephine schnitt unbekümmert den nahrhaften dunklen

Kuchen, der sie ihre Winterhandschuhe kostete oder Sohlen und Absätze für Constantias einziges Paar ansehnlicher Schuhe. Doch Cyrils Appetit war ganz und gar unmännlich.

»Oh, Tante Josephine, ich kann einfach nicht. Du mußt wissen, ich habe eben erst Mittag gegessen.«

»Ach, Cyril, das kann doch nicht wahr sein! Es ist nach vier!« rief Josephine. Constantia saß da, das Messer über dem Schokoladenkuchen.

»Es ist aber so«, sagte Cyril. »Ich mußte mich am Victoria-Bahnhof mit jemandem treffen, und er hielt mich auf bis ... es war gerade noch Zeit, Mittag zu essen und hierherzukommen. Und brrr«, Cyril griff sich mit der Hand an die Stirn, »er hat mich regelrecht gemästet.«

So eine Enttäuschung, ausgerechnet heute! Aber schließlich konnte er es ja nicht wissen.

»Aber ein Baiser nimmst du, nicht wahr, Cyril?« fragte Tante Josephine. »Wir haben diese Baisers extra für dich gekauft. Dein lieber Vater mochte sie so. Und da dachten wir, du bestimmt auch.«

»Und *wie*, Tante Josephine!« rief Cyril stürmisch. »Darf ich mir fürs erste einen halben nehmen?«

»Natürlich, mein lieber Junge. Aber dabei darf's nicht bleiben.«

»Ißt dein lieber Vater immer noch so gern Baisers?« fragte Tante Con freundlich. Sie zuckte leicht zusammen, als sie die Schale ihres Baisers zerbrach.

»Tja, ich weiß nicht genau, Tantchen«, erwiderte Cyril leichthin.

Da sahen sie beide auf.

»Du weißt das nicht?« fuhr Josephine beinahe hoch. »So etwas weißt du nicht von deinem eigenen Vater, Cyril?«

»Aber gewiß«, warf Tante Con zart ein.

Cyril versuchte, es mit einem Lächeln zu überspielen. »Ach Gott, das ist schon so lange her, seit ...« Er stotterte.

Er schwieg. Der Ausdruck auf ihren Gesichtern war zuviel für ihn.

»Auch *dann*«, sagte Josephine.

Und Tante Con sah ihn an.

Cyril setzte die Tasse ab. »Warte mal«, rief er. »Warte mal, Tante Josephine. Wo bin ich denn nur mit meinen Gedanken?«

Er sah auf. Ihre Gesichter begannen aufzuleuchten. Cyril schlug sich aufs Knie.

»Natürlich«, sagte er, »das waren Baisers. Wie konnte ich das bloß vergessen? Ja, Tante Josephine, du hast vollkommen recht. Vater ist ganz verrückt auf Baisers.«

Sie strahlten nicht nur. Tante Josephine wurde dunkelrot vor Freude. Tante Con tat einen tiefen, tiefen Seufzer.

»Und jetzt, Cyril, mußt du Vater guten Tag sagen«, sagte Josephine. »Er weiß, daß du heute da bist.«

»Gut«, erwiderte Cyril sehr fest und herzlich. Er erhob sich von seinem Stuhl. Plötzlich warf er einen Blick auf die Uhr.

»Sag mal, Tante Con, geht eure Uhr nicht ein bißchen nach? Ich habe kurz nach fünf eine Verabredung am – am Bahnhof Paddington. Ich fürchte, ich werde nicht sehr lange bei Großvater bleiben können.«

»Oh, er erwartet gar nicht, daß du *sehr* lange bleibst«, sagte Tante Josephine.

Constantia starrte noch immer auf die Uhr. Sie konnte sich nicht schlüssig werden, ob sie vor- oder nachginge. Eins von beiden bestimmt, da war sie sich ziemlich sicher. Jedenfalls war sie falsch gegangen.

Cyril zögerte noch. »Kommt ihr nicht mit, Tante Con?«

»Natürlich«, sagte Josephine, »wir gehen alle. Komm, Con!«

9

Sie klopften an die Tür, und Cyril folgte seinen Tanten in Großvaters heißes, süßlich riechendes Zimmer.

»Herein«, rief Großvater Pinner. »Steht nicht rum! Was gibt's? Was habt ihr schon wieder angestellt?«

Er saß an einem prasselnden Feuer und hielt seinen Stock fest umklammert. Über seine Knie hatte er eine dicke Decke gebreitet. Ein schönes hellgelbes Seidentaschentuch lag in seinem Schoß.

»Cyril ist da, Vater«, sagte Josephine schüchtern. Und sie nahm Cyril bei der Hand und führte ihn ins Zimmer.

»Guten Tag, Großvater«, sagte Cyril, wobei er versuchte, seine Hand aus Tante Josephines zu lösen. Großvater Pinner warf Cyril einen seiner berüchtigten Blicke zu. Wo war nur Tante Con? Sie stand auf Tante Josephines anderer Seite. Ihre langen Arme hingen vor ihrem Körper herab, die Hände hatte sie gefaltet, die Augen fest auf Großvater geheftet.

»Nun«, fragte Großvater Pinner und begann mit dem Stock zu pochen, »was hast du mir zu sagen?«

Ja, was hatte er ihm bloß zu sagen? Cyril lächelte und kam sich regelrecht schwachsinnig vor. Im Zimmer war es zum Ersticken.

Doch Tante Josephine kam ihm zu Hilfe. Sie rief strahlend: »Cyril sagt, sein Vater ißt immer noch so gern Baisers, lieber Vater.«

»Wie?« fragte Großvater Pinner, wobei er eine Hand wie eine rote Baisermuschel über ein Ohr wölbte.

Josephine wiederholte: »Cyril sagt, sein Vater ißt immer noch so gern Baisers.«

»Kann nicht verstehen«, sagte der alte Oberst Pinner. Und mit dem Stock bedeutete er Josephine wegzugehen, dann zeigte er damit auf Cyril. »Sag du mir, was sie sagen will«, forderte er ihn auf.

(Du liebe Güte!) »Muß ich wirklich?« Cyril errötete und blickte Tante Josephine an.

»Sag's, Lieber«, lächelte sie. »Es wird ihm soviel Freude machen.«

»Los, heraus damit!« schrie Oberst Pinner gereizt, wobei er wieder mit dem Stock zu pochen begann.

Und Cyril beugte sich vor und schrie: »Vater ißt immer noch gern Baisers!«

Da sprang Großvater Pinner auf, als wäre er von einem Schuß getroffen worden.

»Schrei nicht so!« rief er. »Was ist nur los mit dem Jungen? *Baisers!* Was ist damit?«

»Ach, Tante Josephine, müssen wir denn weitermachen?« stöhnte Cyril verzweifelt.

»Es ist schon recht, mein lieber Junge«, sagte Tante Josephine, als wären sie zusammen beim Zahnarzt. »Er wird es sofort verstehen.« Und sie flüsterte Cyril zu: »Er wird ein bißchen schwerhörig, weißt du.« Dann beugte sie sich vor und schrie Großvater Pinner regelrecht an: »Cyril wollte dir nur erzählen, lieber Vater, daß *sein* Vater immer noch so gern Baisers ißt.«

Diesmal verstand Oberst Pinner, verstand und dachte angestrengt nach, wobei er Cyril von oben bis unten musterte.

»Merkwürdig«, sagte der alte Großvater Pinner, »außerordentlich merkwürdig, den weiten Weg zu machen, um mir das zu erzählen!«

Und Cyril kam es *wirklich* merkwürdig vor.

»Ja, ich werde Cyril die Uhr schicken«, sagte Josephine.

»Das wäre sehr nett«, bemerkte Constantia. »Mir ist so, als ob das letzte Mal, als er hier war, mit der Zeit etwas nicht ganz stimmte.«

Sie wurden von Kate unterbrochen, die auf ihre übliche Art durch die Tür hereingeplatzt kam, als ob sie in der Wand eine Geheimtür entdeckt hätte.

»Gebraten oder gekocht?« fragte sie mit dreister Stimme.

Gebraten oder gekocht? Josephine und Constantia waren für einen Augenblick ganz benommen. Sie konnten es kaum begreifen.

»Was denn gebraten oder gekocht, Kate?« fragte Josephine und versuchte sich zu fassen.

Kate schniefte laut. »Fisch.«

»Warum haben Sie denn das nicht gleich gesagt?« wies sie Josephine leicht zurecht. »Woher sollten wir denn wissen, worum es geht, Kate? Es gibt viele Dinge auf dieser Welt, die gebraten oder gekocht werden.« Und nachdem sie soviel Mut gezeigt hatte, fragte sie Constantia strahlend: »Was hättest du lieber, Con?«

»Ich denke, gebraten wäre gut«, erwiderte Constantia. »Auf der andern Seite ist gekochter Fisch natürlich auch eine feine Sache. Ich glaube, ich mag beides gleich gern... Wenn du nicht... In dem Falle...«

»Ich werde den Fisch braten«, verkündete Kate und stürmte wieder hinaus, wobei sie die Tür offenließ und die Küchentür zuknallte.

Josephine blickte Constantia an. Sie zog die fahlen Augenbrauen hoch, bis sie in ihrem ebenso fahlen Haar verliefen. Sie stand auf. Sie sagte in sehr überlegener, imposanter Manier: »Würdest du mir bitte ins Wohnzimmer folgen, Constantia? Ich habe etwas sehr Wichtiges mit dir zu besprechen.«

Sie zogen sich immer ins Wohnzimmer zurück, wenn sie über Kate sprechen wollten.

Josephine schloß bedeutungsvoll die Tür. »Setz dich,

Constantia«, sagte sie, noch immer sehr großartig. Sie hätte Constantia ebensogut zum ersten Mal empfangen können. Und Con sah sich unsicher nach einem Stuhl um, als ob sie sich wirklich ganz fremd vorkäme.

»Die Frage ist nun«, sagte Josephine und beugte sich vor, »ob wir sie behalten sollen oder nicht.«

»Das ist die Frage«, pflichtete Constantia ihr bei.

»Und diesmal«, sagte Josephine bestimmt, »müssen wir zu einer endgültigen Entscheidung kommen.«

Für einen Moment sah Constantia aus, als wolle sie anfangen, all die anderen Male durchzugehen, aber sie riß sich zusammen und erwiderte: »Ja, Jug.«

»Denn, Con«, erklärte Josephine, »jetzt ist doch alles anders.« Constantia sah rasch auf. »Ich meine«, fuhr Josephine fort, »wir sind nicht mehr so abhängig von Kate wie früher.« Und eine leichte Röte überzog ihr Gesicht. »Vater ist nicht mehr da, für den gekocht werden müßte.«

»So ist's«, stimmte ihr Constantia zu. »Vater braucht jetzt bestimmt kein Essen mehr, was auch sonst ...«

Josephine unterbrach sie heftig: »Du träumst doch nicht etwa, oder?«

»Träumen, Jug?« Constantia hatte die Augen weit geöffnet.

»Also reiß dich ein bißchen zusammen«, herrschte sie Josephine an, und sie kehrte zum Thema zurück. »Es läuft doch darauf hinaus, ob wir, wenn wir wirklich« – kaum, daß sie die Worte hauchte, und dabei schaute sie nach der Tür – »Kate kündigen« – ihre Stimme wurde wieder lauter – »selber mit dem Essen zurechtkämen.«

»Warum nicht?« rief Constantia. Sie mußte einfach lächeln. Der Gedanke daran war so aufregend. Sie klatschte in die Hände. »Wovon würden wir leben, Jug?«

»Oh, von Eiern in verschiedener Form«, gab Jug zur Antwort, wieder sehr überlegen. »Und außerdem gibt es all diese Fertiggerichte.«

»Aber ich habe immer gehört«, sagte Constantia, »daß sie so teuer sein sollen.«

»Nicht, wenn man sie in Maßen kauft«, behauptete Josephine. Doch sie riß sich von diesem faszinierenden Nebengedanken los und zog Constantia mit sich.

»Was wir aber jetzt entscheiden müssen, ist, ob wir eigentlich Kate vertrauen oder nicht.«

Constantia lehnte sich zurück. Sie lachte ihr dünnes, kleines Lachen.

»Ist das nicht komisch, Jug«, sagte sie, »daß ich mir gerade darüber nie ganz klarwerden konnte?«

11

Ja. Die ganze Schwierigkeit bestand darin, etwas zu beweisen. Aber wie? Wie konnte man etwas nachweisen? Angenommen, Kate hätte vor ihr gestanden und in voller Absicht eine Grimasse gezogen. Hätte sie nicht ebensogut auch Schmerzen haben können? War es nicht in jedem Fall ein Ding der Unmöglichkeit, Kate zu fragen, ob sie ihr eine Grimasse ziehe? Wenn Kate ›Nein!‹ antwortete, und natürlich würde sie ›Nein!‹ sagen, wie würde sie da dastehen! Wie unrühmlich! Dann hatte Constantia wiederum den Verdacht, ja, sie war sich beinahe sicher, daß Kate an ihre Kommode ging, wenn sie und Josephine nicht da waren; nicht, um etwas wegzunehmen, aber um zu schnüffeln. So manches Mal war sie zurückgekommen und hatte ihr Amethystkreuz an den unwahrscheinlichsten Stellen gefunden, unter ihren Spitzenbändern oder auf ihren festlichen Ausschnittspitzen. Mehr als einmal hatte sie Kate eine Falle gestellt. Sie hatte die Sachen auf eine bestimmte Weise geordnet und dann Josephine als Zeugin gerufen.

»Du siehst's, Jug?«

»Gewiß, Con.«

»Jetzt werden wir's rauskriegen.«

Aber, du meine Güte! Wenn sie dann nachsehen ging, war sie so weit von einem Beweis entfernt wie eh und je. Wenn irgend etwas nicht an seinem Platz war, hätte es durchaus passiert sein können, als sie die Schublade schloß. Ein plötzlicher Ruck hätte so leicht daran schuld sein können.

»Jug, komm mal her und sag du was! Ich kann's einfach nicht. Es ist zu schwer.«

Doch nach einer Weile, als sie sich das lange angeschaut hatte, pflegte Josephine zu seufzen: »Jetzt hast du mich mit deinen Zweifeln angesteckt, Con, ich kann es auch nicht mehr sagen.«

»Hm, wir können es nicht wieder aufschieben«, sagte Josephine. »Wenn wir es diesmal verschieben ...«

12

In diesem Augenblick aber begann unten auf der Straße ein Leierkasten zu spielen. Josephine und Constantia sprangen beide auf.

»Lauf, Con«, rief Josephine, »lauf schnell. Da sind Sixpence auf dem ...«

Dann kam die Erinnerung. Es machte nichts. Sie müßten nie mehr dafür sorgen, daß der Leierkastenmann zu spielen aufhörte. Nie mehr würde man Constantia und ihr befehlen, dafür zu sorgen, daß dieser Affe seinen Lärm anderswo veranstaltete. Nie mehr erklänge dieses laute, seltsame Bellen, wenn Vater glaubte, sie beeilten sich nicht genug. Der Leierkastenmann könnte da den ganzen Tag spielen, und der Stock würde nicht klopfen.

Nie wieder wird er klopfen,
nie wieder wird er klopfen,

spielte der Leierkasten.

Woran dachte Constantia da? Ihr Lächeln war so seltsam, sie sah ganz anders aus. Sie würde doch nicht zu weinen anfangen!

»Jug, Jug«, rief Constantia leise und preßte die Hände fest zusammen. »Weißt du, was heute für ein Tag ist? Sonnabend. Heute ist's eine Woche her, eine ganze Woche?«

Eine Woche, seit Vater starb,
eine Woche, seit Vater starb,

kam es von dem Leierkasten. Und auch Josephine vergaß, praktisch und vernünftig zu sein. Sie lächelte ein leichtes, seltsames Lächeln. Auf den indischen Teppich fiel das Sonnenlicht in einem blaßroten Viereck, es kam und ging und kam wieder – und blieb, wurde kräftiger, bis es fast golden glänzte.

»Jetzt scheint die Sonne«, sagte Josephine, als ob das von größter Wichtigkeit wäre.

Eine ganze Kaskade perlender Töne quoll aus dem Leierkasten, volle, strahlende Töne, die sich sorglos zerstreuten.

Constantia hob die großen, kalten Hände, als wollte sie sie fangen, und dann ließ sie die Hände wieder sinken. Sie ging hinüber zum Kaminsims zu ihrem geliebten Buddha. Und die Statue des steinernen, vergoldeten Buddhas, dessen Lächeln ihr immer so ein eigenartiges Gefühl einflößte, fast Schmerz und doch angenehmer Schmerz, schien heute nicht nur zu lächeln. Er wußte etwas, er hatte ein Geheimnis. »Ich weiß etwas, was du nicht weißt«, sagte ihr Buddha. Ach, was war es, was konnte es nur sein? Aber schon immer war es ihr ja gewesen, als wäre da ... irgend etwas.

Die Sonnenstrahlen drängten durch die Fenster, stahlen sich herein, ließen ihr Licht über den Möbeln und den Fotografien aufleuchten. Josephine beobachtete sie. Als sie zu Mutters Foto kamen, zu der Vergrößerung über dem Klavier, zögerten sie, als wären sie verdutzt, daß so wenig von Mutter geblieben war, außer den Ohrringen, die wie winzige Pagoden geformt waren, und einer schwarzen Federboa. Warum nur verblichen die Fotografien Verstorbener immer so? fragte sich Josephine. Sobald ein Mensch tot war, starb auch seine Fotografie. Aber Mutters war natürlich schon sehr alt. Fünfunddreißig Jahre alt. Josephine erinnerte sich, wie sie auf einem Stuhl gestanden, Constantia diese Federboa gezeigt und ihr erzählt hatte, daß es eine Schlange wäre, die ihre Mutter in Ceylon getötet habe... Wäre alles anders gekommen, wenn Mutter nicht gestorben wäre? Sie wußte nicht recht, warum. Tante Florence hatte bei ihnen gewohnt, bis sie aus der Schule waren, und sie waren dreimal umgezogen und hatten jedes Jahr ihre Ferien, und... und die Dienstboten hatten natürlich immer mal gewechselt.

Ein paar kleine Spatzen, junge Spatzen, so klang es, tschilpten auf dem Fensterbrett. *Tschilp – tschilp – tschilp.* Doch Josephine hatte das Gefühl, daß das keine Spatzen wären, nicht auf dem Fensterbrett. Dieses sonderbare kleine Weinen war in ihr. *Tschilp – tschilp – tschilp.* Ach, was schluchzte es nur, so schwach und verloren?

Wenn Mutter am Leben geblieben wäre, ob sie dann geheiratet hätten? Aber da hatte es niemanden gegeben, den sie hätten heiraten können. Da waren wohl Vaters anglo-indische Freunde gewesen, bevor er sich mit ihnen zerstritt. Danach jedoch waren sie und Constantia mit keinem einzigen Mann zusammengekommen, außer Geistlichen. Wie lernte man Männer kennen? Oder, auch wenn sie welchen begegnet wären, wie hätten sie einen Mann gut genug kennenlernen können, um füreinander mehr zu sein als Fremde? Man las von Frauen, die Abenteuer hatten, die verfolgt wurden und so weiter. Doch nie war irgend jemand ihr oder Constantia gefolgt. O doch, das eine Jahr in Eastbourne war ein geheimnisvoller Mann in ihrer Pension gewesen, der einen Brief auf den Krug mit heißem Wasser vor ihrer Zimmertür gelegt hatte. Doch als Connie ihn fand, hatte der Dampf die Schrift zu sehr verwischt, so daß man sie nicht mehr lesen konnte. Sie konnten nicht einmal mehr entziffern, an welche von ihnen der Brief gerichtet war. Und am nächsten Tag war er abgereist. Das war alles. Der Rest bestand darin, sich um Vater zu kümmern und ihm gleichzeitig aus dem Wege zu gehen. Aber jetzt? Jetzt? Die sich hereinstehlende Sonne berührte sanft Josephine. Sie hob das Gesicht. Sanfte Strahlen zogen sie hinüber zum Fenster...

Bis der Leierkasten zu spielen aufhörte, blieb Constantia vor dem Buddha stehen, voller Staunen, doch anders als sonst, nicht so unbestimmt. Diesmal war ihr Staunen wie Sehnsucht. Sie dachte an die Zeiten, als sie bei Vollmond im Nachthemd aus dem Bett gekrochen und hier hereingekommen war und sich mit ausgestreckten Armen auf den Fußboden gelegt hatte, als wäre sie gekreuzigt. Warum? Der große, bleiche Mond hatte es sie geheißen. Die schrecklichen tanzenden Gestalten auf dem geschnitzten Wandschirm hatten tückisch nach ihr geschielt, und sie hatte sich nichts draus gemacht. Sie dachte auch daran, wie sie, jedesmal, wenn sie an der See waren, ganz allein losgezogen und so nahe wie möglich ans Meer herangegangen war und gesungen hatte, etwas gesungen hatte, das sie sich ausgedacht hatte, während sie über dieses ruhelose Wasser sah. Daneben war dann noch dieses andere Leben gewesen – forteilen, in Einkaufstaschen Sachen nach Hause bringen, Dinge zur Ansicht besorgen, mit Jug darüber sprechen, sie wieder zurückbringen, um noch mehr Sachen zur Ansicht zu holen, Vaters Tabletts fertigmachen und versuchen, Vater nicht zu verärgern. Aber das alles schien sich in einer Art Tunnel abgespielt zu haben. Es war nicht wirklich. Nur dann, wenn sie aus dem Tunnel heraus ins Mondlicht oder ans Meer oder in ein Gewitter kam, nur dann spürte sie sich selbst. Was bedeutete das? Was war das, was sie immer wollte? Wohin führte das alles? Jetzt? Jetzt?

Sie wandte sich mit einer ihrer unbestimmten Bewegungen von dem Buddha ab. Sie ging hinüber zu Josephine. Sie wollte Josephine etwas sagen, etwas ganz Wichtiges, über – über die Zukunft und was ...

»Meinst du nicht, daß wir vielleicht ...«, begann sie.

Doch Josephine unterbrach sie. »Ich dachte daran, ob wir jetzt ...«, murmelte sie. Sie hielt inne. Sie warteten aufeinander.

»Weiter, Con!«

»Nein, nein, Jug, nach dir.«

»Nein, sag nur, was du sagen wolltest. Du hast angefangen.«

»Ich – ich würde lieber zuerst hören, was du sagen wolltest.«

»Sei nicht albern, Con.«

»Wirklich, Jug.«

»Connie!«

»O *Jug*!«

Stille, dann sagte Constantia beinahe unhörbar: »Ich kann dir nicht sagen, was ich sagen wollte, Jug, weil ich vergessen habe, was es war ... was ich sagen wollte.«

Einen Augenblick lang schwieg Josephine. Ihre Augen hingen an der großen Wolke, die die Sonne verdrängt hatte. Dann entgegnete sie kurz: »Ich hab's auch vergessen.«

Natürlich wußte keiner besser als er, daß er nicht die geringste, nicht die allergeringste Aussicht hatte, daß seine Chancen gleich Null waren. Allein der Gedanke daran war lachhaft. So lachhaft, daß er es völlig verstehen würde, wenn ihr Vater – na ja, was ihr Vater auch immer zu tun gedächte, er würde es völlig verstehen. Ja, nur die reinste Verzweiflung, nur der Umstand, daß heute absolut sein letzter Tag für wer weiß wie lange in England war, hatte ihn dazu bewegen können. Und auch jetzt noch ... Er suchte aus der Kommode eine Krawatte heraus, eine blau und cremefarben karierte Krawatte, und setzte sich auf die Bettkante. Angenommen, sie antwortete: »Was für eine Frechheit!«, wäre er da überrascht? Ganz und gar nicht, fand er, als er den schmiegsamen Kragen hoch- und über die Krawatte herunterschlug. Eigentlich erwartete er, daß sie etwas der Art sagte. Wenn er das Ganze einmal völlig nüchtern betrachtete, konnte er sich einfach nicht vorstellen, was sie sonst sagen könnte.

Da hatte er's! Und nervös band er vor dem Spiegel den Krawattenknoten, strich mit beiden Händen das Haar glatt, zupfte die Patten der Rocktaschen zurecht. Mit fünfhundert bis sechshundert Pfund im Jahr auf einer Obstplantage in (ausgerechnet!) Rhodesien. Kein Kapital. Keinen Pfennig zu erhoffen. Für die nächsten vier Jahre keinerlei Aussicht auf eine Einkommensverbesserung. Was Aussehen und derlei betraf, kam er ganz und gar nicht in Betracht. Er konnte sich nicht einmal vorzüglicher Gesundheit rühmen, denn die Arbeit in Ostafrika hatte es ihm so gründlich besorgt, daß er sechs Monate Urlaub hatte nehmen müssen. Noch immer war er furchtbar blaß – heute nachmittag sogar noch blasser als sonst, fand er, als er sich vorbeugte, um sich im Spiegel zu begucken. Du lieber Himmel! Was war nur geschehen? Sein Haar sah ja beinahe leuchtend grün aus. Zum Kuckuck damit! Grüne Haare hatte er nun weiß Gott nicht. Das konnte ja wirklich nicht sein. Und dann erzitterte das grüne Licht im Spiegel; es war der Schatten, den der Baum vorm Fenster warf. Reggie wandte sich ab, zog das Zigarettenetui hervor, doch als er daran dachte, wie es der Mutter mißfiel, wenn er im Schlafzimmer rauchte, steckte er es wieder weg und schlenderte zur Kommode hinüber. Nein, verdammt noch mal, beim besten Willen wollte ihm nichts, reineweg gar nichts zu seinen Gunsten einfallen, während sie ... Ach! ... Er blieb abrupt stehen, verschränkte die Arme und stützte sich schwer auf die Kommode.

Und trotz ihrer Stellung, ihres Vaters Reichtum, des Umstands, daß sie das einzige Kind ihrer Eltern war und das bei weitem beliebteste Mädchen in der ganzen Gegend; trotz ihrer Schönheit und Klugheit – Klugheit! –, es war viel, viel mehr als das, es gab wirklich nichts, was sie nicht konnte; er war der felsenfesten Überzeugung, daß sie, wäre es erforderlich gewesen, in jeder nur erdenklichen Hinsicht ein Genie gewesen wäre – trotz des Umstands, daß ihre Eltern sie vergötterten und sie ihre Eltern und sie sie ebensogern so weit gehen ließen wie ... Trotz alles nur Erdenklichen war seine Liebe so über alle Maßen groß, daß er gar nicht anders konnte als hoffen. Ach, war es Hoffnung zu nennen? Oder war dieses eigentümlich scheue Sehnen, dieses Verlangen, sich um sie kümmern zu dürfen, sich die Sorge zur Aufgabe zu machen, daß sie alles hatte, was sie brauchte, und daß sie von allem Unvollkommenen verschont bliebe – einfach Liebe? Und wie er sie liebte! Er preßte sich fest an die Kommode und murmelte: »Ich liebe sie! Ich liebe sie!« Und im Augenblick befand er sich mit ihr auf dem Weg nach

Umtali. Es war Nacht. Sie schlief in ihrer Ecke. Ihr zartes Kinn schmiegte sich weich in den weichen Kragen, die goldbraunen Wimpern ruhten auf den Wangen. Er war ganz vernarrt in ihr feines Näschen, den vollkommenen Mund, das gleichsam kindliche Ohr und die goldbraune Locke, die es halb verdeckte. Sie fuhren durch den Dschungel. Es war warm und dunkel und weit, weit weg. Dann wachte sie auf und sagte: »Ich habe wohl geschlafen?« Und er antwortete: »Ja. Alles in Ordnung? Da, laß mich –.« Und er beugte sich vornüber zu ... Er beugte sich über sie. Das bedeutete eine solche Seligkeit, daß er nicht weiterträumen konnte. Aber es gab ihm den Mut, die Treppen hinunterzueilen, den Strohhut aus der Halle an sich zu reißen und, als er die Haustür schloß, zu sagen: »Also denn, ich kann mein Glück ja wenigstens mal probieren.«

Doch beinahe auf der Stelle spielte ihm sein Glück, gelinde gesagt, einen üblen Streich. Wer spazierte da auf dem Gartenweg auf und ab mit den beiden uralten Pekinesen Chinny und Biddy – die Mutter. Natürlich mochte Reginald die Mutter und all das. Sie – sie meinte es gut, ihre Tatkraft kannte keine Grenzen und so weiter. Aber es ließ sich nicht leugnen, sie war ein recht gestrenger Elternteil. Und in Reggies Leben hatte es Augenblicke gegeben – nicht wenige –, ehe Onkel Alick gestorben war und ihm die Obstfarm hinterlassen hatte, da er überzeugt war, daß die ärgste Strafe, die einen Mann treffen könne, darin bestehe, der einzige Sohn einer Witwe zu sein. Und was alles noch unerträglicher machte, war, daß sie ganz und gar das einzige war, was er hatte. Sie verkörperte nicht nur gewissermaßen eine Kombination von Vater und Mutter, sondern sie hatte sich bereits mit all ihren Verwandten und denen des Gouverneurs zerstritten, ehe Reggie noch seine ersten langen Hosen trug. So kam es denn, daß Reggie, immer wenn er da unten Heimweh hatte und bei Sternenschein auf der dunklen Veranda saß, während das Grammophon ›Liebling, leben heißt lieben, sonst nichts!‹ schluchzte, nur das Bild der Mutter vor sich sah, groß und stattlich, wie sie den Gartenweg entlangrauschte, Chinny und Biddy hinterdrein ...

Die Mutter hatte die Gartenschere aufgeklappt, um den Kopf von irgend so einem welken Dingsda abzuschneiden; bei Reggies Anblick hielt sie inne.

»Du gehst doch nicht etwa aus, Reginald?« fragte sie, obschon sie genau sah, daß er dies vorhatte.

»Zum Tee bin ich wieder da, Mutter«, erwiderte Reggie kraftlos und steckte die Hände in die Rocktaschen.

Schnipp-schnapp. Herunter mit einer Blüte. Reggie wäre beinahe hochgesprungen.

»Man sollte meinen, du hättest deiner Mutter ruhig deinen letzten Nachmittag gönnen können«, sagte sie.

Stille. Die Pekinesen starrten ihn an. Sie verstanden jedes Wort der Mutter. Biddy legte sich hin, die Zunge weit herausgestreckt. Rund und blank, wie sie war, sah sie aus wie ein halb zerschmolzenes Sahnetoffee. Chinnys Porzellanäuglein aber schauten Reggie finster an, und er schnupperte leicht, als ob die ganze Welt ein einziger übler Geruch wäre. Schnipp-schnapp! ging wieder die Schere. Arme kleine Dinger, sie bekamen es zu spüren!

»Und wohin gehst du, wenn deine Mutter fragen darf?«

Schließlich war's ausgestanden, aber Reggie verlangsamte den Schritt erst, als er vom Haus her nicht mehr gesehen werden konnte und schon die Hälfte des Wegs zu Oberst Proctors Anwesen zurückgelegt hatte. Erst dann wurde er gewahr, was für ein herrlicher Nachmittag es war. Den ganzen Vormittag hatte es geregnet, warm, heftig, stark, wie der Regen im Spätsommer ist, und bis auf einen langen Streifen kleiner Wölkchen, die wie Entlein über den Wald dahinsegelten, war der Himmel jetzt klar. Der Wind wehte gerade kräftig genug, die letzten Tropfen von den Bäumen zu schütteln. Ein warmer Spritzer fiel wie eine Sternschnuppe auf seine Hand. Peng! – platschte noch einer auf den Hut. Die leere Straße schimmerte, die Hecken verströmten den Duft wilder Rosen, und wie groß und hell die Stockrosen in den Vorgärten der Häuschen leuchteten! Und da war Oberst Proctors Haus – da war es ja schon. Seine Hand drückte die Gartentorklinke, die Ellbogen streiften die Fliederbüsche, und Blumenblätter und Blütenstaub fielen auf den Jackenärmel. Aber halt! Das ging ja viel zu fix. Er wollte das Ganze doch noch mal überdenken. Also, gemach! Doch da schritt er schon auf dem Weg dahin, den zu beiden Seiten große Rosensträucher säumten. So geht das doch nicht. Seine Hand hatte aber bereits nach der Türglocke gegriffen, daran gezogen und so stürmisch zu läuten begonnen, als wäre er gekommen, um zu melden, daß das Haus in hellen Flammen stehe. Das Hausmädchen mußte auch in der Halle gewesen sein, denn die Tür wurde aufgerissen, und Reggie fand sich in dem leeren Wohnzimmer, noch ehe diese verdammte Klingelei aufgehört hatte. Es war schon komisch, aber als die Klingel schwieg, stimmte ihn der große, schattige Raum – auf dem Flügel lag Sonnenschein – froher – oder besser: versetzte ihn in Erregung. Es war so still, und doch würde sich im nächsten Augenblick die Tür öffnen und sein Schicksal sich entscheiden. Er hatte ein Gefühl ganz wie beim Zahnarzt; er war beinahe unbekümmert. Gleichzeitig hörte sich Reggie aber zu seinem grenzenlosen Erstaunen sagen: »Lieber Gott, du weißt es wohl, du hast für mich nicht *viel* getan ...« Da hielt er inne. Das machte ihm erneut bewußt, wie ausgesprochen ernst die ganze Sache doch war. Zu spät. Der Türgriff drehte sich. Anne trat ein, durchquerte den Schatten, der sie trennte, gab ihm die Hand und sagte mit ihrer kleinen, zarten Stimme: »Es tut mir so leid, aber Vater ist nicht da.

Und Mutter ist auch den ganzen Tag in der Stadt auf Hutsuche. Da bleibe nur ich zur Unterhaltung übrig, Reggie.«

Reggie rang nach Luft, quetschte den Hut förmlich an die Jackettknöpfe und stieß stammelnd hervor: »Eigentlich bin ich nur gekommen ... um auf Wiedersehen zu sagen.«

»Oh!« rief Anne leise – sie trat einen Schritt zurück, ihre grauen Augen tanzten gleichsam: »Das ist aber ein *sehr* kurzer Besuch!«

Dann, den Blick auf ihn gerichtet, das Kinn leicht schräg, brach sie in ein langes, weiches, glockenhelles Gelächter aus und trat von ihm weg zum Flügel hinuber, an den sie sich nun lehnte, dabei spielte sie mit der Quaste des Sonnenschirms.

»Verzeihen Sie«, sagte sie, »daß ich so lache. Ich weiß gar nicht, warum. Es ist nur eine schlechte Angewohnheit.« Und plötzlich stampfte sie mit dem grauen Schuh auf, zog ein Taschentüchlein aus der weißen Wolljacke. »Ich muß wirklich damit aufhören, es ist zu albern«, sagte sie.

»Um Himmels willen, Anne!« rief Reggie, »ich mag Ihr Lachen, ich höre es gern. Ich kann mir gar nichts vorstellen, was ich mehr –«

Die Wahrheit aber war, und das wußten sie beide, sie lachte gar nicht immer; es war gar keine Angewohnheit von ihr. Nur von dem Tag an, da sie sich kennengelernt hatten, gleich vom allerersten Augenblick an hatte Anne aus einem unerfindlichen Grund – und Reggie wünschte bei Gott, er könnte ihn verstehen – über ihn gelacht. Warum? Ganz egal, wo sie waren oder worüber sie sprachen. Sie mochten so ernsthaft wie nur möglich anfangen, todernst – jedenfalls was ihn betraf –, aber dann auf einmal, mitten im Satz, warf Anne ihm gewöhnlich einen Blick zu, und leicht und flüchtig ging ein Beben über ihr Gesicht. Der Mund öffnete sich, die Augen begannen gleichsam zu tanzen, und sie lachte los.

Und was daran noch so merkwürdig war, Reggie kam es

vor, daß sie selbst nicht wüßte, warum sie lachte. Er hatte gesehen, wie sie sich abwandte, die Stirn runzelte, die Backen förmlich ansaugte, die Hände zusammenpreßte. Aber es half nichts. Das langanhaltende, weiche, glockenhelle Gelächter ertönte, sogar wenn sie rief: »Ich weiß nicht, warum ich so lache.« Es war ein Rätsel.

Jetzt steckte sie das Taschentuch wieder ein.

»Setzen Sie sich doch«, forderte sie ihn auf. »Und rauchen Sie eine Zigarette, ja? In dem Kästchen da neben Ihnen sind welche. Ich rauche auch eine.« Er gab ihr Feuer, und als sie sich vorbeugte, sah er auf dem Perlenring, den sie trug, die winzige Flamme schimmern. »Morgen fahren Sie, nicht wahr?«

»Ja, morgen, wie's auch kommen mag«, antwortete Reggie, und er blies den Rauch wie zu einem kleinen Fächer auf. Warum um alles in der Welt war er denn so nervös? Nervös war nicht das richtige Wort dafür.

»Es ist – es ist wirklich kaum zu glauben«, fügte er hinzu.

»Ja, nicht wahr?« sagte Anne leise und beugte sich vor, um die Zigarette in den grünen Aschenbecher zu stupsen. Wie schön sie aussah! – einfach schön – und in dem mächtigen Sessel wirkte sie so klein. Reginald schwoll das Herz vor Zärtlichkeit, aber ihre Stimme, die zarte Stimme ließ ihn erbeben. »Mir ist, als wären Sie Jahre hiergewesen«, sagte sie.

Reginald tat einen tiefen Zug aus seiner Zigarette. »Der Gedanke, daß ich wieder wegfahren muß, ist einfach entsetzlich«, stieß er hervor.

»*Gurr-gurru-gurr-gurru*«, tönte es durch die Stille.

»Aber Sie sind doch gern da unten in Afrika, nicht wahr?« frage Anne. Sie schob einen Finger unter die Perlenkette. »Erst neulich abends hat Vater gesagt, wie glücklich er Sie doch schätze, daß Sie ein eigenes Leben führen können.« Und sie sah zu ihm auf. Reginalds Lächeln war nur der Abglanz eines Lächelns. »Ich komme mir aber gar nicht furchtbar glücklich vor«, entgegnete er leichthin.

»*Gurru-gurr-gurru-gurr*«, erklang es wieder. Und Anne murmelte: »Sie meinen, es ist so einsam dort.«

»Ach, es ist nicht die Einsamkeit, die mir etwas ausmacht«, antwortete Reginald, und heftig drückte er die Zigarette im Aschenbecher aus. »Davon könnte ich jede Menge vertragen, ich hab' die Einsamkeit sogar gemocht. Aber bei dem Gedanken –« Zu seinem Entsetzen spürte er mit einem Mal, wie er rot wurde.

»*Gurru-gurr-gurru-gurr! Gurru-gurr gurru-gurr!*«

Anne sprang auf. »Kommen Sie, meinen Tauben ›auf Wiedersehn‹ sagen! Sie sind jetzt in der Seitenveranda untergebracht worden. Sie mögen doch Tauben, nicht wahr, Reggie?«

»Schrecklich«, gab Reggie so inbrünstig zur Antwort, daß Anne, als er ihr die Glastür öffnete und beiseite trat, hineinlief und ihm statt den Tauben zulachte.

Hin und her, hin und her über den feinen roten Sand auf dem Boden des Taubenhauses trippelten die beiden Tauben. Eine immer vor der andern. Die eine lief vorneweg, stieß einen leisen gurrenden Ruf aus, und die andere folgte ihr und nickte ganz ernsthaft mit dem Kopf, nickte und nickte. »Sehn Sie«, erklärte Anne, »die da vorneweg geht, das ist Frau Taube. Sie sieht Herrn Tauber an, stößt das kleine Lachen aus und läuft vorwärts, und er hinterher, nickt und nickt. Und da muß sie wieder lachen. Und sie läuft davon, und hinterher«, rief Anne, und sie kauerte sich hin, »kommt der arme Herr Tauber und nickt und nickt in einem fort... Und das ist ihr ganzes Leben. Nie tun sie etwas anderes.« Sie stand auf und nahm ein paar gelbe Körner aus einer Tüte vom Dach des Taubenhauses. »Wenn Sie da unten in Rhodesien an sie denken, Reggie, dann können Sie sicher sein, daß sie das tun, nichts anderes...«

Reggie gab in nichts zu erkennen, daß er die Tauben gesehen oder eines der Worte gehört hätte. Augenblicklich war er sich nur der riesigen Anstrengung bewußt, die es ihn kostete, sich das Geheimnis von der Seele zur reißen und es Anne preiszugeben. »Anne, glauben Sie, Sie könnten jemals Liebe für mich empfinden?« Es war vollbracht. Es war heraus. Und in dem darauffolgenden kleinen Schweigen sah Reginald den Garten im hellsten Licht daliegen, sah den blauen flirrenden Himmel, die unermüdlich raschelnden Blätter an den Verandasäulen, und er sah Anne, wie sie die Maiskörner mit einem Finger auf der Handfläche hin und her rieb. Dann schloß sie langsam die Hand, und die neue Welt verblaßte, als sie ebenso langsam murmelte: »Nein, so nie.« Er hatte kaum Zeit zu irgendeiner Empfindung, so rasch schritt sie davon, und er folgte ihr die Stufen hinunter, den Weg entlang, unter den blaßroten Rosenbögen hindurch, über den Rasen. Dort vor der bunten Blumenrabatte sah Anne Reginald entgegen. »Es ist nicht, daß ich Sie nicht schrecklich gern hätte«, sagte sie. »Ich habe Sie gern. Aber«, ihre Augen wurden ganz groß, »nicht auf die Art«, ein Beben ging ihr übers Gesicht, »nicht so, wie man sich gern haben sollte –« Sie öffnete den Mund, und sie konnte sich nicht zügeln. Sie brach in Lachen aus. »Da, sehn Sie, sehn Sie!« rief sie. »Es ist Ihre karierte K-krawatte. Sogar jetzt im Augenblick, da man doch annehmen sollte, daß man ganz ernst wäre, erinnert mich Ihre Krawatte schrecklich an die Frackschleifen, die Katzen auf Bildern tragen. Ach, verzeihen Sie bitte, daß ich so scheußlich bin, bitte!«

Reggie ergriff ihre kleine warme Hand. »Da gibt es nichts zu verzeihen«, erwiderte er rasch. »Wie könnte es auch? Und ich glaube schon, ich weiß, warum ich Ihnen Grund zu lachen biete. Es ist einfach, weil Sie in jeder Hinsicht so haushoch über mir stehen, daß ich Ihnen irgendwie lächerlich vorkomme. Ich verstehe das wohl, Anne. Aber wenn ich –«

»Nein, nein.« Anne quetschte ihm förmlich die Hand. »Das ist's nicht. Das stimmt ganz und gar nicht. Ich stehe überhaupt nicht haushoch über Ihnen. Sie sind viel besser als ich. Sie sind wunderbar selbstlos und ... und liebenswürdig und einfach. Ich bin nichts dergleichen. Sie kennen mich nicht. Ich habe einen ganz schrecklichen Charakter«, sagte Anne. »Bitte lassen Sie mich ausreden. Und außerdem, darum geht es ja gar nicht. Es geht darum«, sie schüttelte den Kopf, »ich kann doch schlecht einen Mann heiraten, über den ich gelacht habe. Das verstehen Sie sicherlich. Der Mann, den ich heirate –«, hauchte Anne leise. Sie brach ab. Sie entzog ihm die Hand und sah Reggie mit einem sonderbaren, verträumten Lächeln an. »Der Mann, den ich heirate –«

Und Reggie war es, als trete ein großer, stattlicher, strahlender Fremder vor ihn hin und nähme seinen Platz ein – der Typ Mann, den Anne und er oft im Theater gesehen hatten, der aus dem Nichts mit einem Mal auf die Bühne heraustritt, ohne ein Wort die Heldin in die Arme reißt und sie nach einem langen, ungeheuerlichen Blick davonträgt, irgendwohin ...

Reggie beugte sich diesem Bild. »Ja, ich verstehe«, stieß er heiser hervor.

»Wirklich?« fragte Anne. »Ach, ich hoffe wirklich, daß Sie mich verstehen. Weil ich mir so scheußlich dabei vorkomme. Es läßt sich so schwer erklären. Sie wissen, ich habe nie –« Sie schwieg. Reggie sah sie an. Sie lächelte. »Ist das nicht komisch?« fragte sie. »Ich kann Ihnen alles sagen. Das habe ich immer gekonnt, gleich von Anfang an.«

Er versuchte, ein Lächeln zustande zu bringen und zu sagen: »Freut mich.« Sie sprach weiter: »Nie habe ich jemanden gekannt, den ich so gern habe wie Sie. Noch nie bin ich mit jemandem so glücklich gewesen. Aber es ist bestimmt nicht das, was die Leute und die Bücher meinen, wenn von Liebe die Rede ist. Verstehn Sie mich? Oh, wenn

Sie nur wüßten, wie gemein ich mir vorkomme. Aber wir wären wie – wie Herr Tauber und Frau Taube.«

Das war genug. Es erschien Reginald endgültig und so schrecklich wahr, daß er es kaum ertragen konnte. »Sie brauchen nicht deutlicher zu werden«, sagte er, dabei wandte er sich von Anne ab und ließ den Blick über den Rasen schweifen. Da stand das Gärtnerhäuschen, daneben die dunkle Stechpalme. Durchsichtiger Rauch hing feucht und blau wie ein Daumen über dem Schornstein. Es sah irgendwie unwirklich aus. Wie ihm der Hals weh tat! Ob er überhaupt noch sprechen konnte? Er wagte einen Versuch. »Ich muß mich langsam auf den Nachhauseweg machen«, krächzte er und setzte sich über den Rasen hin in Bewegung. Doch Anne lief ihm nach. »Nein. Sie können noch nicht gehen«, bat sie flehentlich. »Sie können doch nicht mit diesem Gefühl weggehen.« Und stirnrunzelnd schaute sie zu ihm auf. Dabei biß sie sich auf die Lippe.

»Ach, das ist schon in Ordnung«, wehrte Reggie ab und gab sich einen Ruck. »Ich – ich –« Und seine Handbewegung besagte soviel wie: komme da schon drüber weg.

»Aber das ist furchtbar«, sagte Anne. Sie faltete die Hände und blieb vor ihm stehen. »Sie sehen doch ganz bestimmt, wie verhängnisvoll es wäre, wenn wir heirateten, nicht wahr?«

»O freilich, freilich«, entgegnete Reggie und sah sie mit verstörtem Blick an.

»Wie falsch, wie gemein, wenn ich so empfinde. Ich meine, es ist alles ganz schön und gut für Herrn Tauber und Frau Taube. Aber stellen Sie sich das doch nur im wirklichen Leben vor – stellen Sie sich das bloß mal vor!«

»Oh, völlig«, sagte Reggie, und er schickte sich an weiterzugehen. Und wieder hielt ihn Anne fest. Sie zerrte ihn heftig am Ärmel, und anstatt zu lachen, sah sie zu seinem Erstaunen diesmal aus wie ein kleines Mädchen, das losweinen wollte.

»Wenn Sie das verstehen, warum sind Sie dann so unglücklich?« jammerte sie. »Warum macht es Ihnen dann soviel aus? Warum ziehen Sie so ein schreckliches Gesicht?«

Reggie schluckte und wischte abermals etwas mit einer Handbewegung beiseite. »Ich kann nicht anders«, erwiderte er. »Das war ein Schlag für mich. Wenn ich mich jetzt verziehe, dann kann ich –«

»Wie können Sie nur jetzt davon reden, sich zu verziehen?« fragte Anne verächtlich. Sie stampfte mit dem Fuß auf, hochrot im Gesicht. »Wie können Sie nur so grausam sein? Ich kann Sie doch nicht gehen lassen, bis ich nicht genau weiß, daß Sie genauso glücklich sind, wie Sie waren, ehe Sie mich gebeten hatten, Ihre Frau zu werden. Das müssen sie doch verstehen, es ist so einfach.«

Reginald kam es aber ganz und gar nicht einfach vor. Ihm kam es schlechterdings schwierig vor.

»Auch wenn ich Sie nicht heiraten kann, wie kann ich dann in dem Bewußtsein leben, daß Sie so weit weg sind und nur diese entsetzliche Mutter haben, der Sie schreiben können, und daß Sie unglücklich sind und daß das alles meine Schuld ist?«

»Es ist nicht Ihre Schuld. Das dürfen Sie nicht denken. Es ist einfach Schicksal.« Reggie hob ihre Hand vom Ärmel auf und küßte sie. »Verschwenden Sie kein Mitleid an mich, liebe kleine Anne«, sagte er sanft. Und diesmal rannte er beinahe unter den blaßroten Rosen hindurch den Weg entlang.

»*Gurr-gurru-gurr-gurru! Gurr-gurru-gurr-gurru!*« klang es von der Veranda, »Reggie, Reggie!« aus dem Garten.

Er blieb stehen, wandte sich um. Aber als sie seinen zaghaften, verdutzten Blick sah, lachte sie leicht auf.

»Kommen Sie zurück, Herr Tauber!« rief Anne. Und langsam kam Reginald über den Rasen.

Das junge Mädchen

Mit dem blauen Kleid, den leicht geröteten Wangen, den blauen, ach so blauen Augen und den goldenen Locken, die aussahen, als wären sie zum ersten Male aufgesteckt worden – aufgesteckt, um beim Flug nicht zu stören –, hätte Mrs. Raddicks Tochter geradewegs von diesem strahlenden Himmel gefallen sein können. Auch Mrs. Raddicks zaghafter, leicht erstaunter, doch tief bewundernder Blick wirkte, als glaubte sie es. Die Tochter hingegen schien nicht allzu erfreut darüber – warum sollte sie auch? –, auf den Casinostufen gelandet zu sein. Ja, in der Tat, sie langweilte sich – langweilte sich, als ob es im Himmel von Casinos mit schnupfenden alten Heiligen als *Croupiers* und Schädeln zum Spielen nur so gewimmelt hätte.

»Sie haben doch nichts dagegen, Hennie mitzunehmen?« fragte Mrs. Raddick. »Bestimmt nicht? Da ist der Wagen, und Sie werden Tee trinken, und in einer Stunde sind wir wieder hier – genau hier auf dieser Treppe. Denn ich möchte, daß sie hineingeht. Sie ist noch nie dringewesen, und es lohnt sich, das mal zu sehen. Ich fände das sonst nicht anständig ihr gegenüber.«

»Ach, Mutter, sei doch still«, sagte sie verdrossen. »Nun komm schon! Red nicht soviel. Und deine Handtasche ist offen; du wirst wieder dein ganzes Geld verlieren.«

»Tut mir leid, Liebes«, sagte Mrs. Raddick.

»Ach, nun *komm* doch endlich! Ich möchte Geld machen«, drängte die Stimme ungeduldig. »Für dich ist das alles ganz gut und schön – aber ich bin pleite!«

»Da – da hast du 50 Francs, Liebling, oder nimm 100!«

Ich sah, wie Mrs. Raddick ihr Geldscheine in die Hand drückte, als sie durch die Drehtür gingen.

Einen Augenblick blieben Hennie und ich auf der Treppe stehen und beobachteten die Leute. Sein Lächeln war sehr offen, entzückt.

»Sehn Sie mal«, rief er, »da ist eine englische Bulldogge. Dürfen denn Hunde mit rein?«

»Nein.«

»Ein prima Kerl, nicht wahr? Ich wünschte, ich hätte einen. Hunde machen soviel Spaß. Die Leute haben solche Angst davor, und sie sind niemals grimmig zu – zu den Leuten, denen sie gehören.« Plötzlich preßte er meinen Arm. »He, nun *gucken* Sie sich doch mal die alte Frau da an. Wer ist sie? Warum sieht sie so aus? Ist das eine Spielerin?«

Die greisenhafte, zusammengeschrumpfte Gestalt in einem grünen Satinkleid, schwarzem Samtcape und weißem Hut mit pupurroten Federn schob sich langsam, ganz langsam und ruckweise die Stufen hoch, als würde sie von Drähten gezogen. Sie starrte vor sich hin, sie lachte und nickte mit dem Kopf und redete gackernd mit sich selbst. Ihre krallenartigen Finger umklammerten etwas, was wie ein schmutziger Schuhbeutel aussah.

Doch in ebendiesem Augenblick erschien wieder Mrs. Raddick mit – *ihr* – und einer alten Dame, die im Hintergrund blieb. Mrs. Raddick kam auf mich zugestürzt. Das Gesicht von heller Röte überzogen, lebhaft, ein ganz anderes Wesen. Sie glich einer Frau, die auf dem Bahnsteig ihren Freunden Lebwohl sagt, Sekunden vor Abfahrt des Zuges.

»Oh, ihr seid noch hier! Was für ein Glück! Ihr seid noch nicht weg. Wie schön! Ich hab' Schreckliches mit – ihr – durchgemacht«, und sie deutete auf ihre Tochter, die ganz ruhig dastand, verächtlich, den Blick gesenkt, müßig mit dem Fuß auf den Stufen scharrte, meilenweit weg. »Sie lassen sie nicht rein. Ich hab' geschworen, daß sie einundzwanzig ist. Aber sie glauben mir nicht. Ich habe dem Mann meine Geldbörse gezeigt; mehr hab' ich nicht gewagt. Aber völlig zwecklos. Er war nur voller Hohn ... Und jetzt habe ich eben Mrs. MacEwen aus New York getroffen, und sie hat gerade in der Salle Privée dreizehntausend gewonnen – und sie möchte, daß ich mit ihr wieder hineingehe, solange das Glück anhält. Natürlich kann ich – sie – nicht allein lassen. Aber wenn Sie –«

Bei diesen Worten sah ›sie‹ auf; sie löschte ihre Mutter einfach mit ihrem Blick aus. »Warum kannst du mich nicht allein lassen?« fragte sie wütend. »Was für ein hirnverbrannter Blödsinn! Wie kannst du dich unterstehen, eine solche Szene zu machen? Das ist das letzte Mal, daß ich mit dir wohin gegangen bin. Du bist wirklich unsagbar schrecklich.« Sie musterte ihre Mutter von oben bis unten. »Beruhige dich endlich«, sagte sie majestätisch.

Mrs. Raddick war verzweifelt, schlicht und einfach verzweifelt. Sie ›brannte‹ darauf, mit Mrs. MacEwen wieder hineinzugehen, gleichzeitig aber ...

Ich raffte meinen Mut zusammen. »Würden Sie – möchten Sie zum Tee mitkommen mit – uns?«

»Ja, aber ja, zu ihrem größten Vergnügen. Genau das ist's, was ich auch wollte, nicht wahr, Liebes? Mrs. MacEwen ... in einer Stunde bin ich wieder hier ... oder eher ... ich –«

Mrs. Raddick hastete die Stufen hinauf. Ich sah, daß ihre Handtasche wieder aufsperrte.

So waren wir drei denn übriggeblieben. Doch es war wirklich nicht meine Schuld. Hennie sah auch ganz niedergeschmettert aus. Als der Wagen kam, wickelte sie sich in ihren schwarzen Mantel – wie um jedweder Beschmutzung zu entgehen. Sogar die Füßchen sahen aus, als trügen sie sie nur mit größter Verachtung die Stufen zu uns hinab.

»Es tut mir so schrecklich leid«, murmelte ich, als sich der Wagen in Bewegung setzte.

»Ach, mir ist das doch *egal*«, sagte sie. »Ich *möchte* gar nicht wie einundzwanzig aussehen. Wer möchte das schon – mit siebzehn! Was ich so verabscheue«, und ein leichter Schauder überlief sie, »das ist diese Dummheit, und wenn dicke alte Männer mich anstarren. Scheußlich!«

Hennie warf ihr einen raschen Blick zu und sah dann aus dem Fenster.

Wir hielten vor einem riesigen Palast aus rötlich-weißem Marmor, vor den Türen standen in gold-schwarzen Kübeln Orangenbäume.

»Hätten Sie Lust, da hineinzugehen?« schlug ich vor.

Sie zögerte, blickte flüchtig auf, biß sich auf die Lippe und überließ sich ihrem Schicksal. »Nun gut, wohin denn sonst«, sagte sie. »Steig aus, Hennie.«

Ich ging voran – natürlich, um einen Tisch zu suchen –, sie kam hinterher. Das allerschlimmste aber war, daß ihr kleiner Bruder mit war, er war erst zwölf. Das war nun wirklich zuviel des Guten – daß ihr dieses Kind noch an den Fersen hing.

Da war ein freier Tisch. Darauf standen blaßrote Nelken und blaßrote Teller mit kleinen blauen Kaffeeservietten als Segel.

»Setzen wir uns hierhin?«

Verdrießlich legte sie eine Hand auf die Lehne eines weißen Korbsessels.

»Können wir machen. Warum nicht?« sagte sie.

Hennie zwängte sich an ihr vorbei und schlängelte sich zu einem Hocker auf der anderen Seite. Er kam sich furchtbar ausgeschlossen vor. Sie zog nicht einmal die Handschuhe aus. Sie senkte den Blick und trommelte auf den Tisch. Als ein leiser Geigenton erklang, zuckte sie zusammen und biß sich wieder auf die Lippe. Schweigen.

Die Kellnerin kam. Kaum, daß ich sie zu fragen wagte. »Tee – Kaffee? Chinesischen Tee – oder eisgekühlt mit Zitrone?«

Sie hatte wirklich nichts dagegen. Ihr war das ganz egal. Sie wollte eigentlich gar nichts. Hennie flüsterte: »Schokolade!«

Aber gerade als die Kellnerin sich abwandte, rief sie gleichgültig: »Ach, Sie können mir genausogut auch eine Schokolade bringen.«

Während wir warteten, zog sie eine kleine goldene Puderdose heraus, mit einem Spiegel im Deckel, schüttelte die arme kleine Quaste, als wäre sie ihr zuwider, und betupfte sich das reizende Näschen.

»Hennie«, sagte sie, »nimm die Blumen da weg.« Mit der Puderquaste zeigte sie auf die Nelken, und ich hörte sie murmeln: »Ich kann Blumen auf einem Tisch nicht ausstehen.« Ganz augenscheinlich hatten sie ihr gewaltige Schmerzen bereitet, schloß sie doch wahrhaftig die Augen, als ich sie fortrückte.

Die Kellnerin kam mit der Schokolade und dem Tee. Sie stellte die großen schäumenden Tassen vor die beiden hin und schob mir mein klares Glas zu. Hennie steckte die Nase tief in die Tasse, tauchte wieder auf, und einen fürchterlichen Augenblick lang hing ihm ein kleiner zitternder Sahneklecks an der Nasenspitze. Doch wie ein kleiner Gentleman wischte er ihn hastig weg. Ich überlegte, ob ich es wagen dürfe, ihre Aufmerksamkeit auf ihre Tasse zu lenken. Sie beachtete sie nicht, ja, sah sie nicht einmal, bis sie plötzlich, wie zufällig, einen Schluck daraus nahm. Gespannt beobachtete ich sie; sie schauderte leicht.

»Furchtbar süß!« sagte sie.

Ein winziges Kerlchen mit einem Kopf wie eine Rosine und einem Körper aus Schokolade trug ein Tablett mit Gebäck – reihenweise standen da kleine Köstlichkeiten, kleine Wunderwerke, kleine zerschmelzende Träume. Er bot sie ihr an. »Ach, ich hab' überhaupt keinen Hunger. Gehen Sie fort damit.«

Er bot sie Hennie an. Hennie warf mir einen raschen Blick zu – er mußte zu seiner Zufriedenheit ausgefallen sein –, denn er nahm eine Schokoladencreme, ein Kaffee-Eclair, ein mit Kastanien gefülltes Baiser und ein winziges Hörnchen mit frischen Erdbeeren. Sie konnte es kaum ertragen, ihm zuzusehen. Doch als der Junge sich zum Gehen wandte, hielt sie den Teller hoch.

»Na gut, geben Sie mir *eins*«, sagte sie.

Die silberne Zange ließ eins, zwei, drei – und ein Kirschtörtchen fallen. »Ich weiß gar nicht, warum Sie mir das alles geben«, sagte sie und lächelte beinahe. »Das eß ich nicht; könnte ich gar nicht.«

Mir war jetzt viel wohler zumute. Ich trank meinen Tee, lehnte mich zurück und fragte sogar, ob ich rauchen dürfte. Da hielt sie inne, die Gabel in der Hand, riß die Augen auf, und wahrhaftig, sie lächelte. »Natürlich. Ich erwarte immer, daß man raucht.«

Aber da widerfuhr Hennie eine Tragödie. Er spießte sein Hörnchen zu fest auf, und es brach mittendurch, und die eine Hälfte fiel auf den Tisch. Großes Malheur! Er wurde krebsrot. Sogar die Ohren glühten, und eine verschämte Hand schob sich über den Tisch, um wegzunehmen, was übriggeblieben war.

»Du bist *ein ausgemachtes Ferkel*!« schalt sie.

Du lieber Himmel! Ich mußte ihm zu Hilfe eilen. Hastig rief ich: »Werden Sie lange im Ausland bleiben?«

Sie aber hatte Hennie schon wieder vergessen. Ich war ebenfalls vergessen. Sie gab sich sichtlich Mühe, sich auf etwas zu besinnen ... Sie war meilenweit weg.

»Ich – ich – weiß nicht«, antwortete sie langsam aus ihrer Ferne.

»Sicher werden Sie es London vorziehen. Es ist viel – viel –«

Als ich nicht weiterredete, kam sie zurück und sah mich erstaunt an: »Viel –?«

»*Enfin* – lustiger!« rief ich, zigarettenschwenkend.

Aber das zu bedenken brauchte ein ganzes Stück Kuchen. Auch dann war alles, was sie getrost sagen konnte: »Nun ja, das kommt darauf an!«

Hennie war fertig mit essen. Er glühte noch immer.

Ich nahm die Klappkarte vom Tisch. »Hör mal, wie wär's mit einem Eis, Hennie? Wie wär's mit Mandarine und Ingwer? Nein, etwas Kühleres. Was hältst du von frischer Ananascreme?«

Hennie war sehr dafür. Die Kellnerin hatte uns im Blick. Sie hatte die Bestellung entgegengenommen, als ›sie‹ von ihren Krümeln aufsah.

»Haben Sie ›Mandarine und Ingwer‹ gesagt? Ich mag Ingwer. Bringen Sie mir einmal.« Und dann rasch: »Wenn die Kapelle nur nicht solche Sachen von Anno dazumal spielen würde! Zu dem ganzen Zeug haben wir voriges Weihnachten getanzt. Da kann einem ja übel werden!«

Es war aber eine bezaubernde Melodie. Als ich sie jetzt richtig aufnahm, machte sie mich direkt warm.

»Ich finde, hier ist's recht hübsch, du nicht auch, Hennie?« wandte ich mich an ihn.

Hennie antwortete: »Prima!« Er hatte es ganz leise sagen wollen, aber es kam sehr hoch, in einer Art Kreischen heraus.

Hübsch? Hier drin? Hübsch? Zum ersten Mal schaute sie sich um, versuchte zu sehen, was es da gäbe ... Sie blinzelte; ihre schönen Augen waren neugierig. Ein sehr gut aussehender älterer Herr starrte sie seinerseits durch ein Monokel an einem schwarzen Band an. Doch ihn sah sie einfach nicht. Ein Loch war da in der Luft, wo er saß. Sie blickte gänzlich durch ihn hindurch.

Zu guter Letzt lagen die kleinen flachen Löffel still auf den Glastellern. Hennie sah ziemlich erschöpft aus, sie aber zog ihre weißen Handschuhe wieder an. Die Diamantarmbanduhr störte sie etwas, war ihr im Weg. Sie zerrte daran – versuchte, das dumme kleine Ding zu zerbrechen –, aber es wollte nicht brechen. Schließlich mußte sie den Handschuh darüberziehen. Ich sah, danach könnte sie es hier keine Minute länger aushalten, und wirklich, sie sprang auf und wandte sich zum Gehen, während ich mich dem gemeinen Akt des Bezahlens unterzog.

Und dann standen wir wieder draußen. Es war dunkel geworden. Der Himmel war mit kleinen Sternen übersät; die großen Lampen leuchteten. Während wir darauf warteten, daß der Wagen käme, stand sie, genau wie vordem mit dem Fuß scharrend, den Blick gesenkt, auf der Treppe.

Hennie sprang los, um die Tür zu öffnen, und sie stieg ein und ließ sich mit – oh! – was für einem gewaltigen Seufzer zurücksinken.

»Sag ihm«, keuchte sie, »er soll so schnell fahren, wie er kann.«

Hennie grinste den Chauffeur an, der sein Freund war. *»Allie veet!«* sagte er. Dann kam auch er zur Ruhe und setzte sich auf den kleinen Sitz uns gegenüber.

Die goldene Puderdose kam wieder zum Vorschein. Und wieder wurde die arme kleine Quaste geschüttelt; abermals gab es den flüchtigen, streng geheimen Blick von ihr zum Spiegel.

Wir durchmaßen die Stadt aus Schwarz und Gold, wie eine Schere den Brokat durchmißt. Hennie fiel es schwer, nicht so auszusehen, als ob er sich an etwas anklammere.

Und als wir am Casino anlangten, war Mrs. Raddick natürlich nicht da. Nicht die leiseste Spur von ihr war auf der Treppe – keine Spur.

»Wollen Sie im Wagen bleiben, während ich nachsehen gehe?«

Aber nicht doch – das würde sie nie und nimmer. Du lieber Himmel, nein! Hennie konnte ja sitzen bleiben. Sie fand es unerträglich, in einem Wagen zu warten. Sie würde auf der Treppe warten.

»Aber ich möchte Sie nicht gern hier allein lassen«, murmelte ich. »Ich möchte Sie wirklich nicht hier allein lassen.«

Bei diesen Worten schleuderte sie den Mantel zurück. Sie drehte sich um und sah mich an, den Mund geöffnet. »Du lieber Himmel – warum denn nicht! Mir – mir macht das nicht das geringste aus. Ich – ich warte gern.« Und auf einmal wurde sie hochrot im Gesicht, die Augen verdunkelten sich – einen Augenblick dachte ich, sie wolle in Weinen ausbrechen. »B-bitte, lassen Sie mich doch hier warten«, stammelte sie mit einer warmen, eifrigen Stimme. »Ich mag das. Ich warte sehr gern. Wirklich – ja wirklich, gern! Ich warte doch dauernd – überall...«

Ihr dunkler Mantel fiel auseinander, und die weiße Kehle – der ganze zarte junge Körper in dem blauen Kleid – war wie eine Blume, die sich aus dunkler Knospe reckte.

Das Leben der Mutter Parker

Als der gelehrte Herr, dessen Wohnung die alte Mutter Parker jeden Dienstag saubermachte, ihr an jenem Morgen die Tür öffnete, erkundigte er sich nach ihrem Enkelsohn. Mutter Parker stand in der kleinen dunklen Diele auf dem Abtreter, und sie streckte die Hand aus, um ihrem Herrn die Tür schließen zu helfen, ehe sie antwortete. »Wir ham ihn gestern begraben, Sir«, sagte sie ruhig.

»Ach Gott! Das tut mir aber leid«, sagte der gelehrte Herr erschrocken. Er war gerade beim Frühstücken. Er trug einen fadenscheinigen Schlafrock und hielt in einer Hand eine zusammengeknüllte Zeitung. Aber er war verlegen. Er konnte doch wohl schlecht wieder ins warme Wohnzimmer zurückkehren, ohne noch etwas zu sagen – irgend etwas. Dann, weil solche Leute soviel auf Begräbnisse gaben, meinte er freundlich: »Ich hoffe, das Begräbnis ist zur Zufriedenheit verlaufen.«

»Wie?« krächzte die alte Mutter Parker.

Arme Alte! Sie sah wirklich mitgenommen aus. »Ich hoffe, das Begräbnis war – war – schön«, sagte er. Mutter Parker gab keine Antwort. Mit gesenktem Kopf humpelte sie in die Küche davon. Dabei umklammerte sie den alten Fischbeutel, in dem die Sachen waren, die sie zum Saubermachen brauchte, dazu eine Schürze und ein Paar Filzschuhe. Der gelehrte Herr runzelte die Brauen und kehrte zu seinem Frühstück zurück.

»Vermutlich überwältigt«, sagte er laut, als er sich Apfelsinenmarmelade nahm.

Mutter Parker zog die beiden pechschwarzen Spieße aus ihrem kleinen runden Hut und hängte ihn hinter die Tür. Sie knöpfte die abgetragene Jacke auf und hängte sie ebenfalls auf. Dann band sie die Schürze um und setzte sich hin, um die Schuhe auszuziehen. Die Schuhe an- oder auszuziehen bedeutete ihr eine Qual, aber schon jahrelang. Tatsächlich war sie so an den stechenden Schmerz gewöhnt, daß sie in Erwartung dieser Tortur das Gesicht verzog und verzerrte, ehe sie noch die Schnürsenkel aufgenestelt hatte. Als es vollbracht war, lehnte sie sich mit einem Seufzer zurück und rieb sich sachte die Knie ...

»Omi! Omi!« Ihr kleiner Enkel stand in seinen Knöpfstiefeln auf ihrem Schoß. Er war gerade hereingekommen, bis jetzt hatte er auf der Straße gespielt.

»Guck, wie du Omis Rock zugerichtet hast – du böser Junge!«

Aber er legte ihr die Ärmchen um den Hals und rieb sein Gesicht an ihrem.

»Omi – Penny ham!« bat er schmeichelnd.

»Mach, daß du fortkommst; Omi hat keine Pennies nich.«

»Doch.«

»Nein, nich.«

»Doch, du hast welche. Gib uns einen!«

Und schon tastete sie nach der zerdrückten alten schwarzen Lederbörse.

»Hm, und was gibst du deiner Omi?«

Er ließ ein scheues kleines Lachen hören und schmiegte sich fester an sie. Sie spürte seine Wimpern an ihrem Gesicht zucken. »Ich hab' doch nix«, murmelte er ...

Die alte Frau sprang auf, nahm den eisernen Kessel vom Gasherd und ging mit ihm zum Spülbecken. Das Geräusch des Wassers, das in den Kessel trommelte, schien ihren Schmerz zu dämpfen. Sie ließ auch den Eimer und die Abwaschschüssel vollaufen.

Es würde ein ganzes Buch füllen, wollte man den Zustand

dieser Küche beschreiben. Die Woche über ›wirtschaftete‹ der gelehrte Herr selbst. Das heißt, hin und wieder leerte er Teeblätter in ein Marmeladenglas, das zu diesem Zweck bereitstand, und wenn er keine sauberen Gabeln mehr hatte, wischte er eine oder zwei an dem Rollenhandtuch ab. Im übrigen, so erklärte er seinen Freunden, war sein ›System‹ recht einfach, und er konnte nicht verstehen, warum die Leute soviel Theater um den Haushalt machten.

»Man macht einfach alles schmutzig, was man hat, läßt einmal die Woche eine alte Frau kommen, um sauberzumachen, und damit hat sich's.«

Das Ergebnis glich dann einer gigantischen Mülltonne. Sogar der Fußboden war mit Toastkrümeln, Umschlägen, Zigarettenstummeln übersät. Aber Mutter Parker grollte ihm nicht. Sie bemitleidete den armen jungen Herrn, weil er niemanden hatte, der sich um ihn kümmerte. Durch das verschmierte kleine Fenster konnte man ein gewaltiges Stück vom trübe wirkenden Himmel sehen, und waren da Wolken, sahen sie wie ganz zerfetzte alte Wolken aus, an den Rändern ausgefranst, mit Löchern darin oder mit dunklen Flecken wie von Tee.

Während das Wasser heiß wurde, machte sich Mutter Parker daran, den Fußboden zu kehren. ›Ja‹, dachte sie, als der Besen anstieß, ›alles in allem hab' ich mein Teil abgekriegt. Ich hab' 'n hartes Leben gehabt.‹

Sogar die Nachbarn sagten das von ihr. So manches Mal, wenn sie mit ihrem Fischbeutel nach Hause humpelte und sie an der Ecke warteten oder sich übers Geländer lehnten, hörte sie, wie sie zueinander sagten: »Sie hat 'n hartes Leben gehabt, die Mutter Parker, jawohl.« Und es traf die Wahrheit so völlig, daß sie sich nicht das mindeste darauf einbildete. Man hätte genausogut sagen können, sie wohne in der Kellerwohnung im Hinterhof, Nummer 27. Ein hartes Leben! . . .

Mit sechzehn war sie als Küchenmädchen von Stratford nach London gekommen. Ja, sie war in Stratford-on-Avon geboren. Shakespeare, mein Herr? Nein, immer wurde sie danach gefragt. Aber sie hatte nie seinen Namen gehört, bis sie ihn an den Theatern las.

Nichts war von Stratford geblieben, als ›wenn du abends am Kamin sitzen tatst, da konntste durch die Esse die Sterne sehn‹, und ›Mutter hatte immer 'ne Speckseite von der Decke runterhängen‹. Und da gab es noch etwas – da war so 'n Strauch an der Eingangstür, der roch immer so gut. Aber der Strauch war sehr verschwommen. Sie hatte nur ein- oder zweimal im Krankenhaus daran gedacht, als sie schlimm dran war.

Das war eine schreckliche Stelle – ihre erste Stelle. Nie durfte sie ausgehen. Nie betrat sie die oberen Regionen außer früh und abends zum Beten. Es war ein Keller, ganz leidlich. Und die Köchin war eine grausame Frau. Sie riß ihr immer die Briefe von zu Hause aus der Hand, ehe sie sie gelesen hatte, und warf sie in den Küchenherd, weil sie dann immer so verträumt wäre... Und die Schaben! War's zu glauben? – bevor sie nach London gekommen war, hatte sie noch nie eine Küchenschabe gesehen. Hier lachte Mutter Parker immer ein wenig, als ob – keine Küchenschabe gesehen zu haben! Na ja! Das war genauso, wie wenn man sagte, man hätte noch nie die eigenen Füße gesehn.

Als diese Familie ausgepfändet wurde, ging sie als ›Hilfe‹ in einen Arzthaushalt, und nachdem sie zwei Jahre dort gewesen war, von früh bis spät auf den Beinen, heiratete sie ihren Mann. Einen Bäcker.

»Einen Bäcker, Mrs. Parker!« pflegte der gelehrte Herr zu sagen. Denn dann und wann legte er seine Wälzer beiseite und lieh diesem Produkt, das man Leben nannte, zumindest ein Ohr. »Es muß recht nett sein, mit einem Bäcker verheiratet zu sein.«

Mrs. Parker sah da gar nicht so überzeugt drein.

»So ein sauberes Handwerk«, sagte der Herr.

Mrs. Parker sah nicht überzeugt aus.

»Und hat es Ihnen denn nicht gefallen, wenn Sie den Kunden die frischen Brote gaben?«

»Na ja, Sir«, antwortete Mrs. Parker, »ich war nicht besonders viel im Laden oben. Wir hatten dreizehn Kinder, und sieben davon haben wir begraben. Wenn's nicht das Krankenhaus war, dann war's das Spital, so könnte man sagen.«

»*Allerdings*, Mrs. Parker!« erwiderte der Herr erschaudernd und griff wieder zur Feder.

Ja, sieben waren gestorben, und während die sechs noch klein waren, kriegte ihr Mann die Schwindsucht. Mehl in den Lungen, sagte ihr damals der Arzt ... Ihr Mann hatte sich im Bett aufgesetzt, das Hemd über den Kopf gezogen, und die Finger des Arztes zogen auf seinem Rücken einen Kreis.

»Nun, wenn wir ihn hier aufschnitten, Mrs. Parker«, sagte der Arzt, »fänden Sie seine Lungen vollgestopft mit weißem Staub. Holen Sie mal Luft, mein guter Mann!« Und Mrs. Parker war sich nie ganz sicher, ob sie's wirklich sah oder ob sie sich's nur einbildete, aus dem Mund ihres armen lieben Mannes kam eine große weiße Staubwolke ...

Aber wie hatte sie sich abrackern müssen, diese sechs kleinen Kinder aufzuziehen und alles mit sich abzumachen. Schrecklich war das gewesen! Dann, als sie gerade alt genug waren, in die Schule zu gehen, kam die Schwester ihres Mannes zu ihnen, um zu helfen, und sie war gerade erst zwei Monate da, als sie die Treppen runterfiel und sich die Wirbelsäule verletzte. Und fünf Jahre lang hatte Mutter Parker noch ein Baby – und was für ein rumjammerndes! – zu versorgen. Dann geriet die junge Maudie auf Abwege und mit ihr ihre Schwester Alice; die beiden Jungs wanderten aus, und Jung-Jim ging mit der Armee nach Indien, und Ethel, die Jüngste, heiratete einen Taugenichts von einem Kellner, der in dem Jahr, als der kleine Lennie geboren wurde, an Magengeschwüren starb. Und jetzt der kleine Lennie – mein Enkel ...

Die Stöße von schmutzigen Tassen, schmutzigen Tellern waren abgewaschen und abgetrocknet, die tintenschwarzen Messer mit einer Kartoffelscheibe saubergerieben und mit einem Stückchen Kork poliert. Der Tisch war gescheuert, und der Geschirrschrank und der Ausguß, in dem Sardinenschwänze geschwommen hatten ...

Er war nie ein kräftiges Kind gewesen – nie von Anfang an. Er war eins der niedlichen Babys gewesen, das jeder für ein Mädchen hielt. Silberhelle Locken hatte er, blaue Augen und auf einer Seite der Nase, wie einen Diamanten, eine Sommersprosse. Die Sorgen, die sie und Ethel gehabt hatten, dieses Kind aufzuziehen. All das Zeugs aus den Zeitungen, das sie bei ihm probiert hatten! Jeden Sonntagmorgen pflegte Ethel laut vorzulesen, während Mutter Parker ihre Wäsche wusch.

›Sehr geehrter Herr! Ganz kurz möchte ich Ihnen mitteilen, daß unsere kleine Myrtil dem Tode geweiht war ... Nach vier Flaschen ... hat sie in 9 Wochen 8 Pfund zugenommen, und *sie nimmt noch immer zu.*‹

Und dann kam für gewöhnlich der Eierbecher mit Tinte vom Küchenschrank herunter, und der Brief wurde geschrieben, und am andern Morgen kaufte Mutter Parker dann eine Postanweisung auf dem Weg zur Arbeit. Aber es nützte nichts. Nichts ließ den kleinen Lennie zunehmen. Nicht einmal davon, daß er auf den Friedhof gebracht wurde, kriegte er Farbe; sein Appetit wurde auch durch die ganz nette Rumpelei im Bus nicht größer.

Aber von Anfang an war er Omis Junge ...

»Wem sein Junge bist du?« fragte die alte Mutter Parker, wenn sie sich vom Herd aufrichtete und zu dem verschmierten Fenster hinüberging. Und ein Stimmchen, so warm, so nah, daß es ihr beinah den Atem benahm – es schien unter ihrem Herzen in ihrer Brust zu sein –, lachte auf und sagte: »Ich bin Omi ihr Junge!«

In diesem Augenblick erklangen Schritte, und der gelehrte Herr erschien, zum Ausgehen gekleidet.

»Oh, Mrs. Parker, ich gehe jetzt!«

»Sehr wohl, Sir.«

»Und Ihre halbe Krone finden Sie in der Schale vom Schreibzeug.«

»Danke, Sir.«

»Ach, übrigens, Mrs. Parker«, sagte der gelehrte Herr rasch, »Sie haben das letzte Mal, als Sie hier waren, nicht zufällig Kakao weggeworfen?«

»Nein, Sir.«

»*Sehr* merkwürdig. Ich hätte schwören können, daß ich einen Teelöffel voll in der Büchse gelassen hatte.« Er brach ab. Leise und fest sagte er: »Sie werden es mir immer sagen, wenn Sie etwas wegwerfen, ja, Mrs. Parker?« Und äußerst zufrieden mit sich ging er fort, in der Tat überzeugt, daß er Mrs. Parker gezeigt hätte, daß er unter seiner scheinbaren Nachlässigkeit genauso achtgab wie eine Frau.

Die Tür schlug zu. Sie trug ihre Bürsten und Lappen ins Schlafzimmer. Doch als sie das Bett zu machen begann, es glattzog, feststopfte, darüberstrich, war der Gedanke an den kleinen Lennie unerträglich. Warum mußte er so leiden? Das war's, was sie nicht verstehen konnte. Warum mußte so ein kleiner Schatz von einem Kind um seinen Atem betteln und darum ringen? Da lag doch keinerlei Sinn darin, ein Kind so leiden zu lassen.

...Aus Lennies kleinem Brustkorb kam ein Laut, als koche etwas darin. Da war ein großer Klumpen von etwas

Blubberndem in seiner Brust, das er nicht loswerden konnte. Wenn er hustete, perlte ihm der Schweiß im Gesicht; die Augen traten ihm heraus, die Händchen flatterten nur so, und der große Klumpen blubberte, wie eine Kartoffel in einer Kasserolle herumkollert. Am allerschrecklichsten jedoch war, wenn er nicht hustete, da lehnte er im Kissen und sagte weder etwas noch antwortete er, und ließ nicht einmal merken, ob er überhaupt hörte. Er sah ganz einfach gekränkt aus.

»Dafür kann doch deine gute alte Omi nichts, mein Liebling«, sagte die alte Mutter Parker und strich ihm das feuchte Haar von den scharlachroten Ohren. Aber Lennie bewegte den Kopf und rückte weg. Als hätte sie ihn fürchterlich gekränkt, so sah er aus – und ernst. Er senkte den Kopf und blickte sie von der Seite an, als ob er das von seiner Omi einfach nicht glauben könne.

Doch beim letzten ... Mutter Parker warf die Steppdecke übers Bett. Nein, sie konnte einfach nicht daran denken. Das war zuviel – sie hatte wirklich zuviel in ihrem Leben ertragen müssen. Bis jetzt hatte sie alles ertragen, hatte alles mit sich abgemacht, und nicht ein einziges Mal hatte jemand sie weinen sehen. Keine Menschenseele. Nicht einmal ihre eigenen Kinder hatten sie zusammenbrechen sehen. Immer hatte sie ein stolzes Gesicht gewahrt. Aber jetzt! Lennie war weg – was hatte sie noch? Nichts hatte sie. Er war alles gewesen, was sie im Leben gehabt hatte, und jetzt war auch er ihr genommen worden. Warum mußte mir das alles widerfahren? grübelte sie. »Was hab' ich denn getan?« fragte die alte Mutter Parker. »Was hab' ich bloß getan?«

Bei diesen Worten ließ sie mit einem Mal die Bürste fallen. Sie fand sich in der Küche wieder. Ihr Elend war so furchtbar, daß sie den Hut feststeckte, die Jacke anzog und wie im Traum aus der Wohnung ging. Sie wußte nicht, was sie tat. Sie glich einem Menschen, der so benommen war von dem entsetzlichen Geschehen, daß er fortgeht – irgendwohin, als könne er durch Weggehen entkommen ...

Auf der Straße war es kalt. Ein eisiger Wind wehte. Die Leute huschten eilig vorbei; die Männer liefen wie Scheren, die Frauen trotteten wie Katzen dahin. Und keiner wußte etwas – keiner kümmerte sich. Auch wenn sie zusammenbräche, wenn sie nach all den Jahren endlich weinte, wäre sie höchstwahrscheinlich wie hinter verschlossenen Türen.

Doch bei dem Gedanken an Weinen war es, als ob der kleine Lennie seiner Omi in die Arme fiele. Oh, genau das möchte sie tun, mein Täubchen. Omi möchte weinen. Wenn sie nur jetzt weinen könnte, recht lange weinen könnte, über alles, bei ihrer ersten Stelle und der grausamen Köchin angefangen, über die Stelle beim Doktor, dann über die sieben Kinder, ihres Mannes Tod, den Weggang ihrer Kinder und all die Jahre voller Elend, die zu Lennie führten. Sich über das alles richtig auszuweinen würde jedoch lange dauern. Einerlei, die Zeit dafür war jetzt da. Sie mußte es tun. Sie konnte das nicht länger hinausschieben; sie konnte damit nicht mehr warten ... Wohin konnte sie gehen?

»Sie hat 'n hartes Leben gehabt, die Mutter Parker, jawohl.« Ja, ein hartes Leben, weiß Gott! Das Kinn begann ihr zu zittern; da war keine Zeit zu verlieren. Aber wohin? Wohin?

Sie konnte nicht nach Hause gehen; da war Ethel. Ethel würde sich zu Tode erschrecken. Sie konnte nicht irgendwo auf einer Bank sitzen; da würden Leute kommen und ihr Fragen stellen. Sie konnte doch auch unmöglich in die Wohnung des Herrn zurückgehen; sie hatte kein Recht, im Hause eines Fremden zu weinen. Wenn sie sich irgendwo auf eine Stufe setzte, würde ein Polizist sie ansprechen.

Ach, gab es denn kein Fleckchen, wo sie sich verstecken und für sich sein und so lange bleiben konnte, wie sie wollte, wo sie keinen störte und ihrerseits in Ruhe gelassen wurde? Gab es denn kein Fleckchen auf der Welt, wo sie sich endlich einmal ausweinen konnte?

Mutter Parker stand da und ließ den Blick schweifen. Der eisige Wind blies ihre Schürze zu einem Ballon auf. Und jetzt fing es an zu regnen. Nein, es gab kein solches Fleckchen. Nirgends.

Ehe à la mode

Auf dem Weg zum Bahnhof durchfuhr William erneut schmerzhafte Enttäuschung, als er daran dachte, daß er den Kindern gar nichts mitbrächte. Arme kleine Kerle! Es war schwer für sie. Immer waren ihre ersten Worte, wenn sie zur Begrüßung herbeigerannt kamen: »Was hast du mir mitgebracht, Pappi?«, und er hatte nichts. Er würde ihnen auf dem Bahnhof paar Süßigkeiten kaufen müssen. Aber das hatte er ja schon die letzten vier Sonnabende getan. Das letzte Mal hatten sie lange Gesichter gezogen, als sie dieselben alten Packungen zum Vorschein kommen sahen.

Und Paddy hatte gesagt: »Schon *wieder* mit roten Streifen!«

Und Johnny hatte gemeint: »Meins ist immer rosa. Ich mag aber kein Rosa.«

Aber was sollte William denn bloß machen? So einfach war das Ganze nämlich nicht. Früher hätte er natürlich ein Taxi genommen, wäre zu einem anständigen Spielzeugladen gefahren und hätte in fünf Minunten etwas für sie rausgesucht. Aber heutzutage hatten sie russische Spielsachen, französische Spielsachen, serbische Spielsachen – Spielsachen von Gott weiß woher. Es war über ein Jahr her, daß Isabel die alten Esel und Lokomotiven und was nicht alles noch ausrangiert hatte, weil sie so ›fürchterlich sentimental‹ und so ›ungeheuer schlecht für das Formempfinden der Kleinen‹ wären.

»Es ist so wichtig«, hatte die neue Isabel erklärt, »daß ihnen von Anfang an die richtigen Dinge gefallen. Das spart später so viel Zeit. Wirklich, wenn die armen Lieblinge ihre Kinderjahre damit zubringen müssen, diese Greuel anzustarren, kann man sich gut vorstellen, wie sie heranwachsen und darum bitten, daß man ihnen die Königliche Akademie zeigt.«

Und sie redete, als ob ein Besuch der Königlichen Akademie unverzüglich den sicheren Tod für jeden bedeutete ...

»Nun, ich weiß nicht«, sagte William bedächtig. »Als ich so alt war wie sie, habe ich immer ein altes, zusammengeknotetes Handtuch mit ins Bett genommen und gestreichelt.«

Die neue Isabel warf ihm einen Blick zu, die Augen zusammengekniffen, den Mund offen.

»Liebster William! Das glaub' ich dir gern!« Sie lachte auf die neue Art.

Also müßten es doch Süßigkeiten sein, dachte William düster, als er in seiner Tasche nach Kleingeld für den Taxifahrer kramte. Und er sah die Kinder vor sich, wie sie die Schachteln herumreichten – die Kerlchen waren furchtbar großzügig –, während sich Isabels noble Freunde in keiner Weise scheuten zuzugreifen ...

Wie wäre es mit Obst? William zögerte vor einem Stand gleich im Bahnhof drin. Wie wäre es mit einer Melone für jeden? Müßten sie auch davon abgeben? Oder eine Ananas für Pad und eine Melone für Johnny? Isabels Freunde könnten sich doch kaum zu den Mahlzeiten der Jungen ins Kinderzimmer hinaufschleichen. Wie dem auch sei, als William die Melone kaufte, hatte er die schreckliche Vision, wie einer von Isabels jungen Dichtern, aus irgendeinem unerfindlichen Grund, hinter der Kinderzimmertür eine Melonenscheibe aufschlapperte.

Mit den beiden unhandlichen Paketen marschierte er dann zu seinem Zug. Der Bahnsteig wimmelte von Menschen, der Zug war da. Türen knallten auf und zu. Von der Lokomotive kam ein so gewaltiges Zischen, daß die Leute ganz benommen dreinschauten, als sie hin und her hasteten. William steuerte stracks auf ein Raucherabteil erster Klasse zu, verstaute seinen Koffer und die Pakete, zog einen großen Packen zerknüllter Unterlagen aus seiner Innentasche, ließ sich auf einen Eckplatz fallen und begann zu lesen.

›Unser Klient ist überdies sicher ... Wir sind geneigt, neuerlich zu erwägen ... im Falle des –‹ Ach, das war besser. William strich sich das glatt anliegende Haar zurück und streckte die Beine quer über den Abteilboden aus. Der vertraute, dumpf nagende Schmerz in seiner Brust ließ nach. ›Bezug nehmend auf unseren Beschluß –‹ Er zog einen blauen Stift heraus, und bedächtig strich er einen Absatz an.

Zwei Männer kamen herein, stiegen über seine Beine weg und strebten auf die andere Ecke zu. Ein junger Bursche warf seine Golfschläger ins Gepäcknetz und setzte sich ihm gegenüber. Der Zug ruckte leicht, sie fuhren. William blickte auf und sah den heißen, gleißenden Bahnhof entschwinden. Ein Mädchen mit rotem Gesicht lief neben dem Wagen her, etwas Angespanntes und beinahe Verzweifeltes lag in ihrem Winken und Rufen. ›Hysterisch!‹ dachte William träge. Dann grinste ein ölbeschmierter Arbeiter, ganz schwarz im Gesicht, am Bahnsteigende dem vorbeifahrenden Zug hinterher. Und William dachte: ›Ein scheußliches Leben!‹ und kehrte zu seinem Papierkram zurück.

Als er wieder aufsah, waren da Felder, und Vieh hatte vor der Sonne unter den dunklen Bäumen Schutz gesucht. Ein breiter Fluß, an dessen seichten Stellen nackte Kinder planschten, kam in Sicht und glitt wieder vorbei. Fahl schimmerte der Himmel, und wie ein dunkler Fleck in einem Edelstein flog hoch oben ein einzelner Vogel.

›Nach eingehender Überprüfung des Schriftwechsels unseres Klienten ...‹ Der letzte Satz, den er gelesen hatte, hallte in seinem Kopf nach. ›Nach eingehender Überprüfung ...‹ William klammerte sich an diesen Satz, aber das nützte nichts; mittendrin machte es klick!, und die Felder, der Himmel, die dahinsegelnden Vögel, das Wasser, alles sagte: »Isabel«. Dasselbe widerfuhr ihm jeden Sonnabendnachmittag. Wenn er auf dem Weg zu Isabel war, begannen diese unzähligen eingebildeten Wiedersehen. Sie war am Bahnhof, ein bißchen nur stand sie abseits von allen anderen; sie saß draußen im offenen Taxi; sie war am Gartentor; sie ging über das verdorrte Gras; sie war an der Tür oder noch in der Halle.

Und ihre klare, helle Stimme sagte: »Es ist William« oder »Hallo, William!« oder »William ist da!« Er strich ihr über die kühle Hand, die kühle Wange.

Isabels köstliche Frische! Als kleiner Junge hatte er riesiges Vergnügen daran gefunden, nach dem Regen in den Garten zu laufen und den Rosenbusch über sich zu schütteln. Isabel war dieser Rosenstrauch, weich wie Blütenblätter, glitzernd und kühl. Und er war noch immer der kleine Junge. Aber jetzt lief er nicht in den Garten hinaus, es gab kein Lachen, kein Schütteln. In seiner Brust begann wieder der dumpfe, unaufhörlich nagende Schmerz. Er zog die Beine heran, warf die Papiere beiseite und schloß die Augen.

»Was ist los, Isabel? Was ist denn nur los?« fragte er zärtlich. Sie waren im Schlafzimmer, in ihrem neuen Haus. Isabel saß vor dem Toilettentisch auf einem mit Farbe angestrichenen Hocker. Der Toilettentisch war mit schwarzen und grünen Schächtelchen übersät.

»Was soll denn sein, William?« Und sie beugte sich vor, das feine helle Haar fiel ihr ins Gesicht.

»Ach, du weißt schon!« Er stand inmitten dieses fremden Zimmers und kam sich auch wie ein Fremder vor. Da schnellte Isabel herum und sah ihm ins Gesicht.

»Ach, William!« rief sie flehend, und sie hielt die Haarbürste hoch. »Bitte! Bitte, sei doch nicht so schrecklich spießig und – tragisch. Immer sagst du oder guckst du so oder gibst sonstwie zu verstehen, daß ich anders geworden sei. Bloß weil ich wirklich Gleichgesinnte kennengelernt habe und mehr unternehme und mich für – für alles furchtbar interessiere, benimmst du dich, als ob ich« – Isabel warf mit einem Schwung ihr Haar zurück und lachte – »unsere Liebe getötet hätte oder so etwas. Das ist so schrecklich albern« – sie biß sich auf die Lippen –, »und das macht einen ganz verrückt, William. Sogar wegen des neuen Hauses und der Dienstboten brummelst du herum.«

»Isabel!«

»Ja, ja, das ist schon so«, sagte Isabel rasch. »Du denkst, sie wären ein weiteres schlechtes Zeichen. Oh, ich weiß, daß du so denkst. Ich spüre es«, fuhr sie leise fort, »jedesmal, wenn du die Treppe raufkommst. Aber wir hätten doch nicht länger in dem anderen engen kleinen Loch wohnen bleiben können, William. Sei wenigstens praktisch! Also, da war doch noch nicht einmal genug Platz für die Kinder.«

Ja, das stimmte. Jeden Vormittag, wenn er vom Gericht nach Hause kam, fand er die Kinder mit Isabel in dem hinteren Wohnzimmer. Sie ritten da auf dem Leopardenfell, das über die Sofalehne geworfen war, oder sie spielten Kaufmannsladen, Isabels Scheibtisch war der Ladentisch, oder Pad saß auf dem Teppich vor dem Kamin und ruderte mit einer kleinen Kohlenschaufel aus Messing wie ums liebe Leben, während Johnny mit der Zange auf Piraten schoß. Und abends ging's dann im Huckepack die schmale Stiege hinauf zu ihrer dicken alten Nanny.

Ja, es war sicherlich ein enges kleines Haus gewesen. Ein weißes Häuschen mit blauen Vorhängen, vor dem Fenster ein Blumenkasten mit Petunien. William empfing ihre Freunde an der Tür mit den Worten: »Unsere Petunien schon gesehn? Ganz schön gewaltig für London, meint ihr nicht auch?«

Verrückt, völlig unverständlich aber war, daß er nicht die leiseste Ahnung davon gehabt hatte, daß Isabel nicht genauso glücklich war wie er. Mein Gott, so blind zu sein!

Damals war er nicht im entferntesten auf die Idee gekommen, daß sie in Wirklichkeit dieses unbequeme kleine Haus haßte, daß sie der Meinung war, die dicke Nanny würde die Kinder verziehen, daß sie sich verzweifelt einsam fühlte, sich nach neuen Menschen und neuer Musik und Bildern und so weiter sehnte. Wenn sie nicht zu diesem Atelierfest bei Moira Morrison gegangen wären – wenn Moira Morrison beim Abschied nicht gesagt hätte: »Ich werde Ihre Frau retten, Sie Egoist. Sie ist wie eine köstliche kleine Titania« – wenn Isabel nicht mit Moira nach Paris gefahren wäre – wenn – wenn ...

Der Zug hielt erneut an einem Bahnhof. Bettingford. Du lieber Himmel! In zehn Minuten wären sie da. William stopfte den Papierkram wieder in seine Taschen. Der junge Mann ihm gegenüber war schon längst verschwunden. Jetzt stiegen die beiden anderen aus. Die Spätnachmittagssonne beschien Frauen in Baumwollkleidern und braungebrannte, barfüßige kleine Kinder. Sie strahlte auf eine seidige gelbe Blume mit rauhen Blättern herab, die einen felsigen Hang überwucherte. Die Luft, die ungestüm durch die Fenster hereinwehte, roch nach Meer. Ob Isabel dieses Wochenende wohl dieselben Leute da hätte, fragte sich William.

Und er dachte daran, wie sie früher ihre Ferien verbracht hatten, sie vier, dazu Rose, das kleine Bauernmädchen, um die Kinder zu betreuen. Isabel trug eine Strickjacke und das Haar in einem Zopf. Sie sah ungefähr wie vierzehn aus. Du lieber Gott! wie sich seine Nase immer schälte! Und was für Mengen sie aßen, und was für Mengen sie schliefen in dem mächtigen Federbett, ihrer beider Füße umeinander verschränkt... William konnte ein düsteres Lächeln nicht unterdrücken, als er sich Isabels Entsetzen vorstellte, wenn sie das ganze Ausmaß seiner Sentimentalität wüßte.

»Hallo, William!« Sie war also doch auf dem Bahnhof; wie er es sich vorgestellt hatte, stand sie ein kleines Stück abseits von den anderen, und – Williams Herz machte einen Satz – sie war allein.

»Hallo, Isabel!« William starrte sie an. Er fand, sie sähe so schön aus, daß er etwas sagen müsse. »Du siehst so kühl aus.«

»Ja?« erwiderte Isabel. »Mir ist aber gar nicht sehr kühl. Komm, dein schrecklicher alter Zug hat Verspätung. Das Taxi ist draußen.« Sie legte ihm leicht die Hand auf den Arm, als sie am Fahrkartenkontrolleur vorbeigingen. »Wir sind alle gekommen, um dich abzuholen. Aber Bobby Kane haben wir im Süßwarenladen gelassen, wir müssen dort vorbeifahren.«

»Oh!« sagte William. Das war alles, was er im Augenblick hervorbringen konnte.

Im grellen Sonnenlicht wartete das Taxi, Bill Hunt und Dennis Green lümmelten auf der einen Seite, den Hut ins Gesicht gezogen, während auf der anderen, mit einem Hut wie eine Riesenerdbeere, Moira Morrison auf und ab hüpfte.

»Kein Eis! Kein Eis! Kein Eis!« rief sie fröhlich.

Und Dennis fiel unter dem Hut hervor ein: »Gibt's nur im Fischladen.«

Und mit den Worten: »Mit *ganzem* Fisch drin«, tauchte Bill Hunt auf.

»Ach, wie dumm!« jammerte Isabel. Und sie erklärte William, wie sie die ganze Stadt nach Eis abgeklappert hätten, während sie auf ihn gewartet hatte. »Einfach alles läuft die steilen Klippen hinab ins Meer, von der Butter angefangen.«

»Wir werden uns mit der Butter einfetten müssen«, sagte Dennis. »Möge es Ihrem Kopf, William, nicht an Fett fehlen.«

»Hört mal«, fragte William, »wie sollen wir sitzen? Ich geh' wohl lieber zum Fahrer vor.«

»Nein, Bobby Kane sitzt beim Fahrer«, sagte Isabel. »Du setzt dich zwischen Moira und mich.« Das Taxi fuhr los. »Was hast du denn da in den geheimnisvollen Paketen?«

»Ab-ge-schla-ge-ne Köp-fe!« ließ sich Bill Hunt hören, er schüttelte sich unter seinem Hut.

»Oh, Obst!« Isabel klang sehr zufrieden. »Kluger William! Eine Melone und eine Ananas! Das ist doch zu nett!«

»Nein, wart' mal«, sagte William lächelnd. In Wirklichkeit aber war er bekümmert. »Ich hab' sie für die Kinder mitgebracht.«

»Ach, du liebe Güte!« Isabel lachte und schob ihm die Hand unter den Arm. »Sie würden sich in Qualen wälzen, wenn sie das essen sollten. Nein« – sie tätschelte seine Hand –, »du mußt ihnen das nächste Mal etwas mitbringen. Ich weigere mich, meine Ananas herzugeben.«

»Grausame Isabel! Laß mich mal riechen!« sagte Moira. Flehend schlang sie die Arme um William. »Oh!« Der Erdbeerhut fiel nach vorn; sie war nur ganz leise zu hören.

»Eine Dame, in eine Ananas verliebt«, sagte Dennis, als das Taxi vor einem kleinen Laden mit einer gestreiften Markise hielt. Die Arme vollbepackt mit allerlei Päckchen, trat Bobby Kane heraus.

»Hoffentlich sind sie wirklich gut. Ich hab' sie wegen der Farben genommen. Da sind ein paar runde drunter, die sehen wirklich zu göttlich aus. Und seht euch doch bloß mal dieses Nugat an«, rief er verzückt, »guckt doch nur mal! Ein richtiges kleines Gedicht!«

Aber in dem Augenblick erschien der Händler. »Ach, das hab' ich doch ganz vergessen. Nichts davon ist bezahlt«, rief Bobby, wobei er ganz erschrocken aussah. Isabel gab dem Mann einen Schein, und Bobby strahlte wieder. »Hallo, William! Ich sitze neben dem Fahrer.« Und barhäuptig, ganz in Weiß, die Ärmel bis zu den Schultern aufgekrempelt, sprang er auf seinen Platz. »Avanti!« rief er ...

Nach dem Tee gingen die anderen schwimmen, während William dablieb, um sich mit den Kindern zu versöhnen. Aber Johnny und Paddy schliefen schon, die rosenrote Glut war verblaßt, Fledermäuse schwirrten umher, und die Schwimmer waren noch immer nicht zurückgekehrt. Als William die Treppe hinabschlenderte, ging das Mädchen mit einer Lampe durch die Halle. Er folgte ihr ins Wohnzimmer, einen langgestreckten gelben Raum. William gegenüber an der Wand war ein junger Mann gemalt, überlebensgroß, mit stark schlotternden Beinen, der einer jungen Frau mit einem sehr kurzen und einem sehr langen, dünnen Arm ein großknospiges Gänseblümchen bot. Über den Stühlen und dem Sofa hingen schwarze Stoffbahnen mit großen Flecken wie von zerbrochenen Eiern, und überall, wohin man sah, schien ein mit Zigarettenkippen gefüllter Aschenbecher zu stehen. William setzte sich in einen der Sessel. Wenn man heutzutage mit einer Hand in die Polster fuhr, stieß man nicht auf ein Schaf mit drei Beinen oder eine Kuh, die ein Horn verloren hatte, oder eine dicke, runde Taube aus Noahs Arche. Man angelte dagegen noch eins dieser eingeschlagenen Büchlein verschmiert aussehender Gedichte hervor ... Er dachte an das Bündel Papiere in seiner Tasche, aber er war zu hungrig und zu müde zum Lesen. Die Tür stand offen; aus der Küche drang Lärm. Die Dienstboten unterhielten sich, als wären sie allein im Haus. Plötzlich erklang lautes kreischendes Gelächter und ein ebenso lautes »Sch!« Sie hatten sich seiner erinnert. William stand auf und ging durch die Glastür in den Garten, und als er dort im Dunkeln stand, hörte er die Schwimmer den Sandweg heraufkommen. Ihre Stimmen schallten durch die Stille.

»Ich denke, Moira ist dran, ihre kleinen Tricks zu gebrauchen.«

Tragisches Stöhnen von Moira.

»Wir brauchten für die Wochenenden ein Grammophon, das ›Das Mädchen auf den Bergen‹ spielte.«

»Ach nein! Ach nein!« rief Isabels Stimme. »Das ist nicht fair William gegenüber. Seid nett zu ihm, Kinder! Er bleibt nur bis morgen abend da.«

»Überlaß ihn mir!« rief Bobby Kane. »Mich um Leute zu kümmern ist meine Spezialstrecke.«

Das Tor schwang auf und zu. William regte sich auf der Terrasse. Sie hatten ihn entdeckt. »Hallo, William!« Das Handtuch schwenkend, begann Bobby Kane, auf dem verdorrten Rasen auf und ab zu springen und Pirouetten zu drehen. »Schade, daß Sie nicht mit waren, William. Das Wasser war göttlich. Und hinterher waren wir alle in einer kleinen Kneipe und haben Schlehenlikör getrunken.«

Die anderen hatten das Haus erreicht. »Sag mal, Isabel«, rief Bobby, »soll ich heute abend mein Nijinsky-Gewand anziehen?«

»Nein«, entschied Isabel, »keiner zieht sich um. Wir kommen ja alle bald um vor Hunger. William auch. Kommt, mes amis, fangen wir mit Sardinen an.«

»Ich hab' die Sardinen entdeckt«, sagte Moira, sie lief in die Halle und hielt eine Dose hoch in die Luft.

»Eine Dame mit einer Sardinenbüchse«, kommentierte Dennis feierlich.

»Nun, William, und was macht London so?« fragte Bill Hunt, als er den Korken aus einer Whiskyflasche zog.

»Ach, London hat sich nicht groß verändert«, antwortete William.

»Das gute, alte London«, sagte Bobby sehr herzlich, dabei spießte er eine Sardine auf.

Doch im nächsten Moment war William vergessen. Moira Morrison begann zu sinnieren, welche Farbe die Beine unter Wasser denn nun wirklich hätten.

»Meine haben die Farbe ganz, ganz heller Pilze.«

Bill und Dennis verschlangen enorme Mengen. Und Isabel füllte Gläser, wechselte Teller, suchte Streichhölzer, das alles mit einem seligen Lächeln. Einmal sagte sie: »Ich wünschte, Bill, du würdest das malen.«

»Was malen?« fragte Bill laut, wobei er sich den Mund mit Brot vollstopfte.

»Uns«, antwortete Isabel, »hier am Tisch. In zwanzig Jahren wäre das so großartig.«

Bill verdrehte die Augen und kaute. »Das Licht stimmt nicht«, sagte er unwirsch, »viel zuviel Gelb«, und aß weiter. Und auch das schien Isabel zu entzücken.

Nach dem Abendessen jedoch waren sie alle so müde, daß sie nur gähnen konnten, bis es spät genug war, ins Bett zu gehen ...

Erst am nächsten Nachmittag, als William aufs Taxi wartete, fand er sich mit Isabel allein. Als er seinen Koffer in die Halle hinabbrachte, verließ Isabel die anderen und kam zu ihm herüber. Sie bückte sich und hob den Koffer an. »Der ist aber schwer!« sagte sie und lachte ein wenig verlegen. »Laß mich tragen. Bis ans Tor.«

»Nein, warum solltest du?« erwiderte William. »Nichts dergleichen. Gib ihn her.«

»Ach, bitte, laß mich doch«, bat Isabel. »Ich möchte wirklich.« Schweigend gingen sie nebeneinander her. William hatte das Gefühl, daß es jetzt nichts zu sagen gab.

»Also«, triumphierte Isabel, als sie den Koffer absetzte und gespannt die sandige Straße entlangsah. »Diesmal scheine ich dich ja kaum zu Gesicht gekriegt zu haben«, sagte sie, ganz außer Atem. »Die Zeit ist so kurz, nicht wahr? Mir ist, als wärst du gerade erst gekommen. Das nächste Mal –« Das Taxi kam in Sicht. »Hoffentlich kümmern sie sich in London richtig um dich. Es tut mir so leid, daß die Kleinen heute den ganzen Tag nicht da waren, aber

Miss Neill hatte das so geplant. Du wirst ihnen sehr fehlen. Du Ärmster, mußt wieder nach London fahren.« Das Taxi bog ein. »Auf Wiedersehen!« Sie gab ihm einen kleinen, hastigen Kuß, und fort war sie.

Felder, Bäume, Hecken flogen vorbei. Sie schaukelten durch das leere, wie ausgestorben wirkende Städtchen, plagten sich die Steigung zum Bahnhof hinauf.

Der Zug war schon da. William steuerte auf ein Raucherabteil erster Klasse zu und warf sich in die Ecke, aber diesmal ließ er die Akten, wo sie waren. Er verschränkte die Arme gegen den beharrlichen, dumpf nagenden Schmerz und begann, im Geist einen Brief an Isabel zu schreiben.

Wie immer kam die Post spät. Unter bunten Sonnenschirmen saßen sie in Liegestühlen vorm Haus. Nur Bobby Kane lag zu Isabels Füßen auf dem Rasen. Es war trüb, drückend schwül. Schlaff wie eine Fahne hing der Tag herab.

»Ob es im Himmel auch Montage gibt?« fragte Bobby wie ein Kind.

Und Dennis murmelte: »Der Himmel wird ein einziger langer Montag sein.«

Doch Isabel überlegte hin und her, was wohl aus dem Lachs geworden war, den sie gestern abend zum Abendessen hatten. Mittags hätte es Fischmayonnaise geben sollen, und jetzt ...

Moira schlief. Schlafen war ihre neueste Entdeckung. »Das ist sooo wunderbar. Man macht nur die Augen zu, weiter nichts. Es ist sooo köstlich.«

Als der alte rotbäckige Briefträger auf seinem Dreirad die sandige Straße entlanggefahren kam, hatte man das Gefühl, die Lenkstange müßte eigentlich ein Ruder sein.

Bill Hunt ließ sein Buch sinken. »Die Post«, sagte er voller Behagen, und sie alle warteten. Aber, du herzloser Briefträger – Oh, du tückische Welt! Es gab nur einen einzigen Brief, einen dicken Brief für Isabel. Nicht mal eine Zeitung.

»Und meiner ist nur von William«, bedauerte Isabel.

»Von William – schon?«

»Er schickt dir euren Trauschein zurück, als zarte Mahnung.«

»Hat denn jeder einen Trauschein? Ich dachte, nur die Dienstboten.«

»Seiten über Seiten! So seht doch mal! Eine Dame, einen Brief lesend«, sagte Dennis.

Meine liebste, teuerste Isabel. Seiten über Seiten. Je weiter Isabel las, desto mehr wandelte sich ihr Erstaunen in ein Gefühl, als müßte sie ersticken. Was in aller Welt hatte William bewogen ...? Wie seltsam das war ... Was konnte ihn veranlaßt haben ...? Sie war verwirrt, ihre Erregung wuchs, sogar Angst war dabei. Das sah William ähnlich. Wirklich? Es war natürlich absurd, es mußte einfach absurd sein, ja lächerlich. »Ha, ha, ha! Du liebe Güte!« Was sollte sie nur tun? Isabel warf sich in den Liegestuhl zurück und lachte, bis sie gar nicht mehr mit Lachen aufhören konnte.

»Erzähl schon, ja erzähl schon«, bettelten die andern. »Du mußt's uns erzählen.«

»Ich brenne darauf«, gluckste Isabel. Sie richtete sich auf, nahm den Brief und winkte ihnen damit zu. »Kommt her«, sagte sie. »Hört zu, das ist zu phantastisch. Ein Liebesbrief!«

»Ein Liebesbrief! Einfach göttlich!« *Meine liebste, teuerste Isabel.* Kaum hatte sie begonnen, als ihr Gelächter sie auch schon unterbrach.

»Weiter, Isabel, das ist großartig.«

»Das ist der phantastischste Fund.«

»Ach, lies doch schon weiter, Isabel!«

Da sei Gott vor, mein Liebling, daß ich Deinem Glück im Wege stehe.

»Oh! Oh! Oh!«

»Sch! Scht! Scht!«

Und Isabel las weiter. Als sie zum Ende kam, waren sie geradezu hysterisch. Bobby wälzte sich auf dem Rasen und schluchzte beinahe.

»Den mußt du mir geben, so wie er ist, ganz, für mein neues Buch«, sagte Dennis bestimmt. »Ich werde ihm ein ganzes Kapitel widmen.«

»Ach, Isabel«, stöhnte Moira, »die Stelle ist ganz großartig, wo es um das Dich-im-Arm-Halten geht.«

»Ich hab' immer gedacht, diese Briefe bei Scheidungen wären bloß erfunden. Aber sie verblassen ja neben dem hier.«

»Gib mal her. Ich will ihn selbst lesen, mit diesen meinen eigenen Augen«, sagte Bobby Kane.

Doch zum Erstaunen aller zerknüllte Isabel den Brief in ihrer Hand. Sie lachte nicht mehr. Rasch blickte sie in die Runde; sie sah erschöpft aus. »Nein, nicht jetzt. Nicht jetzt«, stammelte sie.

Und noch ehe es ihnen gelungen war, ihre Fassung wiederzugewinnen, war sie ins Haus gerannt, durch die Halle, die Treppen hinauf, in ihr Schlafzimmer. Sie setzte sich auf die Bettkante. »Wie gemein, ekelhaft, widerlich, abscheulich«, murmelte Isabel. Sie hielt die Finger an die Augen gepreßt und wiegte sich hin und her. Und wieder sah sie die andern, aber nicht vier, über vierzig, wie sie lachten, höhnten, spotteten, die Hände ausstreckten, während sie ihnen Williams Brief vorlas. Oh, daß sie so was Scheußliches getan hatte! Wie hatte sie das nur tun können! *Da sei Gott vor, mein Liebling, daß ich Deinem Glück im Wege stehe.* William! Isabel preßte das Gesicht ins Kopfkissen. Aber sie spürte, daß sogar das feierlich-ernste Schlafzimmer sie für das hielt, was sie war, oberflächlich, leer schwätzend, hohl...

Alsbald ließen sich aus dem Garten unten Stimmen vernehmen.

»Isabel, wir gehen jetzt alle schwimmen. Komm doch!«

»Komm, die du William angetraut bist!«

»Ruft sie noch einmal, ehe ihr geht, ruft noch mal!«

Isabel richtete sich auf. Jetzt war der Augenblick gekommen, jetzt galt es zu entscheiden. Würde sie mit ihnen schwimmen gehen oder hierbleiben, um William zu schreiben? Was, was sollte sie tun? ›Ich muß mich entschließen.‹ Ach, wie konnte es da überhaupt eine Frage geben? Natürlich würde sie hierbleiben, um zu schreiben.

»Titania!« flötete Moira.

»Isa-bel?«

Nein, das war wirklich zu schwer. ›Ich – ich werde mit ihnen schwimmen gehen und später William schreiben. Andermal. Später. Nicht jetzt. Aber ich werde ganz bestimmt schreiben‹, hastete es durch Isabels Gedanken.

Und mit der neuen Art zu lachen rannte sie die Treppe hinunter.

Die Schiffsreise

Die Picton-Fähre sollte um halb zwölf ablegen. Es war eine wunderschöne Nacht, mild und sternenklar, nur als sie aus der Droschke stiegen und sich anschickten, den Alten Kai hinabzugehen, der in den Hafen hinausragte, fuhr Fenella ein leichter Wind, der vom Wasser her wehte, unter den Hut, und sie hielt ihn mit der Hand fest. Auf dem Alten Kai war es dunkel, sehr dunkel; die Wollschuppen, die Viehwagen, die Kräne, die so hoch in die Luft ragten, die kleine kompakte Eisenbahnlok, alles schien wie aus der undurchdringlichen Dunkelheit herausgemeißelt. Hier und da hing an einem runden Holzpfahl, der wie der Stiel eines riesigen schwarzen Pilzes aussah, eine Laterne, doch sie schien Angst zu haben, in all dieser Schwärze ihr zaghaftes, schwankendes Licht zu entfalten; sacht brannte sie vor sich hin, gleichsam für sich.

Fenellas Vater ging mit schnellen, nervösen Schritten vorwärts. Neben ihm eilte die Großmama in ihrem raschelnden schwarzen Ulster dahin; sie gingen so schnell, daß sie ab und zu einen so gar nicht würdevollen kleinen Hopser machen mußte, um mit ihnen mitzukommen. Zu ihrem Gepäck, das fein säuberlich zu einer Wurst verschnürt war, trug Fenella, an sich gedrückt, Großmamas Schirm, und der Griff, ein Schwanenkopf, stieß sie immer recht unsanft in die Schulter, als wollte auch er sie zur Eile antreiben ... Die Mütze tief ins Gesicht gezogen, den Kragen hochgeschlagen, kamen Männer vorbeigeschaukelt; auch ein paar Frauen, ganz eingemummelt, huschten entlang; und zwischen Vater und Mutter wurde ein winziges Kerlchen, bei dem nur die kleinen schwarzen Arme und Beine aus einem weißen Wolltuch herausguckten, wütend langgezerrt; es sah aus wie ein Fliegenbaby, das in die Sahne gefallen war.

Da, plötzlich, so plötzlich, daß Fenella und die Großmama beide einen Satz machten, ertönte hinter dem größten Wollschuppen, über dem eine Rauchfahne schwebte, ein *Mi-aa-auuu-U-U*!

»Das erste Pfeifsignal«, sagte der Vater kurz, und in diesem Augenblick kam die Picton-Fähre in Sicht. Wie das Schiff da am dunklen Kai lag, ganz mit runden goldenen Lichtern, die wie Perlen aufgereiht waren, übersät, sah es aus, wie wenn es eher startklar wäre, unter Sternen zu segeln, als aufs kalte Meer hinauszufahren. Die Menschen drängten sich die Gangway entlang. Zuerst ging die Großmama, dann Vater, danach Fenella. Aufs Deck ging es eine hohe Stufe hinab, und ein alter Seemann, der in einem Pullover daneben stand, gab ihr seine dürre, harte Hand. Sie waren da; sie traten ein wenig beiseite, von den heranhastenden Leuten weg, und während sie unter einer kleinen Eisentreppe standen, die aufs Oberdeck führte, begannen sie sich zu verabschieden.

»Hier, Mutter, da ist euer Gepäck!« sagte Fenellas Vater und reichte der Großmama noch so ein wurstähnliches Paket.

»Danke, Frank.«

»Und die Kabinenkarten hast du bestimmt?«

»Ja, Lieber.«

»Und die anderen Tickets?«

Die Großmutter tastete in ihrem Handschuh danach und zeigte ihm die Spitzen.

»Schön.«

Es klang streng, doch Fenella, die ihn angelegentlich beobachtete, sah, daß er müde und traurig aussah. *Mi-aa-auuu-U-U!* Das zweite Pfeifsignal schallte direkt über ihnen, und eine Stimme schrie: »Will noch jemand an Land?«

»Grüß Vater von mir«, las Fenella von den Lippen des Vaters ab. Und die Großmama, sehr aufgeregt, erwiderte:

»Aber natürlich, mein Lieber. Geh jetzt. Du bleibst sonst noch zurück. Geh jetzt, Frank. Nun geh doch schon.«

»Schon gut, Mutter. Ich habe noch drei Minuten.« Zu ihrer Überraschung sah Fenella, daß Vater den Hut abnahm. Er umarmte die Großmama und drückte sie an sich. »Gott segne dich, Mutter!« hörte sie ihn sagen.

Und die Großmama legte ihm ihre Hand in dem schwarzen Zwirnhandschuh, der am Ringfinger durchgescheuert war, auf die Wange, und sie schluchzte: »Gott segne dich, mein tapferer Sohn!«

Das war so schrecklich, daß Fenella ihnen schnell den Rücken zukehrte, ein paarmal schluckte und mit fürchterlichem Stirnrunzeln einen kleinen grünen Stern an einer Mastspitze anblickte. Doch sie mußte sich wieder umdrehen; der Vater wollte gehen.

»Auf Wiedersehen, Fenella. Sei schön brav.« Sein kalter, nasser Schnurrbart streifte ihr Gesicht. Aber Fenella hielt ihn am Revers seines Mantels fest.

»Wie lange werde ich denn bleiben?« flüsterte sie ängstlich. Er sah sie nicht an. Sanft schüttelte er sie von sich ab, und sanft sagte er: »Das werden wir sehen. Hier! Wo ist denn deine Hand?« Er drückte ihr etwas in die Hand. »Hier hast du einen Shilling für alle Fälle.«

Einen Shilling! Sie mußte wohl für immer fort! »Vater!« rief Fenella. Aber er war weg. Er ging als letzter von Bord. Die Seeleute lehnten mit den Schultern an der Gangway. Eine riesige dunkle Seilrolle flog durch die Luft und fiel ›plumps‹ auf den Kai. Eine Glocke läutete; eine Pfeife schrillte. Ruhig glitt der dunkle Kai langsam davon, entfernte sich von ihnen, verschwand allmählich. Nun strömte Wasser dazwischen. Fenella strengte sich an, so sehr sie nur konnte, um etwas zu sehen. ›War das da der Vater, der sich umdrehte?‹ – oder winkte? – oder allein dastand? – oder für sich fortging? Der Wasserstreifen wurde breiter, dunkler. Nun begann das Schiff, sich stetig zu drehen, in Richtung Meer. Es hatte keinen Zweck, noch länger zu gucken. Da war nichts mehr zu sehen außer ein paar Lichtern, das Zifferblatt der Rathausuhr, das da in der Luft schwebte, und noch mehr Lichter, kleine Kleckse, auf den dunklen Bergen.

Der auffrischende Wind zerrte an Fenellas Röcken; sie ging wieder zu ihrer Großmutter. Sie war erleichtert, daß die Großmama nicht mehr traurig aussah. Sie hatte die beiden Gepäckwürste übereinandergestellt und saß nun darauf, mit gefalteten Händen, den Kopf ein wenig zur Seite geneigt. Auf ihrem Gesicht lag ein entschlossener, lebhafter Ausdruck. Dann sah Fenella, wie sich ihre Lippen bewegten, ach so, die Großmama betete wohl. Aber die alte Frau nickte ihr lebhaft zu, wie um ihr zu bedeuten, daß sie gleich fertig wäre mit Beten. Sie löste die Hände, seufzte, faltete sie wieder, beugte sich nach vorn und schüttelte sich schließlich sacht.

»Und nun, Kind«, sagte sie, wobei sie an der Schleife ihrer Hutbänder nestelte, »sollten wir uns wohl um die Kabinen kümmern. Bleib dicht hinter mir, und paß auf, daß du nicht ausrutschst.«

»Ja, Großmama!«

»Und paß auch schön auf, daß du mit dem Schirm nicht am Treppengeländer hängenbleibst. Auf der Überfahrt habe ich gesehen, wie ein schöner Schirm auf diese Weise kaputtgegangen ist.«

»Ja, Großmama.«

An der Reling lehnten dunkle Männergestalten. Im Schein ihrer Pfeifen schimmerte mal eine Nase auf oder eine Mützenspitze oder ein Paar überrascht dreinblickende Augenbrauen. Fenella blickte hinauf. Hoch oben in der Luft stand eine kleine Gestalt, die Hände in den Taschen der kurzen Jacke, und starrte hinaus aufs Meer. Das Schiff schaukelte ja nur ganz leicht, und sie meinte, die Sterne schaukelten auch. Und da trat ein blasser Steward in einer Leinenjacke aus einer erleuchteten Türöffnung, er hielt auf der Handfläche ein Tablett hoch und glitt an ihnen vorbei. Sie gingen durch diese Tür. Vorsichtig über die hohe messingbeschlagene Stufe auf die Gummimatte und dann eine so schrecklich steile Treppe hinunter, daß die Großmutter beide Füße auf jede Stufe setzen mußte und Fenella das naßkalte Messinggeländer umklammerte und ganz den in einem Schwanenhals endenden Schirm vergaß.

Unten blieb die Großmama stehen; Fenella fürchtete schon, sie würde wieder beten. Doch nein, sie holte nur die Kabinenkarten heraus. Nun waren sie im Salon. Er glitzerte hell, und die Luft war stickig; es roch nach Farbe und angebrannten Kotelettknochen und Gummi. Fenella wünschte, die Großmama würde weitergehen, aber die alte Frau ließ sich nicht zur Eile antreiben. Ein riesiger Korb mit Schinkenbroten fesselte ihre Aufmerksamkeit. Sie ging hin und tippte das oberste zart mit dem Finger an.

»Was kosten die Brote?« fragte sie.

»Zwei Pence!« brüllte ein unhöflicher Steward und knallte ein Messer und eine Gabel hin.

Die Großmutter konnte es kaum glauben.

»Zwei Pence *das Stück*?« fragte sie.

»Richtig«, sagte der Steward, und er zwinkerte seinem Kollegen zu.

Die Großmutter zog ein kleines, erstauntes Gesicht. Dann flüsterte sie Fenella steif zu: »Das ist ja sündhaft teuer!« Und sie segelten an der hinteren Tür hinaus und einen Korridor entlang, wo auf beiden Seiten Kabinen lagen. Da nahm sie ja eine so nette Stewardeß in Empfang. Sie war ganz in Blau gekleidet, und der Kragen und die Manschetten waren mit großen Messingknöpfen geschlossen. Sie schien die Großmama gut zu kennen.

»Na, Mrs. Crane«, sagte sie, während sie den Waschtisch aufschloß. »Da sind wir ja wieder. Eine Kabine gönnen Sie sich ja nicht oft.«

»Nein«, erwiderte die Großmama. »Aber diesmal war mein lieber Sohn so aufmerksam –«

»Ich hoffe –«, begann die Stewardeß. Dann wandte sie sich um und musterte mit einem langen traurigen Blick Großmamas schwarze Kleidung und Fenellas schwarzen Mantel und Rock, die schwarze Bluse und den Hut mit einer Krepprose.

Großmutter nickte. »Es war Gottes Wille«, sagte sie.

Die Stewardeß preßte die Lippen aufeinander, und indem sie tief Luft holte, schien sie sich auszudehnen.

»Ich sage ja immer«, ließ sie sich vernehmen, als ob es ihre ureigene Entdeckung wäre, »früher oder später müssen wir alle gehen, soviel steht fest.« Sie hielt inne. »Also, kann ich Ihnen irgend etwas bringen, Mrs. Crane? Eine Tasse Tee? Aber es hat wohl keinen Zweck, Ihnen eine Kleinigkeit gegen die Kälte anzubieten?«

Großmama schüttelte den Kopf. »Nein, danke. Wir haben bißchen Gebäck, und Fenella hat eine sehr schöne Banane.«

»Dann sehe ich später noch mal herein«, sagte die Stewardeß, und sie ging hinaus und schloß die Tür.

Wie klein doch die Kabine war! Als wäre sie mit Großmama in einer Kiste eingesperrt. Das dunkle runde Fensterchen über dem Waschtisch leuchtete trübe zu ihnen her. Fenella fühlte sich beklommen. Sie stand an der Tür und hielt noch immer das Gepäck und den Schirm fest. Sollten sie sich etwa hier drin ausziehen? Schon hatte die Großmama den Hut abgelegt, und indem sie die Bänder aufrollte, steckte sie jedes mit einer Nadel am Futter fest, ehe sie den Hut an den Haken hängte. Ihr weißes Haar schimmerte wie Seide; den kleinen Knoten hinten bedeckte ein schwarzes

Netz. Fenella sah ihre Großmama so gut wie nie ohne Kopfbedeckung; sie sah richtig fremd aus.

»Ich werde die Wollstola umtun, die mir deine liebe Mutter gehäkelt hat«, sagte Großmama, und sie schnürte die Wurst auf, nahm den Schal heraus und legte ihn sich um den Kopf; die Kante grauer Bommeln tanzte über ihren Augenbrauen, während sie Fenella zärtlich und traurig zulächelte. Dann nestelte sie das Oberteil auf und etwas darunter und noch etwas darunter. Dann gab es so etwas wie ein kurzes, heftiges Gerangel, und Großmama errötete leicht. Schnipp! Schnapp! Sie hatte ihr Korsett aufgemacht. Erleichtert seufzte sie auf und setzte sich auf das Plüschsofa, dann zog sie langsam und behutsam die Zugstiefel aus und stellte sie nebeneinander hin.

Bis Fenella Mantel und Rock ausgezogen und den Flanellmorgenrock angezogen hatte, war Großmama fertig.

»Muß ich die Schuhe ausziehen, Großmama? Die sind doch aus Spitze.«

Die Großmama überlegte einen Augenblick lang. »Dann hättest du's viel bequemer, Kind«, sagte sie. Sie gab Fenella einen Kuß. »Vergiß nicht zu beten. Wenn wir auf See sind, ist der liebe Gott sogar noch mehr bei uns, als wenn wir auf dem Festland sind. Und weil ich schon so viel gereist bin«, sagte die Großmama forsch, »nehme ich die obere Koje.«

»Aber Großmama, wie willst du denn da hinaufkommen?«

Drei kleine spinnengleiche Stufen waren alles, was Fenella sah. Die alte Frau lachte leise, ehe sie flink hinaufkletterte, und über die hohe Koje spähte sie zur erstaunten Fenella hinab.

»Das hättest du deiner Großmama wohl nicht zugetraut, wie?« sagte sie. Und während sie sich zurücksinken ließ, hörte Fenella sie wieder leise lachen.

Das harte quadratische Stück brauner Seife machte keinen Schaum, und das Wasser in der Flasche war wie eine Art blauer Wackelpudding. Wie schwer es auch ging, dieses steife Bettzeug umzuschlagen; man mußte sich regelrecht hineinzwängen. Wenn alles anders gewesen wäre, hätte Fenella vielleicht kichern müssen ... Endlich war sie drin, und während sie keuchend dalag, hörte sie von oben ein langes, leises Flüstern, wie wenn da jemand sachte, ganz sachte mit Seidenpapier raschelte, um etwas zu suchen. Großmama betete ...

Eine ganze Weile verging. Dann kam die Stewardeß herein; sie trat leise auf und legte eine Hand an Großmamas Koje.

»Wir fahren soeben in die Cook-Straße ein«, sagte sie.

»Oh!«

»Es ist eine schöne Nacht, aber wir sind ziemlich leer. Es kann sein, daß wir ein wenig stampfen.«

Und tatsächlich, in diesem Augenblick wurde das Schiff hochgehoben, so hoch, und es hing gerade lange genug in der Luft, um zu erzittern, bevor es wieder hinabtauchte, und es war zu hören, wie Wasser schwer gegen die Seiten schlug. Fenella fiel ein, daß sie ja diesen Schwanenhalsschirm auf dem kleinen Sofa stehengelassen hatte. Ob er kaputtging, wenn er umfiel? Aber auch die Großmama dachte zur gleichen Zeit daran.

»Ob Sie wohl so freundlich wären, Stewardeß, meinen Schirm hinzulegen?« flusterte sie.

»Aber freilich, Mrs. Crane.« Und als die Stewardeß zur Großmama zurückkam, flüsterte sie: »Ihre kleine Enkelin schläft so schön.«

»Gottlob!« sagte Großmama.

»Das arme mutterlose Ding!« sagte die Stewardeß. Und die Großmama war noch dabei, der Stewardeß alles zu erzählen, was geschehen war, als Fenella einschlief.

Doch hatte sie nicht lange genug geschlafen, um zu träumen, als sie wieder aufwachte und etwas über ihrem Kopf in der Luft baumeln sah. Was war denn das? Was könnte das wohl sein? Es war ein kleiner grauer Fuß. Nun gesellte sich ein zweiter dazu. Sie schienen etwas zu suchen; dann hörte sie einen Seufzer.

»Ich bin wach, Großmama«, sagte Fenella.

»Ach, Liebes, bin ich bei der Leiter?« fragte die Großmama. »Ich dächte, sie wäre hier an dem Ende gewesen.«

»Nein, Großmama, am andern. Ich tu deinen Fuß drauf. Sind wir da?« fragte Fenella.

»Im Hafen«, sagte die Großmutter. »Wir müssen aufstehen, Kind. Du ißt am besten einen Keks, damit du ruhig wirst, bevor du dich rührst.«

Aber Fenella war schon aus der Koje gesprungen. Die Lampe brannte noch, doch die Nacht war vorüber, und es war kalt. Als sie durch dieses runde Fensterchen spähte, konnte sie in der Ferne ein paar Felsen sehen. Nun spritzte die Gischt darüber; jetzt schnellte eine Möwe vorbei; und da kam ein langes Stück richtiges Land in Sicht.

»Land, Großmama«, sagte Fenella, verwundert, als wären sie wochenlang zusammen übers Meer gefahren. Sie schlug die Arme um sich; sie stand da auf einem Bein und rubbelte es mit den Zehen des anderen Fußes; sie zitterte. Ach, in letzter Zeit war alles so taurig gewesen. Ob das wohl anders würde? Doch die Großmama sagte nur: »Mach schnell, Kind! Da du deine feine Banane nicht gegessen hast, werde ich sie für die Stewardeß dalassen.« Und Fenella zog die schwarzen Kleider wieder an, und von einem Handschuh platzte ein Knopf ab und rollte da hin, wo sie nicht hinkam. Sie gingen an Deck.

Aber wenn es in der Kabine kalt gewesen war, so war es an Deck eisig. Die Sonne war noch nicht aufgegangen, doch die Sterne leuchteten nur noch matt, und der kalte fahle Himmel hatte die gleiche Farbe wie das kalte bleiche Meer.

An Land hob und senkte sich ein weißer Nebel. Jetzt war ganz deutlich dunkler Buschwald zu erkennen. Sogar die Umrisse des Schirmfarns zeichneten sich ab, und diese seltsamen silbrigen dürren Bäume, die wie Gerippe aussehen ... Jetzt konnten sie den Landungssteg sehen und ein paar kleine Häuser, fahl auch die, wie sie zusammen da kauerten wie Muscheln auf dem Deckel einer Schachtel. Die anderen Passagiere vertraten sich die Beine, aber sie gingen langsamer als am Abend zuvor, und sie sahen düster aus.

Und jetzt kam die Landungsbrücke ihnen entgegen. Langsam trieb sie auf die Picton-Fähre zu, und ein Mann, der ein zusammengerolltes Tau hielt, und ein Wagen mit einem kleinen Pferd, das den Kopf hängen ließ, und noch ein Mann, der auf dem Tritt saß, kamen dazu.

»Das ist Mr. Penreddy, Fenella, der holt uns ab«, sagte Großmama. Sie klang erfreut. Ihre weißen wächsernen Wangen waren vor Kälte ganz blau, ihr Kinn zitterte, und sie mußte sich immer die Augen und die kleine rote Nase wischen.

»Du hast meinen –«

»Ja, Großmama.« Fenella zeigte ihn her.

Das Tau kam durch die Luft geflogen, und ›klatsch‹ fiel es auf Deck. Die Gangway wurde hinabgelassen. Und wieder ging Fenella hinter der Großmutter her, auf den Kai hinüber zu dem kleinen Wagen, und im nächsten Augenblick rollten sie schon dahin. Die Hufe des kleinen Pferdes klapperten über die Holzpfähle, dann sanken sie weich in die sandige Straße ein. Keine Menschenseele war zu sehen; nicht einmal eine Rauchfahne. Der Dunstschleier hob und senkte sich, und das Meer klang noch schläfrig, als es sich langsam auf den Strand wälzte.

»War gestern bei Mr. Crane«, sagte Mr. Penreddy. »Er war ganz der Alte. Vor'che Woche hat 'm die Frau 'nen Schwung Teekuchen gemacht.«

Und da hielt das kleine Pferd vor einem dieser Häuschen,

die an Schneckenhäuser erinnerten. Sie stiegen ab. Fenella legte die Hand auf die Gartentür, und die dicken zitternden Tautropfen durchnäßten ihre Handschuhspitzen. Sie gingen einen kleinen Weg mit runden weißen Kieseln hinauf, tropfnasse Blumen schliefen zu beiden Seiten. Großmamas köstliche weiße Nelken waren so schwer von Tau, daß sie umgeknickt waren, aber ihr lieblicher Duft war ein Teil des kalten Morgens. In dem Häuschen waren die Jalousien heruntergelassen; sie stiegen die Stufen zur Veranda hinauf. Ein Paar alte Halbstiefel standen auf der einen Seite der Tür, und eine große rote Gießkanne auf der anderen.

»Na! Na! Dein Großvater«, sagte Großmama. Sie drehte den Türknauf. Alles war still. Sie rief: »Walter!« Und sogleich antwortete eine tiefe Stimme, die halb erstickt klang: »Bist du's, Mary!«

»Warte, Kleines«, sagte die Großmama. »Geh da rein.« Sacht schob sie Fenella in ein kleines dunkles Wohnzimmer.

Auf dem Tisch erhob sich eine weiße Katze, die sich wie ein Kamel zusammengerollt hatte, streckte sich, gähnte und sprang dann auf die Zehenspitzen. Fenella vergrub eine kalte kleine Hand in dem weißen warmen Fell und lächelte zaghaft, während sie die Katze streichelte und auf Großmamas sanfte Stimme und die rollenden Töne des Großvaters horchte.

Eine Tür quietschte. »Komm rein, Liebes.« Die alte Frau winkte, Fenella gehorchte. Dort, auf der einen Seite eines riesengroßen Betts lag der Großvater. Unter der Bettdecke guckten nur sein Kopf mit einem weißen Haarbüschel und das rosige Gesicht mit dem langen silbernen Bart heraus. Er sah aus wie eine sehr alte Rußseeschwalbe.

»Na, mein Mädchen!« sagte Großvater. »Komm, gib mir 'nen Kuß!« Fenella küßte ihn. »Hu!« sagte der Großvater. »Die kleine Nase ist ja so kalt wie ein Knopf. Was hat sie denn da? Großmutters Schirm?«

Fenella lächelte abermals und hielt den Schwanenhals über das Seitenteil des Bettes. Über dem Bett hing in einem tiefschwarzen Rahmen ein großer Spruch:

> Verloren! Eine goldene Stunde,
> mit sechzig diamantenen Minuten besetzt.
> Finderlohn ist nicht zu erwarten,
> ist sie doch *fort für immer*!

»Das hat deine Großmama gemalt«, sagte der Großvater. Und er fuhr sich durch den weißen Haarschopf und sah Fenella so fröhlich an, daß sie fast dachte, er zwinkere ihr zu.

Miss Brill

Obwohl es so strahlend schön war – der blaue Himmel war wie mit Gold gepudert, und die großen Lichtflecke spritzten wie Weißwein über die Jardins Publiques –, war Miss Brill froh, daß sie sich für ihre Pelzboa entschieden hatte. Es bewegte sich kein Lüftchen, aber wenn man den Mund öffnete, war da nur so ein leiser Schauer, wie ein Kälteschauer von einem Glas eisgekühlten Wasser, ehe man trinkt, und ab und zu trieb es ein Blatt herbei – aus dem Nichts, vom Himmel. Miss Brill hob die Hand und berührte den Pelz. Kleines liebes Ding! Es war schön, ihn wieder zu spüren. Sie hatte ihn diesen Nachmittag aus seiner Schachtel genommen, das Mottenpulver ausgeschüttelt, ihn gut gebürstet und in die trüben kleinen Augen wieder Leben gerieben. ›Was ist nur mit mir geschehen?‹ fragten die traurigen kleinen Augen. Ach, wie angenehm, sie wieder zu sehen, wie sie sie von der roten Steppdecke her anfunkelten! ... Aber die Nase, die aus so einer schwarzen Masse war, war keineswegs fest. Sie muß irgendwie einen Schlag abbekommen haben. Macht nichts, ein kleiner Klecks schwarzer Siegellack, wenn es soweit war, wenn es unbedingt nötig war ... Kleiner Schlingel! Ja, das war's, was sie für ihn empfand. Kleiner Schlingel, der sich genau an ihrem linken Ohr in den Schwanz biß. Am liebsten hätte sie ihn abgenommen, sich auf den Schoß gelegt und ihn gestreichelt. Sie verspürte ein Prickeln in den Händen und Armen, aber das kam bestimmt vom Laufen. Und beim Atmen schien sich etwas Leichtes und Trauriges – nein, nichts direkt Trauriges – etwas Zartes in ihrer Brust zu rühren.

Es waren ein Menge Leute unterwegs diesen Nachmittag, viel mehr als am letzten Sonntag. Und die Kapelle klang lauter und fröhlicher. Das war, weil die Saison begonnen hatte. Denn obgleich die Kapelle das ganze Jahr über sonntags spielte, war es doch außerhalb der Saison niemals dasselbe; es war dann, wie wenn jemand spielt, dem nur die Familie zuhört. Es kümmerte sie nicht, wie sie spielte, wenn keine Fremden dawaren. Trug nicht der Dirigent auch einen neuen Rock? Sie war fest überzeugt, daß er neu war. Der Dirigent scharrte mit dem Fuß und schlug mit den Armen hin und her wie ein Hahn, wenn er kräht, und die Spieler saßen in dem grünen Pavillon, bliesen die Backen auf und starrten auf die Noten. Jetzt kam ein kleines Flötenstück – sehr hübsch! –, eine kleine Kette glänzender Tropfen. Bestimmt würde man es wiederholen. Es wurde wiederholt, sie hob den Kopf und lächelte.

Nur zwei Leute teilten ihren Stammsitz: ein feiner alter Mann in einem Samtmantel, die Hände um einen riesigen geschnitzten Spazierstock geklammert, und eine große alte Frau, die ganz gerade dasaß mit einem Strickknäuel auf ihrer bestickten Schürze. Sie sagten nichts. Das war eine Enttäuschung, denn Miss Brill freute sich immer auf eine Unterhaltung. Sie verstand es jetzt wirklich recht gut, dachte sie, so zuzuhören, als ob sie nicht zuhörte, im Leben anderer Leute dabeizusein, nur für einen Augenblick, während sie neben ihr sprachen.

Sie warf einen Seitenblick auf das alte Paar. Vielleicht gingen sie bald. Der letzte Sonntag war auch nicht so interessant wie sonst gewesen. Ein Engländer und seine Frau, er trug einen schrecklichen Panamahut und sie Knopfstiefel. Und sie hatte die ganze Zeit davon geredet, daß sie eine Brille tragen müßte. Sie wüßte, daß sie eine brauchte. Aber es hätte keinen Zweck, sich eine zuzulegen. Sie würde bestimmt zerbrechen, und sie würde niemals sitzen. Und er war so geduldig gewesen. Er hatte alles mögliche vorgeschlagen – ein goldenes Gestell, so eins, das um die Ohren gebogen war, kleine Polster am Steg. Nein, nichts wollte ihr gefallen. »Sie wird mir immer auf die Nase rutschen.« Miss Brill hätte sie am liebsten durchgeschüttelt.

Die alten Leute saßen auf der Bank still wie Statuen. Macht nichts, man konnte immer noch die Menge beobachten. Hin und her vor den Blumenbeeten und dem Musikpavillon spazierten die Paare und Gruppen, blieben stehen, um miteinander zu sprechen, zu grüßen, eine Handvoll Blumen von dem alten Bettler zu kaufen, der sein Verkaufsbrett am Geländer festgemacht hatte. Dazwischen rannten kleine Kinder hin und her, haschten einander und lachten. Die kleinen Jungen hatten große weiße Seidenschleifen unterm Kinn gebunden. Die Mädchen, kleine französische Puppen, waren in Samt und Spitze gekleidet. Und manchmal kam ein winziges, unsicher schwankendes Kerlchen unter den Bäumen ins Freie gestolpert, blieb stehen, sah um sich, setzte sich plötzlich »plumps!« hin, bis seine kleine Mutter mit großen Schritten, wie eine junge Henne scheltend, zu seiner Rettung herbeieilte. Andere saßen auf den Bänken und grünen Stühlen, doch das waren fast immer dieselben, Sonntag für Sonntag, und – Miss Brill hatte es oft festgestellt – fast allen von ihnen haftete etwas Sonderbares an. Sie waren wunderlich, still, fast alle alt, und wie sie starrten, sahen sie aus, als ob sie geradewegs aus kleinen dunklen Zimmern oder sogar – sogar aus Schränken gekommen wären!

Hinter dem Pavillon die schlanken Bäume mit gelben, welk herabfallenden Blättern, durch sie hindurch nur ein Streifen See, darüber der blaue Himmel mit goldgeäderten Wolken.

Tam-tam-tam dideldum! Dideldum! Tam dideldum tam ta! blies die Kapelle.

Zwei junge Mädchen in Rot kamen vorbei, und zwei junge Soldaten in Blau ihnen entgegen, und sie lachten, ordneten sich zu Paaren und gingen Arm in Arm davon.

Zwei Bauersfrauen mit seltsamen Strohhüten gingen würdevoll einher und führten schöne rauchfarbene Esel. Eine blasse kühle Nonne eilte dahin. Jetzt kam eine schöne Frau und ließ ihr Veilchensträußchen fallen. Ein kleiner Junge lief hinterher, es ihr zu geben, und sie nahm es und warf es weg, als ob es vergiftet wäre. Du meine Güte! Miss Brill wußte nicht, ob sie das bewundern sollte oder nicht. Und jetzt trafen sich genau vor ihr eine Hermelinkappe und ein Herr in Grau. Er war groß, steif, würdig, während sie die Hermelinkappe trug, die sie gekauft hatte, als ihr Haar golden war. Jetzt war alles, Haar, Gesicht, sogar die Augen, von derselben Farbe wie der fadenscheinige Hermelin, und als sie die Hand im verwaschenen Handschuh hob, um die Lippen zu betupfen, war sie winzig und fahlgelb. Ach, sie war so erfreut, ihn zu sehen – entzückt! Sie hatte sich schon gedacht, daß sie sich diesen Nachmittag treffen würden. Sie beschrieb, wo sie gewesen war – überall, hier, dort, am Meer. Es war ein so wundervoller Tag, meinte er nicht auch? Und würde er nicht vielleicht? ... Aber er schüttelte den Kopf, zündete eine Zigarette an, blies ihr langsam einen großen tiefen Zug Rauch ins Gesicht, und noch als sie sprach und lachte, warf er das Streichholz fort und ging weiter. Die Hermelinkappe war allein. Sie lächelte strahlender als zuvor. Doch sogar die Kapelle schien zu wissen, wie ihr zumute war, und sie spielte weicher, spielte zart, und die Trommel schlug immer wieder ›Der Schuft! Der Schuft!‹ Was würde sie tun? Was würde jetzt geschehen? Doch noch während sich Miss Brill das überlegte, drehte sich die Hermelinkappe um, hob die Hand, als ob sie jemanden anders gesehen hätte, viel netter, dort drüben, und trippelte davon. Die Kapelle spielte wieder anders, schneller, fröhlicher als zuvor, und das alte Paar auf Miss Brills Bank stand auf und ging davon. Da humpelte so ein wunderlicher alter Mann mit langem Backenbart im Takt der Musik entlang und wurde beinahe von vier Mädchen, die nebeneinander gingen, umgestoßen.

Ach, wie aufregend war das! Wie sie das genoß! Wie gern sie hier saß und all das beobachtete! Es war wie im Theater. Genau wie im Theater. Wer könnte glauben, daß der Himmel im Hintergrund nicht gemalt war? Aber erst, als ein kleiner brauner Hund bedächtig angetrottet kam und sich dann langsam wie ein kleiner ›Theater‹-Hund davontrollte, ein kleiner Hund, den man betäubt hatte, entdeckte Miss Brill, warum das alles so aufregend war. Sie waren alle auf der Bühne. Sie waren nicht nur Publikum und schauten nicht nur zu, sondern sie agierten. Auch sie hatte eine Rolle und kam jeden Sonntag. Ohne Zweifel hätte es jemand gemerkt, wenn sie nicht dagewesen wäre. Sie war schließlich ein Teil der Vorstellung. Komisch, daß sie noch nie auf diesen Gedanken gekommen war! Und doch erklärte das, warum sie soviel Wert darauf legte, jede Woche genau zur gleichen Zeit von zu Hause wegzugehen, als ob sie zur Vorstellung nicht zu spät kommen wollte, und es erklärte auch, warum sie so eine merkwürdige Scheu hatte, ihren Englischschülern zu erzählen, wie sie die Sonntagnachmittage verbrachte. Kein Wunder! Miss Brill hätte beinahe laut losgelacht. Sie war auf der Bühne. Sie dachte an den alten kränklichen Herrn, dem sie vier Nachmittage in der Woche die Zeitung vorlas, wenn er im Garten ruhte. Der zerbrechliche Kopf auf dem Baumwollkissen, die tief in den Höhlen liegenden Augen, der geöffnete Mund und die hohe spitze Nase waren ihr vertraut geworden. Wäre er tot gewesen, es wäre ihr vielleicht wochenlang nicht aufgefallen. Es hätte ihr nichts ausgemacht. Doch plötzlich wußte er, daß ihm die Zeitung von einer Schauspielerin vorgelesen wurde. ›Einer Schauspielerin!‹ Der alte Kopf richtete sich auf, zwei Lichtpünktchen zitterten in den alten Augen. ›Sie sind – Schauspielerin?‹ Und Miss Brill glättete die Zeitung, als wäre das ihr Rollentext, und sagte liebenswürdig: ›Ja, ich bin schon lange Schauspielerin.‹

Die Kapelle hatte eine Pause gemacht. Jetzt begann sie wieder zu spielen. Und was sie spielte, war warm, sonnig, doch da war auch so ein Hauch Kälte, etwas, was war das nur? – nicht Traurigkeit, nein, nicht Traurigkeit, so, daß man am liebsten gesungen hätte. Die Melodie stieg empor, das Licht leuchtete. Und Miss Brill kam es vor, als ob im nächsten Augenblick sie alle, die ganze Gesellschaft, anfangen würden zu singen. Die lachenden jungen Leute, die zusammen umhergingen, würden beginnen, und die Stimmen der Männer, sehr bestimmt und kühn, würden sich ihnen anschließen. Und dann auch sie, auch sie, und die anderen auf den Bänken, sie würden mit einer Art Begleitung einfallen, leise, kaum steigend oder fallend, so schön, ergreifend ... Miss Brills Augen füllten sich mit Tränen, und sie sah lächelnd zu all den anderen Mitgliedern der Gesellschaft. Ja, wir verstehen's, wir verstehen's, dachte sie; doch was sie verstanden, das wußte sie nicht.

Eben in diesem Augenblick kamen ein Junge und ein Mädchen und setzten sich dahin, wo das alte Paar gesessen hatte. Sie waren schön gekleidet; sie waren verliebt. Natürlich Held und Heldin, die gerade von der Jacht seines Vaters gekommen waren. Und immer noch erfüllt von tonlosem Gesang und dem zitternden Lächeln, machte sich Miss Brill bereit zuzuhören.

»Nein, nicht jetzt«, sagte das Mädchen. »Nicht hier, ich kann nicht.«

»Warum denn nicht? Wegen der dummen Alten dort?« fragte der junge Mann. »Warum kommt sie überhaupt hierher? Wer will sie hier? Warum läßt sie ihre blöde alte Visage nicht zu Hause?«

»Ihr Pe-pelz ist so ulkig«, kicherte das Mädchen. »Genau wie ein gebratener Hering.«

»Ach, mach dich fort!« sagte der Junge mit einem ärgerlichen Flüstern. Dann: »Sag mir, *ma petite chérie* –«

»Nein, nicht hier«, sagte das Mädchen. »*Noch* nicht.«

Gewöhnlich kaufte sie auf dem Heimweg beim Bäcker eine Scheibe Honigkuchen. Das war ihr sonntäglicher Leckerbissen. Manchmal war eine Mandel in dem Stück, manchmal nicht. Das war ein großer Unterschied. Wenn eine Mandel drin war, war es, als ob sie ein winziges Geschenk nach Hause trüge – eine Überraschung, etwas, das genausogut nicht hätte dazusein brauchen. Sie hatte es sonntags eilig wegen der Mandel und zündete das Streichholz für den Kessel direkt ungestüm an.

Doch heute ging sie beim Bäcker vorbei, stieg die Treppe hinauf, ging in das kleine dunkle Zimmer – ihr Zimmer, das einem Schrank glich, und setzte sich auf die rote Steppdecke. Lange saß sie so. Die Schachtel, die die Pelzboa enthalten hatte, stand auf dem Bett. Schnell löste sie den Pelz, schnell, ohne hinzusehen, legte sie ihn hinein. Doch als sie den Deckel schloß, war ihr, als höre sie etwas weinen.

Ihr erster Ball

Genau zu sagen, wann der Ball eigentlich begonnen hatte, das wäre Leila schwergefallen. Vielleicht war sogar das Taxi ihr erster wirklicher Partner. Dabei spielte es keine Rolle, daß sie das Taxi mit den Sheridan-Mädchen und deren Bruder teilte. Sie saß in ihre eigene kleine Ecke zurückgelehnt, und das Polster, auf dem ihre Hand ruhte, fühlte sich an wie der Ärmel vom Abendanzug eines unbekannten jungen Mannes. Und davon rollten sie, vorbei an Laternenpfählen und Häusern und Zäunen und Bäumen, die sich alle im Walzertakt drehten.

»Bist du noch nie auf einem Ball gewesen, Leila? Ach, Mädchen, das ist ulkig –«, riefen die Sheridan-Mädchen.

»Zu unserem nächsten Nachbarn waren es fünfzehn Meilen«, sagte Leila leise, wobei sie behutsam den Fächer auf- und zuklappte.

O Gott, wie schwer fiel es doch, so gleichgültig zu tun wie die andern! Sie gab sich große Mühe, nicht zuviel zu lächeln; sie gab sich große Mühe, sich nichts draus zu machen. Aber jede Einzelheit war dabei so neu und aufregend ... Megs Tuberosen, Joses lange Bernsteinkette, Lauras kleiner dunkler Kopf, der sich über ihren weißen Pelz schob wie eine Blume durch den Schnee. Das würde sie nie vergessen. Als sie ihren Cousin Laurie die Seidenpapierfetzen wegwerfen sah, die er vom Verschluß seiner neuen Handschuhe abzupfte, empfand sie sogar einen stechenden Schmerz. Am liebsten hätte sie diese Fetzchen als Andenken behalten, als Erinnerungsstückchen. Laurie beugte sich vor und legte Laura die Hand aufs Knie.

»Hör mal, Kleines«, sagte er, »wie immer den dritten und den neunten. Klar?«

Oh, wie wundervoll war es doch, einen Bruder zu haben! In ihrer Aufregung spürte Leila, daß sie, wenn dazu Zeit gewesen wäre, wenn es nicht unmöglich gewesen wäre, gar nicht anders gekonnt hätte, als zu weinen, weil sie ein Einzelkind war und kein Bruder jemals ›Klar?‹ zu ihr gesagt hatte. Keine Schwester würde sich je an sie wenden, wie sich eben in diesem Augenblick Meg an Jose wandte: »So wie heute abend ist dir deine Frisur noch nie geglückt!«

Aber dazu war natürlich keine Zeit. Sie waren bereits an der Turnhalle; lauter Taxis, vor ihnen und hinter ihnen. Fächerartige Lichter schwankten auf und ab und erhellten von beiden Seiten die Straße, und auf den Bürgersteigen schienen ausgelassene Paare durch die Luft zu schweben; kleine Satinschuhchen haschten einander wie Vögel.

»Halt dich an mir fest, Leila, damit du nicht verlorengehst«, sagte Laura.

»Los, Kinder, auf ins Gefecht!« rief Laurie.

Mit zwei Fingern faßte Leila Lauras rosarotes Samtcape an, und irgendwie wurden sie an der großen goldenen Laterne vorbeigehoben, den Gang langgeschoben und in den kleinen Raum mit der Aufschrift ›Damen‹ hineingeschubst. Hier war das Gewimmel so groß, daß sie kaum genug Platz fanden, ihre Sachen auszuziehen; es herrschte ohrenbetäubender Lärm. Auf den beiden Bänken an jeder Seite türmten sich Mäntelberge. Zwei alte Frauen in weißen Schürzen liefen hin und her, die Arme voll bepackt, und warfen frische Ladungen darauf. Und alle drängelten nach vorn, um zu dem kleinen Ankleidetisch und Spiegel am andern Ende vorzustoßen.

Ein breiter flackernder Lichtstrahl aus der Gaslampe erhellte die Damentoilette. Er konnte nicht stillhalten; er tanzte bereits. Als die Tür wieder aufging und ein Schwall von Tönen – die Instrumente wurden gestimmt – hereinflutete, hopste er nahezu an die Decke.

Blonde und Schwarzhaarige strichen sich die Haare glatt, banden Schleifen neu, steckten sich Taschentücher ins Mieder, glätteten alabasterweiße Handschuhe. Und weil sie alle lachten und fröhlich waren, kamen sie Leila alle schön vor.

»Gibt's hier denn keine unsichtbaren Haarnadeln?« rief eine Stimme. »Das ist ja wirklich erstaunlich! Ich kann keine einzige unsichtbare Haarnadel sehen.«

»Pudre mir mal den Rückenausschnitt, sei so lieb«, rief eine andere.

»Aber ich brauche unbedingt Nadel und Faden. Ich hab' mir ja ellenlang die Rüsche abgerissen«, jammerte eine dritte.

Dann: »Weitergeben, bitte weitergeben!« Der geflochtene Korb mit den Programmen wanderte von Arm zu Arm. Süße kleine Programme, ganz in Rosa und Silber, mit rosaroten Stiften und flauschigen Troddeln. Leila zitterten die Finger, als sie eins aus dem Korb nahm. Sie war drauf und dran, jemanden zu fragen: »Ist auch eins für mich dabei?«, ihr blieb aber gerade genug Zeit zu lesen: ›3. Walzer. *Zu zweit in einem Boot allein.* 4. Polka. *Da fliegen die Federn*‹, als Meg auch schon rief: »Fertig, Leila?«, und sie drängten sich durch das Gewühl im Gang zu den großen Doppeltüren der Turnhalle.

Der Tanz hatte noch nicht angefangen, aber die Kapelle hatte jetzt mit dem Stimmen aufgehört, und es war so laut, daß es einem vorkam, daß keiner die Musik hören würde, als sie endlich zu spielen anfing. Leila, die sich an Meg drängte und ihr dabei über die Schulter blickte, schien es, daß sogar die quer unter der Decke gespannten wogenden bunten Fähnchen drauflos plauderten. Sie vergaß ihre Scheu völlig. Sie vergaß, wie sie sich mittendrin beim Ankleiden aufs Bett gesetzt hatte, einen Schuh schon an, den andern noch nicht, und ihre Mutter gebettelt hatte, ihre Cousinen anzurufen und zu guter Letzt doch noch abzusagen. Und die Anwandlung von Sehnsucht, die sie gepackt hatte, auf der Veranda ihres einsamen ländlichen Hauses zu sitzen und den jungen Käuzchen zu lauschen, wie sie ihr ›Kiwitt-komm mit‹ in die mondhelle Nacht riefen, war jetzt in eine Anwandlung von Freude umgeschlagen, so strahlender Freude, daß sie kaum allein zu ertragen war. Sie hielt den Fächer umklammert, und wie ihr Blick den golden glänzenden Fußboden, die Azaleen, die Laternen und hinten die Bühne mit dem roten Teppich, den vergoldeten Stühlen und der Kapelle in der Ecke umfing, dachte sie atemlos: »Wie himmlisch! Ganz einfach himmlisch!«

All die Mädchen standen in Grüppchen beisammen auf der einen Seite der Tür, die Männer auf der anderen, und in dunklen Gewändern trippelten einfältig lächelnd die Anstandsdamen mit vorsichtigen Schrittchen über den glänzenden Tanzboden zur Bühne.

»Das ist meine kleine Cousine Leila vom Lande. Sei nett zu ihr. Sieh dich nach Partnern für sie um. Ich hab' sie unter meine Fittiche genommen«, sagte Meg, als sie von einer zur andern ging.

Fremde Gesichter lächelten Leila zu – freundlich, unbestimmt. Fremde Stimmen antworteten: »Natürlich, meine Liebe.« Aber Leila spürte, daß die Mädchen sie gar nicht richtig sahen. Sie blickten unaufhörlich zu den Männern hinüber. Warum fingen diese denn nicht an? Worauf warteten sie noch? Da standen sie nun da, zogen die Handschuhe glatt, strichen das glänzende Haar zurecht und lächelten einander an. Dann auf einmal, als hätten sie sich eben erst dazu entschlossen, daß das ihre Aufgabe war, kamen die Männer über das Parkett geglitten. Freudige Verwirrung ergriff die Mädchen. Ein großer Blonder flog auf Meg zu, nahm ihre Tanzkarte, kritzelte etwas hinein; Meg reichte ihn an Leila weiter. »Darf ich bitten?« Er verneigte sich lächelnd. Dann kam ein Dunkler mit einer Brille, dann

Cousin Laurie mit einem Freund und Laura mit einem kleinen sommersprossigen Burschen, dessen Krawatte schief hing. Darauf nahm ein ziemlich alter Mann – dick, mit einer großen kahlen Stelle auf dem Kopf – ihre Tanzkarte und murmelte: »Mal schauen, lassen Sie mich mal sehen!« Und lange hatte er damit zu tun, seine Karte, die schwarz aussah vor lauter Namen, mit ihrer zu vergleichen. Es schien ihm so viel Mühe zu machen, daß Leila sich schämte. »Ach, machen Sie sich doch bitte keine Umstände«, sagte sie beflissen. Doch statt einer Erwiderung schrieb der Dicke etwas, blickte sie wieder an. »Kenne ich dieses hübsche kleine Gesicht?« fragte er leise. »Ist es mir von dermaleinst bekannt?« In diesem Augenblick begann die Kapelle zu spielen; der Dicke verschwand. Er wurde auf einer gewaltigen Woge von Musik davongetragen, die über das glänzende Parkett herübertrieb, die Grüppchen zu Paaren auflöste, sie zerstreute, sie sich drehen ließ...

Leila hatte auf der Internatsschule das Tanzen gelernt. Jeden Samstagabend wurden die Internatsschüler in die kleine Wellblechhalle der Mission gejagt, wo Miss Eccles (aus London) ihre ›erlesenen‹ Stunden erteilte. Aber der Unterschied zwischen jenem Saal – wo es immer nach Staub roch, wo bunte Sprüche an den Wänden hingen und das arme, verschreckte Frauchen in brauner Samtkappe, mit Ohren wie ein Kaninchen, auf das stumpfe Klavier einhämmerte, Miss Eccles mit einem langen weißen Stock den Mädchen auf die Füße klopfte – und diesem hier war so gewaltig, daß Leila überzeugt war, wenn ihr Partner nicht käme und sie der wundervollen Musik zuhören und den andern zusehen müßte, wie sie sich wiegten und über den goldenen Boden dahinglitten, würde sie sterben oder wenigstens ohnmächtig, oder sie würde die Arme ausbreiten, um aus einem dieser dunklen Fenster, vor denen die Sterne leuchteten, davonzufliegen.

»Unsrer, denke ich.« Jemand verneigte sich, lächelte und bot ihr den Arm. So brauchte sie doch nicht zu sterben. Eine Hand hielt sie fest um die Mitte, und wie eine Blume, die man in einen Teich geworfen hatte, trieb sie dahin.

»Kein schlechtes Parkett, nicht wahr?« ließ sich eine Stimme, leise, schleppend, dicht an ihrem Ohr vernehmen.

»Ich finde, es ist ganz wunderbar glatt«, sagte Leila.

»Wie bitte?« Die leise Stimme klang überrascht. Leila wiederholte ihre Worte. Und nach einer winzigen Pause tönte es leise zurück: »O ja!«, und sie wurde erneut herumgeschwenkt.

Er führte so wunderbar. Darin lag der große Unterschied, wenn man mit Männern statt mit Mädchen tanzte, fand Leila. Mädchen rempelten einander an und traten sich auf die Füße; das Mädchen, das den Herrn mimte, hielt einen immer so krampfhaft fest.

Die Azaleen waren jetzt keine einzelnen Blumen mehr, es waren verfließende rosarote und weiße Fähnchen.

»Waren Sie vorige Woche bei den Bells?« ließ sich die Stimme wieder hören. Sie klang müde. Leila überlegte, ob sie ihn fragen müßte, ob er gern aufhören würde.

»Nein, das ist mein erster Ball«, antwortete sie.

Ihr Partner lachte mit leichtem Keuchen. »Oh, sagen Sie bloß!« protestierte er.

»Ja, das ist wirklich der erste Ball, den ich je besucht habe.« Leila glühte richtig vor Eifer. Es bedeutete eine solche Erleichterung, es jemandem erzählen zu können. »Sehn Sie, bis jetzt hab' ich immer auf dem Lande gelebt ...«

In diesem Augenblick brach die Musik ab, und sie gingen, um sich auf zwei Stühle an der Wand zu setzen. Leila steckte ihre Füße in den rosaroten Satinschuhen unter den Stuhl und fächelte sich Luft zu, während sie selig die anderen Pärchen vorbeigehen und durch die Drehtüren verschwinden sah.

»Macht's dir Spaß, Leila?« fragte Jose mit einem Nicken ihres goldenen Schopfes.

Laura ging vorbei und blinzelte ihr ganz verstohlen zu, so daß Leila einen Augenblick lang nicht recht wußte, ob sie denn nach alledem wirklich erwachsen wäre. Gewiß, ihr Partner redete nicht sehr viel. Er hustete, steckte das Taschentuch wieder weg, zog die Weste zurecht, zupfte ein winziges Fädchen von seinem Ärmel. Aber das machte nichts. Beinahe unvermittelt setzte die Kapelle ein, und ihr zweiter Partner schien von der Decke herabzuspringen.

»Das Parkett ist nicht schlecht«, sagte die neue Stimme. Fing man denn immer mit dem Parkett an? Und dann: »Waren Sie am Dienstag bei den Neaves?« Und wieder erklärte Leila alles. Es kam ihr schon recht eigenartig vor, daß ihre Partner nicht mehr Interesse bekundeten. Denn es war wirklich aufregend. Ihr erster Ball! Sie stand nur am Anfang von allem. Es schien ihr, als hätte sie nie zuvor gewußt, wie die Nächte waren. Bis jetzt waren sie dunkel, still, sehr oft auch schön gewesen – o ja –, aber irgendwie auch traurig und düster. Von feierlichem Ernst. Und jetzt würde es nie wieder so sein – strahlend hell hatten sich die Nächte für sie aufgetan.

»Ein Eis gefällig?« fragte ihr Partner. Und sie gingen durch die Drehtür, den Gang entlang, in den Speisesaal. Ihr Gesicht glühte, sie hatte schrecklichen Durst. Wie verlokkend die Eisportionen auf den Glastellerchen aussahen und wie kalt der überfrorene Löffel war, auch ganz vereist! Und als sie in den Saal zurückkehrten, stand da der dicke Mann an der Tür und wartete auf sie. Sie erschrak aufs neue, als sie sah, wie alt er war; er hätte zu den Müttern und Vätern auf der Bühne gehört. Und als Leila ihn mit ihren anderen Partnern verglich, sah er direkt schäbig aus. Seine Weste war zerknittert, am Handschuh fehlte ihm ein Knopf, das Jackett sah aus, als wäre es voller Schneiderkreide.

»Kommen Sie, kleine Dame«, sagte der Dicke. Kaum, daß er sich die Mühe machte, sie zu umfassen, und sie bewegten sich so leicht dahin, daß sie mehr zu gehen als zu tanzen schienen. Aber er sagte kein Wort über das Parkett. »Ihr erster Ball, nicht wahr?« murmelte er.

»Woher *wissen* Sie denn das?«

»Ach«, erwiderte der Dicke, »so ist das eben, wenn man alt ist!« Er schnaufte leicht, als er sie an einem tolpatschigen Paar vorbeilenkte. »Sehn Sie, ich mache das hier nun schon dreißig Jahre.«

»Dreißig Jahre?« rief Leila. Zwölf Jahre, ehe sie überhaupt geboren war!

»Der Gedanke ist kaum zu ertragen, ja?« sagte der Dicke schwermütig. Leila sah auf seine Glatze, und er tat ihr leid.

»Ich finde es großartig, so was noch zu machen«, sagte sie freundlich.

»Freundliche kleine Dame«, entgegnete der Dicke, und er zog sie ein wenig dichter zu sich heran und summte einen Takt des Walzers mit. »Natürlich«, fuhr er fort, »Sie können nicht hoffen, das auch so lange mitzumachen. Nei-ein«, sagte der Dicke, »schon lange vorher werden Sie dort auf der Bühne sitzen, als Zuschauer, in Ihrem kleidsamen schwarzen Samt. Und diese hübschen Arme werden dick und stämmig geworden sein, und den Takt werden Sie mit einem ganz anderen Fächer schlagen – schwarz wie Ebenholz.« Den Dicken schien ein Schauder zu überlaufen. »Und Sie werden sich in ein Lächeln retten wie die Ärmsten da oben und auf Ihre Tochter zeigen und der älteren Dame neben sich erzählen, wie irgend so ein fürchterlicher Kerl versucht hat, sie auf dem Klubball zu küssen. Und das Herz wird Ihnen weh tun, so weh tun« – der Dicke preßte sie noch fester an sich, als täte ihm das arme Herz wirklich leid –, »weil jetzt niemand mehr Sie küssen will. Und Sie werden sich darüber auslassen, wie schlecht man auf diesen glatten Böden laufen könne, wie gefährlich sie seien. Nun, Mademoiselle Hurtigzeh?« sagte leise der Dicke.

Leila lachte ein wenig, obwohl ihr gar nicht nach Lachen zumute war. War das – konnte das alles wahr sein? Es klang schrecklich wahr. War dieser erste Ball schließlich nur der Anfang ihres letzten? Bei diesem Gedanken schien die Musik anders zu werden; sie klang traurig, ganz traurig, schwoll an zu einem mächtigen Seufzer. Ach, wie schnell sich doch alles änderte! Warum dauerte das Glück nicht ewig? Ewig wäre kein bißchen zu lang.

»Ich möchte nicht mehr«, sagte sie atemlols. Der Dicke geleitete sie zur Tür.

»Nein, ich möchte nicht hinausgehen. Ich möchte mich auch nicht setzen. Ich werde nur hier stehenbleiben, vielen Dank.« Sie lehnte sich an die Wand, schlug mit dem Fuß den Takt, zupfte an den Handschuhen und versuchte ein Lächeln. Aber ganz im Innern warf sich ein kleines Mädchen die Schürze über den Kopf und schluchzte. Warum hatte er alles verdorben?

»Hören Sie«, sagte der Dicke, »Sie dürfen mich nicht ernst nehmen, kleine Dame.«

»Als ob ich das täte!« erwiderte Leila, warf das dunkle Köpfchen hoch und lutschte an der Unterlippe ...

Und wieder promenierten die Paare auf und ab. Die Tür ging auf und zu. Jetzt wurde vom Kapellmeister die neue Musik angekündigt. Doch Leila wollte nicht mehr tanzen. Sie wollte zu Hause sein oder auf der Veranda sitzen und den kleinen Käuzchen lauschen. Als sie durch die dunklen Fenster zu den Sternen hinaufsah, glichen ihre langen Strahlen Flügeln ...

Aber im gleichen Augenblick begann eine weiche, schmelzende, hinreißende Melodie, und ein junger Mann mit gelocktem Haar verbeugte sich vor ihr. Aus Höflichkeit würde sie tanzen müssen, bis sie Meg finden konnte. Sehr steif schritt sie zur Mitte; sehr hochmütig legte sie ihm die Hand auf den Arm. Aber in der nächsten Minute, bei der nächsten Drehung glitten ihre Füße dahin, dahin. Die Lichter, die Azaleen, die Kleider, die rosigen Gesichter, die Samtstühle, all das drehte sich wie ein einziges wundervolles Schwungrad. Und als ihr nächster Partner sie gegen den Dicken stieß und er »Par*don*!« sagte, lächelte sie ihn strahlender an denn je. Sie hatte ihn nicht einmal wiedererkannt.

Die Singstunde

Verzweiflung – kalte, bittere Verzweiflung – war wie ein verruchtes Messer tief in Miss Meadows' Herzen verborgen, als sie in Mütze und Talar, einen kleinen Taktstock in der Hand, die kalten Korridore entlangging, die zum Musiksaal führten. Mädchen aller Altersstufen, von der Luft rosig angehaucht, übersprudelnd von dieser fröhlichen Erregung, die entsteht, wenn man an einem schönen Herbstmorgen in die Schule rennt, huschten, hüpften, flitzten vorbei. Aus den hallenden Klassenzimmern drang lebhaftes Stimmengewirr; es klingelte, eine vogelgleiche Stimme rief: »Muriel!« Und dann hörte man aus dem Treppenhaus – plumps, pardauz! – einen mächtigen Knall. Ein Mädchen hatte die Hanteln fallen lassen.

Die Naturkundelehrerin hielt Miss Meadows an.

»Guten Mor-gen«, rief sie in ihrer süßen, gezierten, gedehnten Sprechweise. »Ist das nicht eine Kälte? Wie im tiefsten Winter.«

Haßerfüllt, das Messer umklammernd, starrte Miss Meadows die Naturkundelehrerin an. Alles an ihr war süß, hell, wie Honig. Es würde einen nicht überraschen, eine Biene zu sehen, die sich in diesem Wust von gelben Haaren verfitzt hatte.

»Es ist ziemlich scharfe Luft«, sagte Miss Meadows grimmig.

Die andere lächelte ihr zuckersüßes Lächeln.

»Sie sehen erfro-ren aus.« In ihre weit geöffneten blauen Augen trat ein spöttischer Glanz. (Hatte sie etwas gemerkt?)

»Ach, ganz so schlimm ist's nicht«, meinte Miß Meadows. Das Lächeln vergalt sie der Naturkundelehrerin mit einer flüchtigen Grimasse und ging dann weiter ...

Im Musiksaal waren die Klassen vier, fünf und sechs versammelt. Der Lärm war ohrenbetäubend. Am Klavier auf dem Podest stand Mary Beazley, Miss Meadows' Lieblingsschülerin, die die Begleitung spielte. Sie drehte den Klavierschemel zurecht. Als sie Miss Meadows' ansichtig wurde, ließ sie ein lautes, warnendes »Sch-scht, Mädels!« hören, und Miss Meadows schritt, die Hände in die Ärmel geschoben, den Taktstock unterm Arm, den Mittelgang entlang, stieg die Stufen hoch, wandte sich abrupt um, ergriff den Notenständer aus Messing, stellte ihn vor sich hin und klopfte zweimal vernehmlich mit dem Taktstock, damit Ruhe einträte.

»Ruhe bitte! Auf der Stelle!« Und ohne jemanden anzusehen, ließ sie den Blick über dieses Meer von bunten Flanellblusen schweifen mit den auf und ab wogenden rosigen Gesichtern und Händen, schmetterlingsgleich gaukelnden Haarschleifen, aufgeschlagenen Notenbüchern. Sie wußte sehr wohl, was sie jetzt dachten. »Meady hat Stinklaune.« Na, und wenn schon! Ihre Augenlider bebten; sie warf, gleichsam als Herausforderung, den Kopf zurück. Was konnten die Gedanken dieser Geschöpfe ihr schon ausmachen, die dastand, am Verbluten war, mit dieser Wunde im Herzen, im tiefsten Herzen getroffen von einem solchen Brief –

›... Ich spüre es immer deutlicher, daß unsere Heirat ein Fehler wäre. Nicht, daß ich Dich nicht liebte. Ich liebe Dich so sehr, wie ich überhaupt eine Frau lieben kann, aber, um ganz ehrlich zu sein, ich bin zu dem Schluß gekommen, daß ich nicht zum Ehemann tauge; und der Gedanke daran, einen Hausstand zu gründen, erfüllt mich nur mit –‹ und das Wort ›Abscheu‹ war flüchtig durchgestrichen und ›Bedauern‹ darüber geschrieben.

Basil! Steifbeinig ging Miss Meadows zum Klavier hinüber. Und Mary Beazley, die nur auf diesen Augenblick gewartet hatte, verneigte sich; die Locken fielen ihr ins Gesicht, als sie »Guten Morgen, Miss Meadows« hauchte, und es war eher, als winkte sie ihrer Lehrerin mit einer wunderschönen gelben Chrysantheme zu, als daß sie sie überreichte. Schon eine Ewigkeit, schon ziemlich anderthalb Semester wurde dieses kleine Zeremoniell mit der Blume vollzogen. Es gehörte genauso zur Stunde wie das Aufklappen des Klavierdeckels. Heute morgen jedoch, statt die Blume entgegenzunehmen, statt sie, über Mary gebeugt, mit den Worten: »Danke, Mary, das ist aber wirklich nett! Schlag Seite zweiunddreißig auf«, in den Gürtel zu stecken, wie groß war Marys Schrecken, als Miss Meadows die Chrysantheme vollkommen übersah, ihren Gruß nicht erwiderte, sondern mit einer Stimme aus Eis sagte: »Seite vierzehn, bitte, und gib auf die Betonung acht.«

Ein niederschmetternder Augenblick! Mary wurde rot, bis ihr die Tränen in die Augen traten, Miss Meadows aber war wieder zum Notenpult gegangen; ihre Stimme schrillte durch den Musiksaal.

»Seite vierzehn. Wir fangen auf Seite vierzehn an. ›Eine Klage‹. Also, Mädchen, jetzt müßtet ihr das eigentlich bringen. Wir singen das Ganze durch, nicht stückchenweise, das Ganze. Und ohne Ausdruck. Singt also ganz einfach und schlagt mit der linken Hand den Takt dazu.«

Sie hob den Taktstock, zweimal klopfte sie an das Notenpult. Mary setzte mit dem Anfangsakkord ein, auch all die linken Hände setzten ein, fuhren durch die Luft, und diese jungen, trauernden Stimmen hoben an:

> Bald, ach so bald welken Ro-o-sen und Frohsinn,
> Herbst weicht dem Winter, so ö-öd und leer.
> Bald ziehn die heiteren Klä-ä-nge nun hin,
> streifen das lauschende Ohr nimmermehr.

Du lieber Himmel, was könnte trauriger sein als diese Klage! Jeder Ton war ein Seufzen, ein Schluchzen, ein Stöhnen entsetzlicher Traurigkeit. Miss Meadows hob die Arme in dem weiten Talar und begann mit beiden Händen zu dirigieren. ›... Ich spüre es immer deutlicher, daß unsere Heirat ein Fehler wäre...‹, schlug ihr Taktstock. Und die Stimmen schluchzten: »Bald, ach so bald!« Was konnte denn nur in ihn gefahren sein, einen solchen Brief zu schreiben! Was konnte ihn nur dazu veranlaßt haben! Dieser Brief kam aus dem Nichts. Sein letzter Brief hatte sich ganz um einen Bücherschrank aus dunkler Eiche gedreht, den er für ›unsere‹ Bücher gekauft hatte, und einen ›schmucken kleinen Garderobenständer‹, den er gesehen hatte, ›eine sehr geschmackvolle Arbeit, auf einer Konsole eine geschnitzte Eule, die in ihren Krallen drei Hutbürsten hält‹. Wie hatte sie darüber gelächelt! Zu glauben, daß man drei Hutbürsten brauchte, das sah einem Mann ähnlich. »... das lauschende Ohr nimmermehr«, sangen die Stimmen.

»Noch einmal«, sagte Miss Meadows. »Aber diesmal stückchenweise. Noch immer ohne Ausdruck.« – »Bald, ach so bald...« Als die Schwermut der Altstimmen hinzukam, konnte man sich eines Schauders kaum erwehren. »... welken Ro-o-sen und Frohsinn.« Als Basil sie das letzte Mal besucht hatte, hatte er eine Rose im Knopfloch getragen. Wie gut er in dem leuchtendblauen Anzug ausgesehen hatte, dazu die rote Rose! Und er wußte das auch. Er mußte das einfach wissen. Zuerst strich er sich übers Haar, dann über den Schnurrbart; wenn er lächelte, schimmerten seine Zähne.

»Die Frau des Direktors lädt mich andauernd zum Essen ein. Das ist höchst lästig. Nie hab' ich dort einen Abend für mich.«

»Kannst du denn nicht ablehnen?«

»Na ja, es ist nicht ratsam für einen Mann in meiner Position, sich unbeliebt zu machen.«

»... die heiteren Klänge nun hin«, jammerten die Stimmen. Die Weidenbäume vor den hohen, schmalen Fenstern schwankten im Wind. Sie hatten das Laub schon halb verloren. Die winzigen Blätter, die noch daran hingen, zappelten wie gefangene Fische an einer Schnur. ›... daß ich nicht zum Ehemann tauge...‹ Die Stimmen schwiegen; das Klavier wartete.

»Ganz gut«, sagte Miss Meadows, aber noch immer in einem so seltsamen, frostigen Ton, daß die jüngeren Mädchen richtiggehend Angst bekamen. »Aber nun, da wir es kennen, werden wir es mit Ausdruck singen. Soviel Ausdruck, wie ihr hineinlegen könnt. Denkt an den Text, Mädchen. Gebraucht eure Phantasie. *Bald, ach so bald*«, rief Miss Meadows. »Das müßte wie ein Aufschrei sein – ein lautes, starkes Forte – eine Klage. Und dann im zweiten Vers, *öd und leer,* das muß klingen, als ob ein kalter Wind da hindurchbläst. *Öd und le-er!*« sagte sie so furchterregend, daß Mary Beazley auf dem Klavierschemel hin- und herrutschte. »Der dritte Vers müßte ein einziges Crescendo sein. *Bald ziehn die heiteren Klänge nun hin.* Das erste Wort des letzten Verses gedämpft. Und dann müßt ihr immer leiser werden... den Ton verklingen lassen... bis *nimmermehr* nur noch ein schwaches Flüstern ist... Im Tempo könnt ihr beim letzten Vers so langsam werden, wie ihr wollt. Also, bitte.«

Und wieder zweimal das leichte Klopfen. Sie hob wieder die Arme. *Bald, ach so bald* ›... und der Gedanke daran, einen Hausstand zu gründen, erfüllt mich nur mit Abscheu –‹ Abscheu hatte er geschrieben. Er hätte genauso schreiben können, ihre Verlobung wäre endgültig gelöst. Gelöst! Ihre Verlobung! Die Leute waren sowieso erstaunt gewesen, daß sie sich verlobt hatte. Die Naturkundelehrerin wollte es zuerst gar nicht glauben. Doch am meisten hatte sie selbst darüber gestaunt. Sie war dreißig. Basil war fünfundzwanzig. Es war ein Wunder gewesen, schlicht und einfach ein Wunder, als sie in jener dunklen Nacht aus der Kirche nach Hause gingen und sie ihn sagen hörte: ›Du weißt, irgendwie habe ich dich liebgewonnen.‹ Und er hatte das Ende ihrer Straußenfederboa ergriffen. *Streifen das lauschende Ohr nimmermehr.*

»Noch mal! Noch mal!« sagte Miss Meadows. »Ausdrucksvoller, Mädchen. Das Ganze noch einmal!«

Bald, ach so bald. Die älteren Mädchen waren hochrot; von den jüngeren begannen ein paar zu weinen. Dicke Regentropfen prasselten an die Fenster, und man konnte die Weiden flüstern hören: ›... Nicht, daß ich Dich nicht liebte ...‹

›Aber, mein Schatz, wenn du mich liebst‹, dachte Miss Meadows, ›kümmert's mich nicht, wie sehr. Lieb mich, sowenig wie du magst.‹ Aber sie wußte, er liebte sie nicht. Wenn es nicht mal dazu gereicht hat, das Wort ›Abscheu‹ so durchzustreichen, daß sie es nicht lesen konnte! *Herbst weicht dem Winter, so öd und leer.* Sie würde auch von der Schule weggehen müssen. Nie mehr könnte sie der Naturkundelehrerin oder den Mädchen ins Gesicht sehen, nachdem es bekannt geworden wäre. Sie würde irgendwohin verschwinden müssen. *Streifen das lauschende Ohr nimmermehr.* Die Stimmen wurden leiser, begannen zu verlöschen, zu flüstern ... zu schwinden.

Auf einmal ging die Tür auf. Aufgeregt kam ein kleines Mädchen in Blau den Mittelgang entlanggetrippelt, den Kopf hielt es gesenkt, biß sich auf die Lippen und drehte den silbernen Armreif an dem kleinen roten Handgelenk. Sie stieg die Stufen hinauf, bis sie vor Miss Meadows stand.

»Nun, Monica, was gibt's?«

»Oh, wenn es Ihnen recht ist, Miss Meadows«, keuchte das kleine Mädchen, »Miss Wyatt möchte Sie im Lehrerzimmer sprechen.«

»Gut«, sagte Miss Meadows. Und den Mädchen rief sie zu: »Ich erwarte von euch, daß ihr leise seid, wenn ich weg bin!« Doch sie waren zu überwältigt, um irgend etwas anderes zu tun. Die meisten von ihnen schneuzten sich.

In den Gängen war es ruhig und kalt; Miss Meadows' Schritte hallten wider. Die Direktorin saß an ihrem Schreibtisch. Einen Augenblick lang sah sie nicht auf. Wie gewöhnlich mühte sie sich, ihre Brille zu befreien, die sich in ihrer Spitzenkrawatte verfangen hatte. »Setzen Sie sich, Miss Meadows«, sagte sie sehr freundlich. Und dann hob sie von der Schreibunterlage einen rosaroten Umschlag auf. »Ich habe Sie jetzt eben hergebeten, weil dieses Telegramm für Sie gekommen ist.«

»Ein Telegramm für mich, Miss Wyatt?«

Basil! Er hat Selbstmord begangen, schloß Miss Meadows. Ihre Hand schnellte vor, doch Miss Wyatt hielt das Telegramm noch einen Augenblick zurück. »Hoffentlich ist's keine schlechte Nachricht«, sagte sie ganz einfach freundlich. Und Miss Meadows riß es auf.

›Brief keine Beachtung schenken – stop – muß wahnsinnig gewesen sein – stop – heute Hutständer gekauft Basil‹, las sie. Sie konnte die Augen nicht von dem Telgramm lösen.

»Es ist doch hoffentlich nichts Schlimmes«, ließ sich Miss Wyatt vernehmen und beugte sich vor.

»Ach nein, vielen Dank, Miss Wyatt.« Miss Meadows wurde rot. »Es ist ganz und gar nichts Schlimmes. Es ist« – und sie lachte leicht wie zur Entschuldigung –, »es ist von meinem Verlobten, darin steht, daß – daß –« Sie schwieg. »Verstehe«, sagte Miss Wyatt. Und wieder Schweigen. Dann – »Sie haben noch eine Viertelstunde Unterricht, Miss Meadows, nicht wahr?«

»Ja, Miss Wyatt.« Sie stand auf. Sie rannte beinahe zur Tür.

»Oh, einen Augenblick noch, Miss Meadows«, sagte

Miss Wyatt. »Ich muß schon sagen, ich kann es nicht billigen, wenn sich meine Lehrerinnen während der Unterrichtszeit Telegramme schicken lassen, es sei denn, es handelt sich um sehr schlimme Nachrichten, so wie Tod«, erklärte Miss Wyatt, »oder einen sehr schweren Unfall oder etwas der Art. Eine gute Nachricht, Miss Meadows, hat nämlich immer Zeit, müssen Sie wissen.«

Von Hoffnung, Liebe, Freude beschwingt, eilte Miss Meadows wieder in den Musiksaal, den Mittelgang entlang, die Stufen hinauf zum Klavier.

»Seite zweiunddreißig, Mary«, sagte sie, »Seite zweiunddreißig.« Sie hob die gelbe Chrysantheme auf, hielt sie an den Mund, um ihr Lächeln zu verbergen. Dann wandte sie sich zu den Mädchen um, klopfte mit dem Taktstock: »Seite zweiunddreißig, Mädels. Seite zweiunddreißig.«

> Wir kommen heut her, mit Blumen beladen,
> mit Körben voll Obst und Bändern dazu.
> Wir gratulieren ...

»Halt! Halt!« rief Miss Meadows. »Das ist ja fürchterlich. Das ist ja schrecklich.« Und sie strahlte die Mädchen an. »Was ist denn mit euch allen los? Denkt doch mal, Mädels, denkt doch mal daran, was ihr da singt. Gebraucht eure Phantasie. *Mit Blumen beladen. Mit Körben voll Obst und Bändern dazu.* Und *gratulieren.*« Miss Meadows hielt ein. »Seht doch nicht so traurig drein, Kinder. Das muß doch warm, froh, lebhaft klingen. *Gratulieren.* Noch mal. Schnell. Alle zusammen. Also dann!«

Und diesmal übertönte Miss Meadows' Stimme all die anderen Stimmen – voll, tief, ausdrucksstark.

Der Fremde

Es schien der kleinen Schar am Kai, daß sich das Schiff nie wieder von der Stelle rühren würde. Da lag es, riesig, unbeweglich, auf dem grauen gekräuselten Wasser, eine Rauchfahne stand darüber, Scharen von Möwen kreischten und tauchten nach den Abfällen aus der Kombüse am Heck. Gerade noch konnte man Pärchen umherschlendern sehen – kleine Fliegen, die auf dem Teller auf dem grauen gekräuselten Tischtuch hin- und herspazierten. Andere Fliegen wimmelten in Schwärmen am Rande. Jetzt schimmerte etwas Weißes auf dem unteren Deck – vielleicht die Schürze des Kochs oder die Stewardeß. Jetzt flitzte eine winzige schwarze Spinne die Leiter zur Brücke hinauf.

Vor der Menge stiefelte ein kräftig aussehender Mann mittleren Alters auf und ab und ließ den zusammengeklappten Schirm wirbeln. Er war ausnehmend gut, mit größter Sorgfalt gekleidet, grauer Mantel, grauer Seidenschal, dicke Handschuhe und dunkler Filzhut. Er schien der Anführer der kleinen Schar am Kai zu sein und sie zur gleichen Zeit zusammenzuhalten. Er war so etwas wie ein Zwischending zwischen Schäferhund und Schäfer.

Aber was für ein Trottel – was für ein ausgemachter Trottel war er doch, daß er den Feldstecher nicht mitgebracht hatte! Unter all diesen Leuten hier gab es nicht einen einzigen Feldstecher.

»Komisch, Mr. Scott, daß keiner von uns an ein Fernglas gedacht hat. Wir hätten sie vielleicht ein bißchen in Trab bringen können. Wir hätten vielleicht ein paar Signale zustande kriegen können. *Landet ruhig. Eingeborene harmlos.* Oder: *Herzlich willkommen. Alles ist vergeben und vergessen.* Was? Wie?«

Mr. Hammonds flinker, lebhafter Blick, so nervös und doch so freundlich und voller Vertrauen, umspannte jeden am Kai, bezog sogar die alten Kerle mit ein, die, über die Gangways gelehnt, müßig herumhingen. Sie wußten, jedermann von ihnen wußte, daß Mrs. Hammond auf diesem Schiff war, und er war so schrecklich aufgeregt, daß es ihm niemals in den Sinn gekommen wäre, nicht zu glauben, daß diese wundervolle Tatsache ihnen auch etwas bedeutete. Sein Herz erwärmte sich für sie. Sie waren, stellte er fest, ein genauso anständiger Haufen – diese alten Kerle da drüben bei den Gangways ebenso – prima, solide alte Knaben. Was für Brustkästen – du lieber Gott! Und er machte seinen eigenen breit, versenkte die dick behandschuhten Hände in die Taschen und wippte mit den Füßen auf und ab.

»Ja, meine Frau ist die letzten zehn Monate in Europa gewesen. Zu Besuch bei unserer Ältesten, die vergangenes Jahr geheiratet hatte. Ich hab' sie hergebracht, bis nach Salisbury. Da hab' ich mir gedacht, daß ich sie lieber auch abholen sollte. Ja, ja, ja.« Die hellwachen grauen Augen verengten sich wieder, um gespannt, rasch das unbewegliche Schiff zu mustern. Und abermals knöpfte er den Mantel auf. Zum Vorschein kam wieder die schmale, buttergelbe Uhr, und zum zwanzigsten – fünfzigsten – hundertsten Male rechnete er.

»Also, wir wollen doch mal sehen. Es war Viertel drei, als die Barkasse mit dem Arzt losfuhr. Viertel drei. Jetzt ist es genau zwei Minuten vor halb fünf. Das heißt also, der Arzt ist schon zwei Stunden und dreizehn Minuten weg. Zwei Stunden und dreizehn Minuten! Uii-uh!« Er ließ ein eigenartiges kleines halbes Pfeifen hören und schnappte die Uhr wieder zu. »Aber ich finde, man hätte es uns sagen müssen, wenn irgend etwas los wäre – meinen Sie nicht auch, Mr. Gaven?«

»O ja, Mr. Hammond! Ich denke nicht, daß etwas –

etwas los ist, worüber man sich Sorgen machen müßte«, sagte Mr. Gaven, wobei er die Pfeife am Absatz seines Schuhs ausklopfte. »Gleichzeitig –«

»Ganz recht! Ganz recht!« rief Mr. Hammond. »Verdammt ärgerlich!« Mit raschen Schritten lief er auf und ab und kehrte wieder zu seinem Platz zwischen Mr. und Mrs. Scott und Mr. Gaven zurück. »Es wird auch schon recht dunkel«, und er schwenkte den zusammengerollten Schirm, als ob die Dunkelheit wenigstens so anständig sein müßte, noch ein bißchen auf sich warten zu lassen. Aber langsam brach die Dämmerung herein, breitete sich sachte wie ein Fleck über das Wasser aus. Die kleine Jean Scott zerrte ihre Mutter an der Hand.

»Ich möchte meinen Tee, Mutti!« quengelte sie.

»Das glaub' ich dir«, meinte Mr. Hammond. »Ich glaube, daß all die Damen hier ihren Tee möchten.« Und sein freundlicher, lebhafter, beinahe mitleidsvoller Blick umspannte sie wieder alle. Er fragte sich, ob Janey eine letzte Tasse Tee im Salon da draußen trank. Hoffentlich! Er glaubte es aber nicht. Es sähe ihr ähnlich, das Deck nicht zu verlassen. In dem Falle würde ihr vielleicht der Decksteward eine Tasse nach oben bringen. Wenn er dagewesen wäre, hätte er ihr eine geholt – irgendwie. Und einen Augenblick lang war er an Deck, stand da und sah auf sie hinunter, sah zu, wie sich die kleine Hand in der ihr eigenen Art um die Tasse schloß, während sie die einzige Tasse Tee trank, die an Bord zu kriegen war ... Aber jetzt war er wieder hier unten, und der Herrgott mochte wissen, wann dieser verfluchte Kapitän es aufgeben würde, da draußen auf dem Wasser herumzuliegen. Er drehte wieder eine kleine Runde, auf und ab, auf und ab. Er ging bis zum Taxistand, um sich zu vergewissern, daß sein Fahrer noch da war. Dann schwenkte er wieder um zu der kleinen Schar, die sich im Schutze der Bananenkisten zusammendrängte. Die kleine Jean Scott verlangte noch immer nach ihrem Tee. Armes Kerlchen! Er wünschte, er hätte ein Stückchen Schokolade mit.

»Hier, Jean!« sagte er. »Möchtest du mal hoch?« Und leicht, zart schwang er das kleine Mädchen auf ein höher gelegenes Faß hinauf. Und diese Bewegung, sie zu halten, sie hinzusetzen, daß sie nicht herunterfiel, verschaffte ihm ein wunderbares Gefühl der Erleichterung, ihm wurde freier ums Herz.

»Halt dich fest,« sagte er und legte schützend einen Arm um sie.

»Ach, plagen Sie sich doch nicht mit Jean ab, Mr. Hammond!« rief Mrs. Scott.

»Das geht schon in Ordnung, Mrs. Scott. Keine Sorge. Ist mir ein Vergnügen. Jean ist mein kleines Herzblatt, nicht wahr, Jean?«

»Ja, Mr. Hammond«, erwiderte Jean und fuhr mit dem Finger die Delle in seinem Filzhut lang.

Aber plötzlich packte sie ihn am Ohr und schrie laut auf. »Sehen Sie doch, Mr. Hammond! Das Schiff fährt los! Sehn Sie doch, es kommt herein!«

Weiß Gott! So war's. Endlich! Langsam, ganz langsam drehte es sich. Eine Glocke tönte weit über das Wasser, und eine große Dampfwolke puffte in die Luft. Die Möwen flogen auf. Wie weiße Papierschnitzel flatterten sie davon. Ob das dumpfe Pochen von den Motoren oder von seinem Herzen kam, konnte Mr. Hammond nicht sagen. Er mußte sich zusammenreißen, es zu ertragen, was es auch immer wäre. In dem Augenblick kam der alte Kapitän Johnson, der Hafenmeister, den Kai daherspaziert, eine Ledermappe unterm Arm.

»Lassen Sie Jean nur, ich halte sie«, sagte Mr. Scott, gerade zur rechten Zeit. Denn Mr. Hammond hatte Jean vergessen. Er stürzte los, um den alten Kapitän Johnson zu begrüßen.

»Na, Kapitän«, erklang wieder die beflissene, nervöse Stimme, »endlich erbarmen Sie sich unser.«

»Es ist sinnlos, mir Vorwürfe zu machen, Mr. Hammond«, schnaufte der alte Kapitän, den Blick auf das Schiff gerichtet. »Sie haben Mrs. Hammond an Bord, ja?«

»Ja, ja«, erwiderte Mr. Hammond und hielt sich an der Seite des Hafenmeisters. »Mrs. Hammond ist da drauf. Hallo! Jetzt dauert's nicht mehr lange!«

Mit Klingelingeling wie Telefongeläut hielt das große Schiff auf sie zu, erfüllte die Luft mit dem eintönigen Dröhnen der Schraube, zerteilte jäh das dunkle Wasser, so daß sich zu beiden Seiten mächtige weiße Schaumfetzen kringelten. Hammond und der Hafenmeister standen vor den anderen. Hammond nahm den Hut ab. Er suchte auf den Decks – auf denen sich die Passagiere dicht drängten; er schwenkte den Hut und brüllte ein lautes, seltsames »Hallo!« über das Wasser, und dann drehte er sich um, brach in Lachen aus und sagte etwas – nichts – zum alten Kapitän Johnson.

»Haben Sie sie entdeckt?« fragte der Hafenmeister.

»Nein, noch nicht. Immer mit der Ruhe – warten wir noch ein Weilchen!« Und plötzlich schwenkte er zwischen zwei großen, schwerfälligen Idioten – »Weg da!« – wie zum Zeichen den Schirm – er sah eine erhobene Hand, einen weißen Handschuh mit einem Taschentuch winken. Noch einen Augenblick und dann – Gott sei Dank! Gott sei Dank! – da war sie. Dort war Janey. Dort stand Mrs. Hammond, ja, ja und nochmals ja – sie stand an der Reling und lächelte und nickte und schwenkte das Taschentuch.

»Na, das ist erster Klasse – erster Klasse! Nun ja, nun ja, nun ja!« Er stampfte doch wirklich mit den Füßen auf. Blitzschnell zog er sein Zigarrenetui heraus und hielt es dem alten Kapitän Johnson hin. »Nehmen Sie 'ne Zigarre, Kapitän! Die sind ganz gut. Nehmen Sie doch ein paar! Da« –

und er drängte dem Hafenmeister alle Zigarren aus dem Etui auf –, »ich habe noch ein paar Kisten im Hotel.«

»Danke scheen, Mr. Hammond!« schnaufte der alte Kapitän Johnson.

Hammond steckte das Zigarrenetui wieder ein. Seine Hände zitterten, aber er hatte sich wieder gefangen. Er konnte Janey jetzt entgegentreten. Da war sie, sie lehnte an der Reling, unterhielt sich mit irgendeiner Frau, gleichzeitig aber sah sie zu ihm hin, war sie für ihn bereit. Als kein Abgrund mehr zwischen dem Schiff und dem Land gähnte, fiel ihm auf, wie klein sie auf dem riesigen Schiff aussah. Ihm preßte ein solcher Krampf das Herz zusammen, daß er am liebsten aufgeschrien hätte. Wie klein sie aussah, und doch war sie den ganzen weiten Weg zurückgekommen, ganz allein! Aber es paßte zu ihr. Paßte völlig zu Janey. Sie hatte den Mut eines – Und jetzt waren welche von der Mannschaft nach vorn gekommen und hatten die Passagiere getrennt. Sie hatten die Reling für die Gangways heruntergelassen.

Von Land und von Bord schwirrten die Stimmen durch die Luft, einander zu begrüßen.

»Alles in Ordnung?«

»Alles in Ordnung.«

»Wie geht's, Mutter?«

»Viel besser.«

»Hallo, Jean!«

»He, Tante Emily!«

»Gute Reise gehabt?«

»Ausgezeichnet!«

»Jetzt hat's am längsten gedauert.«

»Gleich ist's soweit.«

Die Maschinen stoppten. Langsam schob sich das Schiff an den Pier heran.

»Platz da – Platz da – Platz da!« Und mit einem mächtigen Ruck ließen die Kaiarbeiter die Gangways aufprallen. Hammond machte Janey Zeichen, da zu bleiben, wo sie war. Der alte Hafenmeister tat ein paar Schritte nach vorn. Er folgte hinterdrein. Was ›zuerst die Damen‹ oder solchen Quatsch betraf, so wäre ihm das nie in den Sinn gekommen.

»Nach Ihnen, Kapitän!« rief er jovial. Und in den Fußstapfen des alten Mannes marschierte er über den Landungssteg hinauf an Deck, schnurgerade auf Janey zu, und Janey verschwand in seinen Armen.

»Na also, na also, na also! Ja, ja! Da wären wir endlich!« stammelte er. Das war alles, was er sagen konnte. Und Janey tauchte auf, und ihr kühles Stimmchen – für ihn die einzige Stimme auf der ganzen Welt – sagte: »Ach, Liebster! Hast du lange gewartet?«

Nein, nicht lange. Oder das war jedenfalls völlige Nebensache. Jetzt war's ja vorbei. Aber die Hauptsache war, am Ende des Piers wartete ein Taxi auf sie. War sie fertig, von Bord zu gehen? War ihr Gepäck fertig? In dem Falle könnten sie schnurstracks mit dem Handgepäck losziehen, der Rest hat Zeit bis morgen. Er beugte sich über sie, und sie sah mit dem vertrauten, halben Lächeln zu ihm auf. Sie war unverändert. Nicht einen Tag älter geworden. Genau, wie er sie immer gekannt hatte. Sie legte ihm ihre kleine Hand auf den Ärmel.

»Wie geht's den Kindern, John?« fragte sie.

(Zum Teufel mit den Kindern!) »Ausgezeichnet. So gut wie noch nie.«

»Haben sie mir keine Briefe mitgeschickt?«

»Ja, ja – natürlich! Ich habe sie im Hotel gelassen, du kannst sie dir später zu Gemüte führen.«

»Ganz so fix können wir aber nicht gehen«, sagte sie. »Ich muß mich noch von den Leuten verabschieden – auch vom Kapitän.« Als er ein enttäuschtes Gesicht zog, drückte sie ihm leicht und verständnisvoll den Arm. »Wenn der

Kapitän von der Brücke herunterkommt, solltest du ihm ein paar Dankesworte sagen, daß er sich so großartig um deine Frau gekümmert hat.« Nun denn, er hatte sie wieder. Wenn es bei ihr noch zehn Minuten länger dauerte – Als er Platz machte, war sie sogleich umringt. Die ganze erste Klasse schien Janey auf Wiedersehen sagen zu wollen.

»Auf Wiedersehen, *liebste* Mrs. Hammond! Und wenn Sie das nächste Mal in Sydney sind, rechne ich *ganz fest* mit Ihnen.«

»Meine liebe Mrs. Hammond! Sie werden doch auf keinen Fall vergessen, mir zu schreiben?«

»Also, Mrs. Hammond, was wäre dieses Schiff ohne Sie gewesen!«

Es war sonnenklar, daß sie bei weitem die beliebteste Frau an Bord war. Und sie nahm das alles hin – ganz wie immer. Völlig gelassen. Ganz das kleine Persönchen – ganz und gar Janey; da stand sie, den Schleier zurückgeworfen. Hammond achtete nie darauf, was seine Frau anhatte. Was sie auch trug, es war ihm einerlei. Heute jedoch bemerkte er, daß sie ein schwarzes ›Kostüm‹ trug – so hieß das doch? – mit weißen Rüschen, zur Verzierung war das wohl, an Hals und Ärmeln. All das, während Janey ihn herumreichte.

»John, Lieber!« Und dann: »Darf ich vorstellen –«

Schließlich hatten sie Reißaus genommen, und sie ging ihm zu ihrer Kabine voran. Janey den Gang entlang zu folgen, den sie so gut kannte – das war ihm sehr merkwürdig; die grünen Vorhänge hinter ihr zu zerteilen und in die Kabine einzutreten, die ihre gewesen war, bereitete ihm ein ganz außerordentliches Glücksgefühl. Aber – verdammt! – da auf dem Fußboden kniete die Stewardeß und band die Reisedecken zusammen.

»Das ist die letzte, Mrs. Hammond«, sagte die Stewardeß, sie erhob sich und zog die Ärmelaufschläge herunter.

Wieder wurde er vorgestellt, und dann verschwanden

Janey und die Stewardeß im Gang. Er hörte Geflüster. Sie regelte vermutlich die Trinkgeldsache. Er setzte sich auf das gestreifte Sofa und nahm den Hut ab. Da lagen die Decken, die sie mitgenommen hatte; sie sahen so gut wie neu aus. Ihr ganzes Gepäck sah frisch aus, untadelig. Die Anhänger waren in ihrer schönen klaren kleinen Schrift geschrieben – ›Mrs. John Hammond‹.

»Mrs. John Hammond!« Er tat einen langen Seufzer der Zufriedenheit und lehnte sich zurück, die Arme verschränkt. Die Anspannung war vorbei. Ihm war, als hätte er ewig so dasitzen können und erleichtert seufzen – erleichtert, weil er dieses schreckliche Ziehen, Zerren, diese Klammer um sein Herz los war. Die Gefahr war vorüber. So war ihm zumute. Sie waren wieder am trockenen Ufer.

Aber in dem Augenblick guckte Janeys Kopf um die Ecke.

»Lieber, hast du etwas dagegen? Ich möchte mich nur vom Arzt verabschieden gehen.«

Hammond schreckte hoch. »Ich komme mit.«

»Nein, nein!« wehrte sie ab. »Bemüh dich nicht. Lieber nicht. Ich bin gleich wieder da.«

Und ehe er antworten konnte, war sie weg. Er hatte nicht übel Lust, ihr nachzulaufen; aber statt dessen setzte er sich wieder hin.

Wäre sie wirklich gleich wieder da? Wie spät war es jetzt? Die Uhr kam zum Vorschein; er starrte ins Leere. Das war schon wirklich recht merkwürdig von Janey! Warum hatte sie nicht die Stewardeß beauftragen können, für sie auf Wiedersehen zu sagen? Warum mußte sie denn hinter dem Schiffsarzt herjagen? Sie hätte ihm ja auch vom Hotel ein paar Zeilen schicken können, wenn die Sache so dringend war. Dringend? Konnte das etwa heißen, daß sie unterwegs krank gewesen war – daß sie ihm etwas verheimlichte? Das war's! Er ergriff den Hut. Er wollte den Kerl suchen, um, koste es, was es wolle, die Wahrheit aus ihm herauszupressen. Ihm war, als hätte er etwas gemerkt. Sie schien ihm um eine Spur zu ruhig – zu beherrscht. Vom ersten Augenblick an –

Die Vorhänge klirrten. Janey war wieder da. Er sprang auf.

»Janey, bist du auf dieser Reise krank gewesen? Du warst's!«

»Krank?« Ihre zarte kleine Stimme verspottete ihn. Sie stieg über die Decken, trat dicht an ihn heran, tippte ihm an die Brust und sah zu ihm auf.

»Liebling«, sagte sie, »mach mir doch keine Angst. Natürlich war ich nicht krank! Wie kommst du nur darauf? Seh' ich denn etwa krank aus?«

Aber Hammond sah sie nicht. Er spürte nur, daß sie ihn anblickte und daß es nicht nötig war, sich irgendwelche Sorgen zu machen. Sie war hier, um nach dem Rechten zu sehen. Es war in Ordnung. Alles war in Ordnung.

Der zärtliche Druck ihrer Hand war so beruhigend, daß er seine darüberlegte, um sie dort festzuhalten. Und sie sagte: »Nun bleib mal ruhig stehen! Ich möchte dich anschauen. Ich hab' dich doch noch gar nicht richtig gesehn! Du hast dir den Bart wunderbar stutzen lassen, und du siehst – jünger aus, denk' ich, und ganz entschieden schlanker. Das Junggesellenleben bekommt dir.«

»Bekommt mir!« Er stöhnte vor lauter Liebe und zog sie wieder ganz dicht an sich heran. Und wieder, wie immer, war ihm, er hielte da etwas, das niemals ganz sein wäre – sein. Etwas gar zu Köstliches, gar zu Wertvolles, das davonflöge, sobald er losließe.

»Um Gottes willen, laß uns doch zum Hotel gehen, damit wir endlich für uns sind!« Und heftig läutete er, damit jemand käme, sich ums Gepäck zu kümmern.

Als sie zusammen den Pier entlanggingen, hängte sie sich bei ihm ein. Da hatte er sie wieder an seinem Arm. Und wie völlig anders es doch war, nach Janey in den Wagen zu steigen – die rot und gelb gestreifte Decke über sie beide zu breiten –, den Fahrer zur Eile zu mahnen, weil sie beide noch keinen Tee gehabt hatten. Er brauchte nicht mehr ohne seinen Tee loszugehen noch ihn sich selbst einzuschenken. Sie war wieder da. Er wandte sich ihr zu, drückte ihr die Hand und sagte zärtlich, neckend, mit der ›speziellen‹ Stimme, wie er sie für sie hatte: »Froh, wieder zu Hause zu sein, mein Schatz?« Sie lächelte; sie machte sich nicht einmal die Mühe zu antworten, sondern schob sanft seine Hand fort, als sie in die besser beleuchteten Straßen kamen.

»Wir haben das beste Zimmer im Hotel«, sagte er. »Mit einem andern hätte ich mich nicht abspeisen lassen. Und ich hab' das Zimmermädchen gebeten, ein bißchen Feuer zu machen, für den Fall, daß dir's kalt wäre. Sie ist ein nettes, gefälliges Ding. Und ich hab' mir gedacht, daß wir jetzt, da wir einmal hier sind, nicht unbedingt morgen heimfahren, sondern den Tag damit verbringen, uns etwas anzusehen, und dann erst am Morgen drauf fahren. Ist dir das recht? Wir haben's doch nicht so eilig, oder? Die Kinder haben dich noch früh genug... Ich dachte, ein Tag für Besichtigungen wäre eine nette Unterbrechung auf deiner Reise – ja, Janey?«

»Hast du die Karten für übermorgen schon gekauft?« fragte sie.

»Das möcht' ich meinen!« Er knöpfte den Mantel auf und zog seine dickbauchige Brieftasche heraus. »Da hätten wir's! Ich habe ein Abteil erster Klasse nach Cooktown reserviert. Hier – ›Mr. *und* Mrs. John Hammond‹. Ich fand, wir könnten es uns auch genausogut bequem machen, und wir wollen doch auch nicht, daß ständig andere Leute hereinplatzen. Aber wenn du hier noch etwas länger bleiben willst –?«

»O nein!« wehrte Janey rasch ab. »Nicht um alles in der Welt! Dann eben übermorgen. Und die Kinder –«

Da waren sie aber beim Hotel angelangt. Auf der breiten, strahlend hell erleuchteten Veranda stand der Direktor. Er kam herab, um sie zu begrüßen. Ein Portier lief aus der Halle herbei nach ihrem Gepäck.

»Nun, Mr. Arnold, da wäre nun endlich Mrs. Hammond!«

Der Direktor geleitete sie selbst durch die Halle und drückte die Fahrstuhlklingel. Hammond wußte, Geschäftsfreunde von ihm saßen jetzt im Vestibül, um vor dem Dinner noch etwas zu trinken. Aber er wollte auf gar keinen Fall eine Störung riskieren, er sah weder nach rechts noch nach links. Mochten sie doch denken, was sie wollten. Wenn sie dafür kein Verständnis hätten, dann wären sie größere Trottel – und er stieg aus dem Fahrstuhl, schloß die Tür zu ihrem Zimmer auf und geleitete Janey sorgsam hinein. Die Tür schloß sich. Jetzt waren sie endlich miteinander allein. Er drehte das Licht an. Die Vorhänge waren zugezogen, das Feuer flackerte hell. Er schleuderte den Hut auf das geräumige Bett und trat zu ihr.

Aber – kaum zu glauben! wieder wurden sie gestört. Diesmal war es der Portier mit dem Gepäck. Er machte zwei Touren daraus, ließ zwischendurch die Tür offenstehen, nahm sich Zeit, pfiff auf dem Korridor durch die Zähne. Hammond schritt im Zimmer auf und ab, zerrte sich die Handschuhe herunter, riß sich den Schal ab. Schließlich schleuderte er den Mantel auf die Bettkante.

Endlich war dieser Idiot weg. Die Tür klappte zu. Jetzt waren sie *wirklich* allein. Hammond sagte: »Mir ist, als ob ich dich nie wieder für mich allein hätte. Diese verdammten Leute! Janey«, und er senkte den brennenden, aufgeregten

Blick zu ihr hinab, »wir wollen hier oben essen. Wenn wir ins Restaurant hinuntergehen, werden wir gestört, und dann ist da unten diese vermaledeite Musik.« (Die Musik, die er gestern abend so hoch gepriesen, der er so laut Beifall gespendet hatte!) »Wir können unsere eigenen Worte nicht hören. Essen wir doch hier oben vor dem Feuer. Für Tee ist's zu spät. Ich werde ein kleines Abendessen bestellen, ja? Wie gefällt dir das?«

»Tu das, Liebling!« stimmte Janey zu. »Und wenn du weg bist – die Briefe der Kinder –«

»Ach, die haben noch Zeit!« sagte Hammond.

»Aber dann hätten wir's hinter uns«, meinte Janey. »Und ich hätte erst mal Zeit, um zu –«

»Ach, ich brauche nicht runterzugehen«, erklärte Hammond. »Ich werde nur läuten und die Bestellung aufgeben... du willst mich doch nicht gar wegschicken?«

Janey schüttelte lächelnd den Kopf.

»Aber du denkst an irgend etwas anderes. Du machst dir um irgend etwas Sorgen«, sagte Hammond. »Was ist los? Komm und setz dich hierher – komm her ans Feuer und setz dich auf mein Knie.«

»Ich will nur den Hut abnehmen«, sagte Janey und ging zum Frisiertisch hinüber. »A-ah!« Ein leiser Aufschrei.

»Was ist?«

»Nichts, Liebling. Ich hab' eben die Briefe der Kinder gefunden. Ist schon in Ordnung. Sie reißen nicht aus. Das eilt jetzt nicht.« Die Briefe in der Hand, wandte sie sich zu ihm. Sie steckte sie in ihre gerüschte Bluse. Lebhaft, fröhlich rief sie: »Ach, wie typisch für dich, dieser Frisiertisch!«

»Wieso? Was ist denn damit?« fragte Hammond.

»Wenn er in der Ewigkeit angeschwebt käme, würde ich sagen: ›John!‹« lachte Janey, den Blick auf die große Flasche Haarwasser, die Korbflasche mit Kölnischwasser, die beiden Haarbürsten und ein Dutzend mit rosarotem Band zusammengebundener Kragen geheftet. »Ist das dein ganzes Gepäck?«

»Zum Teufel mit meinem Gepäck!« rief Hammond; aber trotzdem hatte er es gern, wenn Janey sich über ihn lustig machte. »Reden wir doch endlich miteinander. Kommen wir zur Sache. Sag mir« – und als sich Janey auf seine Knie setzte, ließ er sich zurückfallen und zog sie in den tiefen, häßlichen Sessel – »sag mir, daß du dich wirklich freust, wieder dazusein, Janey.«

»Ja, Lieber, ich freue mich«, erwiderte sie.

Aber genauso, wie er das Gefühl hatte, sie würde davonfliegen, wenn er sie in den Armen hielt, so wußte Hammond nie ganz genau, wußte er einfach nie, ob sie sich ebenso freute wie er. Wie sollte er es auch wissen? Würde er es jemals wissen? Hätte er denn immer dieses verzehrende Verlangen – diesen stechenden Schmerz, dem Hunger ähnlich, Janey irgendwie so sehr zu einem Teil von sich werden zu lassen, daß nichts von ihr übrigblieb, um sich ihm zu entziehen? Nichts und niemand anders sollte auch nur das geringste von ihr abhaben. Er wünschte jetzt, daß er das Licht ausgedreht hätte. Das hätte sie ihm vielleicht nähergebracht. Und jetzt raschelten auch noch diese Briefe von den Kindern in ihrer Bluse. Am liebsten hätte er sie ins Feuer geworfen.

»Janey«, flüsterte er.

»Ja, Liebster?« Sie lag an seiner Brust, aber so leicht, so entrückt. Beider Atem kam und ging gemeinsam.

»Janey!«

»Was ist?«

»Dreh dich zu mir«, flüsterte er. Langsam überzog eine tiefe Röte seine Stirn. »Küß mich, Janey! Du mußt mich küssen!«

Ihm schien, als wäre da eine winzige Pause verstrichen – lang genug aber, daß er Qualen erlitt –, ehe ihr Mund den seinen berührte, fest und leicht, ehe sie ihn küßte, wie sie es immer tat, als ob der Kuß – wie konnte er das nur in Worte fassen? – bekräftigte, was der Mund sagte, den Kontrakt besiegelte. Aber das war es nicht, wonach ihn verlangte. Das war es ganz und gar nicht, wonach er sich verzehrte. Auf einmal fühlte er sich ungeheuer müde.

»Wenn du wüßtest«, sagte er und öffnete die Augen, »wie das heute gewesen ist – diese Warterei. Ich dachte schon, das Schiff legte nie an. Da waren wir nun und hingen herum. Was hat euch denn so lange aufgehalten?«

Sie gab keine Antwort. Sie sah von ihm weg ins Feuer. Hurtig, hurtig züngelten die Flammen über die Kohlen, flackerten auf, fielen zusammen.

»Du schläfst doch nicht gar?« fragte Hammond und schaukelte sie auf seinen Knien.

»Nein«, sagte sie. Und dann: »Bitte nicht, Lieber. Nein, ich war nur in Gedanken. Um die Wahrheit zu sagen«, fuhr sie fort, »gestern abend ist einer der Passagiere gestorben – ein Mann. Das war's, was uns aufgehalten hat. Wir haben ihn hereingebracht – ich meine, er wurde nicht auf See begraben. So haben natürlich der Schiffsarzt und der Hafenarzt –«

»Was hatte er denn?« fragte Hammond unbehaglich. Er haßte es, von Tod zu hören. Er haßte es, daß das passiert war. Irgendwie komisch, aber es war, als wären Janey und er auf dem Weg zum Hotel einem Trauerzug begegnet.

»Ach, es war ganz und gar nichts Ansteckendes«, antwortete Janey. Sie flüsterte fast. »Es war das *Herz.*« Pause. »Armer Kerl!« sagte sie. »Ziemlich jung.« Und sie sah dem Feuer zu, wie es aufflackerte und versank. »Er starb in meinen Armen.«

Der Schlag kam so unerwartet, daß Hammond dachte, er würde ohnmächtig. Er konnte sich nicht rühren; er kriegte keine Luft. Er spürte, wie die ganze Kraft aus ihm strömte – in den mächtigen dunklen Sessel strömte, und der große dunkle Sessel hielt ihn fest, schlug ihn wie in Fesseln, zwang ihn, es zu ertragen.

»Was?« fragte er tonlos. »Was sagst du da?«

»Das Ende war ganz friedlich«, ließ sich die kleine Stimme hören. »Er hat einfach nur«, und Hammond sah, wie sie die zarte Hand hob, »am Schluß sein Leben ausgehaucht.« Und die Hand fiel herab.

»Wer – war noch dabei?« brachte Hammond fertig zu fragen.

»Niemand. Ich war mit ihm allein.«

Oh, mein Gott, was sagte sie da! Was tat sie ihm da nur an! Das würde ihn umbringen. Und die ganze Zeit redete sie: »Ich hab' gesehn, wie es anders wurde, und ich habe den Steward nach dem Arzt geschickt, aber der Arzt kam zu spät. Er hätte sowieso nichts mehr tun können.«

»Aber – warum denn *du*, warum denn ausgerechnet *du*?« stöhnte Hammond.

Bei diesen Worten wandte sich Janey rasch um, rasch durchforschte sie sein Gesicht.

»Das macht dir doch nicht gar etwas *aus*, John?« fragte sie. »Du bist doch nicht – das hat doch mit uns beiden nichts zu tun.«

Irgendwie brachte er es fertig, für sie so etwas wie ein Lächeln zusammenzukratzen. Irgendwie stammelte er: »Nein – w-weiter, w-weiter! Du sollst mir alles erzählen.«

»Aber, John, Liebster –«

»Erzähl mir's, Janey!«

»Da gibt es nichts zu erzählen«, erwiderte sie erstaunt. »Er war einer der Passagiere der ersten Klasse. Ich hab' gesehn, daß er sehr krank war, als er an Bord kam... Aber bis gestern schien es ihm soviel besser zu gehen. Am Nachmittag hatte er einen schweren Anfall – vermutlich Aufregung – Nervosität wegen der Ankunft. Und danach hat er sich nicht wieder erholt.«

»Aber warum hat denn nicht die Stewardeß –«

»Ach, mein Liebster – die Stewardeß!« sagte Janey. »Wie wäre ihm da zumute gewesen! Und außerdem ... es hätte ja auch sein können, daß er noch etwas sagen wollte ... daß –«

»Hat er nicht?« murmelte Hammond. »Hat er nichts mehr gesagt?«

»Nein, Liebling, kein Wort!« Sachte schüttelte sie den Kopf. »Die ganze Zeit über, die ich bei ihm war, war er zu schwach ... war er zu schwach, auch nur einen Finger zu rühren ...«

Janey schwieg. Doch ihre Worte, so leicht, so sanft, so kühl, schienen in der Luft zu schweben, wie Schnee in seine Brust zu fallen.

Das Feuer war zu roter Glut geworden. Mit lautem Knistern fiel es jetzt in sich zusammen, und es wurde kühler im Zimmer. Kälte kroch ihm die Arme hoch. Das Zimmer war riesengroß, ungeheuerlich, glitzernd. Es füllte seine ganze Welt aus. Dort das große leere Bett, darüber hingeworfen sein Mantel, wie ein Mann ohne Kopf, der sein Gebet aufsagt. Dort das Gepäck, es wartete gleichsam darauf, abermals weggetragen zu werden, irgendwohin, in Züge verfrachtet, auf Schiffe gehievt zu werden.

... ›Er war zu schwach. Er war zu schwach, einen Finger zu rühren.‹ Und doch ist er in Janeys Armen gestorben. Sie – die nie – niemals in all den Jahren – nie auch nur ein einziges Mal –

Nein, daran durfte er nicht denken. Der Gedanke daran war Wahnsinn. Nein, er wollte es sich nicht vorstellen. Er könnte es nicht aushalten. Es war einfach zu unerträglich!

Und jetzt zupfte Janey mit der Hand an seiner Krawatte. Sie drückte die Enden zusammen.

»Du – du bedauerst doch nicht, daß ich dir das erzählt habe, liebster John? Es hat dich doch nicht traurig gemacht?

Es hat nicht unseren Abend verdorben – unser Beisammensein allein?«

Aber da mußte er das Gesicht verbergen. Er preßte das Gesicht an ihre Brust, und seine Arme umfingen sie.

Ihren Abend verdorben! Ihr Alleinsein verdorben! Nie wieder würden sie miteinander allein sein.

Bankfeiertag

Ein korpulenter Mann mit einem rosigen Gesicht trägt schmuddelige weiße Flanellhosen, einen blauen Rock, aus dem ein rosarotes Taschentuch hervorsieht, und hinten auf dem Kopf sitzt ihm ein viel zu kleiner Strohhut. Er spielt Gitarre. Ein kleiner Kerl in weißen Segeltuchschuhen, das Gesicht unter einem Filzhut wie unter einem abgebrochenen Flügel verborgen, bläst in eine Flöte; und ein langer dünner Mensch mit Knopfstiefeln, die aus allen Nähten platzen, entlockt einer Geige in langen, verschlungenen, strömenden Fetzen eine Melodie. Ohne zu lächeln, aber auch nicht ernst, stehen sie da gegenüber dem Obstladen im hellen Sonnenlicht; die rosige Spinnenhand schlägt auf die Gitarre, die kleine gedrungene Hand, mit einem Messing-Türkis-Ring, strapaziert die widerspenstige Flöte, und der Arm des Fiedlers versucht, die Geige zu zersägen.

Eine Menge versammelt sich, die Leute essen Apfelsinen und Bananen, sie schälen die Früchte, zerteilen, verteilen sie. Ein junges Mädchen hat sogar einen Korb Erdbeeren, doch sie ißt sie nicht. »Die sind doch *teuer*!« Sie starrt die winzigen gepünktelten Beeren an, als hätte sie Angst vor ihnen. Der australische Soldat lacht. »Ach, komm, das ist doch nur ein Mundvoll.« Doch er will auch nicht, daß sie sie ißt. Er beobachtet gern das kleine ängstliche Gesicht und die ratlosen Augen, die zu ihm aufblicken: »Die sind ja *furchtbar teuer*!« Er reckt die Brust vor und grinst. Alte dicke Frauen in Samtmiedern – alte staubige Nadelkissen –, dürre alte Hexen wie verschlissene Schirme, einen wackelnden Hut auf dem Kopf; junge Frauen in Musselinkleidern, mit Hüten, die auf Hecken hätten wachsen können, und hohen spitzen Schuhen; Männer in Khaki, Seeleute, schäbige Kontoristen, junge Juden in Anzügen aus feinem Tuch mit Schulterpolster und weiten Hosen, ›Spitteljungs‹ in Blau – die Sonne entdeckt sie –, die laute, verwegene Musik hält sie einen Augenblick lang in einem einzigen großen Knäuel zusammen. Die Jüngeren albern herum, schubsen einander schlängelnd und knuffend rauf und runter vom Bürgersteig; die Älteren schwatzen: »Also hab' ich ihm gesagt, wennse den Doktor wollen, müssense ihn holen, sag' ich.«

»Und bis die endlich gar war'n, da war's nich' mal mehr 'ne Handvoll!«

Still sind einzig und allein die zerlumpten Kinder. Mit großen Augen, die Hände auf dem Rücken, stehen sie da, so nahe bei den Musikanten, wie es nur geht. Ab und zu hüpft mal ein Bein, wackelt ein Arm. Überwältigt dreht sich ein winziges Dingelchen, unsicher auf den Beinen, zweimal im Kreis, setzt sich erst hin und steht dann wieder auf.

»Is' das nich' wunderschön?« flüstert ein kleines Mädchen hinter vorgehaltener Hand.

Und die Kapelle spielt auf einmal lebhafte Stücke, geht auseinander und kommt wieder zusammen, und geht erneut auseinander und löst sich auf, und die Menge verläuft sich, zieht langsam den Berg hinauf.

An der Straßenecke beginnen die Stände.

»Kitzler! Zwei Pence der Kitzler! Wer will was zum Kitzeln? Kitzelt se nur schön, Jungs.« Kleine weiche Besen an Drahtstielen. Eifrig werden sie von den Soldaten gekauft.

»Kauft Mohrenpuppen! Zwei Pence 'ne Mohrenpuppe!«

»Kauft Hampelmänner! Quicklebendig – oh!«

»*Suuu*-per Kaugummi. Damit ihr was zu tun habt, Jungs.«

»Kauft Rosen. Gib ihr 'ne Rose, Junge. Rosen, meine Dame?«

»Feeedern! Feeedern!« Da kann man kaum widerstehen.

Wunderschöne wehende Federn, smaragdgrün, scharlachrot, leuchtendblau, kanariengelb. Sogar die Babys tragen Federn, man hat ihnen welche in die Mützchen gesteckt.

Und eine alte Frau mit einem Dreispitz aus Papier schreit, als wäre es ihr letzter Rat zum Abschied, die einzige Art, einen zu retten oder ihn zur Vernunft zu bringen: »Kaufense 'nen Dreispitz, gute Frau, und setzense ihn auf!«

Es ist ein windiger Tag, teils Sonne, teils Wind. Wenn die Sonne weggeht, fliegt ein Schatten darüberhin; wenn sie wieder hervorkommt, ist es glühend heiß. Die Männer und Frauen spüren, wie sie ihnen auf Rücken, Brust und Arme brennt; sie spüren, wie sich ihr Körper ausdehnt, lebendig wird ..., so daß sie mit ihren Gesten die ganze Welt umspannen, die Arme hochheben, einfach so, sich auf ein Mädchen stürzen, in Gelächter ausbrechen.

Zitronenlimonade! Ein ganzer Behälter davon steht auf einem mit einem Tuch bedeckten Tisch; und in dem gelben Wasser blubbern die Zitronen wie schwerfällige Fische. Sie sieht geradezu fest aus in den dicken Gläsern, wie Gelee. Warum können sie nicht die Limonade trinken, ohne welche zu verschütten? Alle verschütten sie welche, und ehe das Glas wieder zurückgegeben wird, werden die letzten Tropfen ringsherum verspritzt.

Rund um den Eiskarren mit der gestreiften Markise und dem leuchtenden Messingdach drängen sich die Kinder. Kleine Zungen schlecken, lecken rings um die Eiscremetrichter, rund um die Vierecke. Der Deckel wird hochgehoben, der Holzlöffel fährt hinein; man schließt die Augen, um es zu schmecken, und schnabuliert still vor sich hin.

»Lassen Sie sich von diesen kleinen Vögeln die Zukunft weissagen!« Sie steht neben dem Bauer, eine verhutzelte alterslose Italienerin, dabei faltet sie immer wieder ihre dunklen Krallen. Ihr Gesicht, eine feingemeißelte Kostbarkeit, ist in ein grün-goldenes Tuch gebunden. Und in ihrem

Kerker flattern die Turteltauben auf das Papier in der Körnerschale zu.

»Sie besitzen große Charakterstärke. Sie werden einen rothaarigen Mann heiraten und drei Kinder kriegen. Nehmen Sie sich vor einer blonden Frau in acht. Vorsicht! Aufgepaßt! Ein von einem dicken Fahrer chauffiertes Automobil kommt den Berg heruntergesaust. Drinnen sitzt eine Blondine, sie zieht einen Schmollmund, lehnt sich vor – braust durch Ihr Leben – Vorsicht! Geben Sie acht!«

»Meine Damen und Herren, ich bin professioneller Auktionator, und wenn das, was ich Ihnen sage, nicht der Wahrheit entspricht, dann muß ich mit dem Entzug meiner Lizenz und schwerer Gefängnisstrafe rechnen.« Er hält die Lizenz an die Brust; der Schweiß läuft ihm übers Gesicht in den Papierkragen hinein; sein Blick ist glasig. Wenn er den Hut abnimmt, sieht man eine tiefe Runzel entzündetes Fleisch auf seiner Stirn. Eine Uhr kauft niemand.

Abermals aufgepaßt! Eine Mordskalesche kommt den Berg herunter angeschaukelt, darin sitzen zwei alte, uralte Dinger. Sie hält einen Sonnenschirm aus Spitze hoch; er lutscht am Knauf seines Rohrstocks, und wenn der Wagen schaukelt, rollen die fetten alten Leiber zueinander, und der dampfende Gaul zieht hinter sich eine Spur aus Pferdeäpfeln, während er im Paßgang bergab trottet.

Unter einem Baum steht, mit Barett und Talar, Professor Leonard neben seinem Panier. »Für einen Tag« ist er von der Londoner, Pariser und Brüsseler Ausstellung hergekommen, um aus dem Gesicht das Schicksal vorherzusagen. Und er steht da und lächelt einem aufmunternd zu, wie ein unbeholfener Zahnarzt. Wenn die großen kräftigen Männer, die eben noch herumgetollt und geflucht hatten, ihre sechs Pence hingeben und vor ihm stehen, sind sie auf einmal ernst, stumm und schüchtern und werden beinahe rot, während der Professor mit schneller Hand die gedruckte Karte einkerbt. Sie ähneln kleinen Kindern, die der Besitzer, der hinter einem Baum hervorkommt, beim Spielen in einem verbotenen Garten ertappt hat.

Die Anhöhe ist geschafft. Wie heiß es doch ist! Wie schön es ist! Das Gasthaus ist geöffnet, und die Menschen drängen hinein. Am Rande des Bürgersteigs sitzt eine Mutter mit Kind, und der Vater bringt ihr ein Glas mit einer dunklen, bräunlichen Flüssigkeit heraus, und drängelt sich dann ungestüm wieder hinein. Aus dem Wirtshaus dringen Biergeruch und lautes Klappern und Stimmengewirr.

Der Wind hat sich gelegt, und die Sonne brennt heißer denn je. Vor den beiden Pendeltüren klebt eine dichte Traube Kinder, wie Fliegen an der Öffnung eines Geleetopfes.

Und den Berg kommen immer mehr Menschen herauf, sie strömen herauf mit Kitzlern und Mohrenpuppen und Rosen und Federn. Sie drängen herauf, herauf ins Licht und die Hitze, und sie schreien und lachen und kreischen, als würden sie, weit unten, von etwas geschoben, und von der Sonne, weit vor ihnen – gezogen, hinauf in den vollen, hellen, blendenden Strahlenkranz, wo ... hin?

Eine ideale Familie

An diesem Abend, als sich der alte Mr. Neave durch die Pendeltür drängte und die drei breiten Stufen zum Bürgersteig hinunterging, hatte er zum ersten Mal in seinem Leben das Gefühl, daß er für den Frühling zu alt sei. Da war der Frühling – warm, ungeduldig, rastlos – und wartete auf ihn in dem goldenen Licht, bereit, vor aller Augen herbeizueilen, ihm den weißen Bart zu zausen, ihn gar lieb am Arm zu ziehen. Und er konnte ihm nicht entgegentreten, nein; er konnte sich nicht noch einmal kampfbereit vor ihm aufpflanzen, um dann mit schnellen Schritten davonzugehen, beschwingt wie ein junger Mann. Er war müde, und obgleich die Abendsonne noch immer schien, fror er ganz sonderbar und fühlte sich am ganzen Körper taub. Mit einem Mal hatte er nicht die Energie, hatte er nicht den Mut, diese Fröhlichkeit, dieses muntere Treiben länger auszuhalten; es verwirrte ihn. Er wollte stillstehen, es mit dem Stock wegwinken, sagen: »Fort mit dir!« Plötzlich bedeutete es eine fürchterliche Anstrengung, wie üblich – indem er mit dem Stock an seinen Schlapphut tippte – die ganzen Leute, die er kannte, zu grüßen, die Freunde, Bekannten, Ladenbesitzer, Briefträger, Fahrer. Doch den fröhlichen Blick, der zu dieser Geste gehörte, das freundliche Zwinkern, das zu sagen schien: »Da bin ich, wer ist mehr?« – das brachte der alte Mr. Neave nun überhaupt nicht zustande. Er stapfte dahin, dabei hob er die Knie hoch, wie wenn er durch Luft ginge, die irgendwie schwer und dicht wie Wasser geworden war. Und die heimwärts ziehende Menge eilte vorbei, die Straßenbahnen klapperten, die leichten Wagen rumpelten, die großen schaukelnden Droschken rollten mit dieser tollkühnen, herausfordernden

Gleichgültigkeit dahin, wie man sie nur in Träumen kennt...

Es war ein Tag wie sonst auch im Büro gewesen. Ohne besondere Vorkommnisse. Harold war erst kurz vor vier vom Lunch zurückgekommen. Wo war er nur gewesen? Was hatte er angestellt? Das würde er seinem Vater wohl nicht verraten. Der alte Mr. Neave war zufällig in der Halle gewesen, um einen Besucher zu verabschieden, als Harold hereingeschlendert kam, geschniegelt und gebügelt wie gewöhnlich, gelassen und weltmännisch und mit diesem speziellen kleinen halben Lächeln, das die Frauen so faszinierend fanden.

Ach, Harold war einfach zu hübsch, viel zu hübsch; das war schon immer das Problem gewesen. Kein Mann hatte das Recht, solche Augen zu haben, solche Wimpern und solche Lippen; es war geradezu unheimlich. Was seine Mutter, seine Schwestern und die Dienstboten betraf, so war es nicht zuviel gesagt, daß sie einen jungen Gott aus ihm machten; sie vergötterten Harold, sie verziehen ihm alles; und zu verzeihen war da schon allerhand gewesen, seit damals, als er dreizehn war und er seiner Mutter das Portemonnaie gestohlen hatte, das Geld genommen und das Portemonnaie im Schlafzimmer der Köchin versteckt hatte. Der alte Mr. Neave schlug heftig mit dem Stock auf die Bordsteinkante. Doch nicht nur seine Familie verwöhnte Harold, dachte er bei sich, alle verwöhnten ihn; er brauchte sie nur anzusehen und zu lächeln, und es war um sie geschehen. So mußte man sich vielleicht auch nicht wundern, daß er erwartete, daß das Büro die Tradition fortsetzte. Hm, hm! Aber das ging nicht. Kein Geschäft – nicht einmal ein erfolgreiches, etabliertes, großes rentables Unternehmen ließ mit sich spielen. Entweder war ein Mann mit Leib und Seele dabei, oder es ginge alles vor seinen Augen kaputt...

Und da setzten ihm Charlotte und die Mädchen immer

zu, das Ganze doch Harold zu überschreiben, sich zur Ruhe zu setzen und seine Zeit damit zu verbringen, sich zu amüsieren. Sich zu amüsieren! Abrupt blieb der alte Mr. Neave unter einer Gruppe alter Kohlpalmen vor den Regierungsgebäuden stehen! Sich amüsieren! Leise säuselten die dunklen Blätter im Abendwind. Zu Hause zu sitzen, Däumchen zu drehen und dabei die ganze Zeit zu wissen, daß sein Lebenswerk dahinschwand, sich auflöste, Harold durch die schönen Finger glitt, während Harold lächelte...

»So nimm doch Vernunft an, Vater! Du mußt doch wirklich nicht ins Büro gehen. Es macht's nur äußerst peinlich für uns, wenn die Leute immerzu sagen, wie müde du doch aussiehst. Hier ist dieses große Haus mit dem Garten. Du könntest doch bestimmt glücklich sein, es – es zur Abwechslung mal zu genießen. Oder du könntest dir ja auch ein Hobby zulegen.«

Und auch Lola, die Jüngste, hatte hochtrabend ihren Senf dazugegeben: »Alle Männer müßten ein Hobby haben. Es ist doch kein Leben, ohne.«

So, so! Als er mühsam begann, die Anhöhe zu erklimmen, die zur Harcourt Avenue führte, konnte er sich eines grimmigen Lächelns nicht erwehren. Wo wären denn Lola und ihre Schwestern und Charlotte, wenn er Hobbys nachgegangen wäre, das wüßte er doch zu gern? Mit Hobbys konnte man wohl nicht das Haus in der Stadt und den Bungalow am Meer und die Pferde und Golf und das sechzig Guineen teure Grammophon im Musikzimmer bezahlen, nach dem sie tanzten. Nicht daß er ihnen das alles nicht gegönnt hätte. Nein, sie waren elegante, gutaussehende Mädchen, und Charlotte war eine bemerkenswerte Frau; es war nur natürlich, daß sie überall fleißig mitmischten. Ja, kein anderes Haus in der Stadt war so beliebt wie ihres; keine andere Familie hatte so viele Gäste. Und wie oft hatte der alte Mr. Neave nicht, während er die Zigarrenkiste über den Rauchzimmertisch schob, Lobeshymnen auf seine Frau, Töchter, ja sogar auf ihn selbst angehört?

»Sie sind wirklich eine ideale Familie, Sir, eine ideale Familie. Von so etwas liest man sonst nur oder sieht's auf der Bühne.«

»Schon recht, mein Junge«, pflegte der alte Mr. Neave dann zu erwidern. »Probieren Sie doch mal eine hiervon; die werden Ihnen bestimmt schmecken. Und wenn Sie im Garten rauchen möchten, dann finden Sie die Mädchen sicherlich auf dem Rasen.«

Deswegen hätten die Mädchen auch nie geheiratet, meinten die Leute. Dabei hätten sie jeden haben können. Aber zu Hause gefiel es ihnen viel zu gut. Sie waren einfach zu glücklich miteinander, die Mädchen und Charlotte. Hm, hm! So, so! Vielleicht ...

Inzwischen war er die ganze vornehme Harcourt Avenue langgelaufen; hatte das Eckhaus erreicht, ihr Haus. Das Einfahrtstor stand offen; auf dem Weg waren frische Wagenspuren. Und dann stand er vor dem großen weißgetünchten Haus, die Fenster waren weit geöffnet, die Tüllgardinen blähten sich leicht, auf den breiten Sohlbänken standen blaue Hyazinthentöpfe. Zu beiden Seiten des Remisenvorbaus begannen ihre – in der ganzen Stadt berühmten – Hortensien zu blühen; das rötliche, bläuliche Blütenmeer leuchtete zwischen den ausladenden Blättern. Und irgendwie kam es dem alten Mr. Neave vor, als wollten das Haus und die Blumen, sogar die frischen Spuren auf der Auffahrt sagen: »Hier ist junges Leben. Da sind Mädchen –«

Wie immer war die Diele dunkel vor lauter Mänteln, Sonnenschirmen, Handschuhen, die sich auf den Eichentruhen türmten. Aus dem Musikzimmer klang das Klavier, schnell, laut und ungeduldig. Durch die Tür zum Salon, die einen Spaltbreit offenstand, drangen Stimmen.

»Und gab es Eis?« fragte Charlotte. Dann knarrte ihr Schaukelstuhl, knarrte.

»Eis!« rief Ethel. »Liebste Mutter, solches Eis hast du noch nie gesehen. Nur zwei Sorten. Und eine davon ein gewöhnliches kleines Erdbeereis aus dem Laden, in einer völlig triefenden Manschette.«

»Das Essen war überhaupt zu fürchterlich«, war Marion zu hören.

»Es ist aber auch noch ziemlich früh für Eis«, sagte Charlotte leichthin.

»Aber wieso denn, wenn man überhaupt welches hat ...«, begann Ethel.

»Oh, genau, Liebes«, sang Charlotte sanft.

Plötzlich ging die Tür zum Musikzimmer auf, und Lola stürzte heraus. Als sie den alten Mr. Neave sah, erschrak sie, ja, schrie sie beinahe auf.

»Du meine Güte, Vater! Du hast mich aber erschreckt! Bist du gerade erst heimgekommen? Wieso ist Charles nicht hier, um dir beim Ablegen zu helfen?«

Ihr Gesicht war vom Spiel gerötet, die Augen glänzten, das Haar fiel ihr in die Stirn. Und ihr Atem ging, als ob sie im Dunkeln angerannt gekommen und erschrocken wäre. Der alte Mr. Neave starrte seine jüngste Tochter an; ihm war, als hätte er sie nie zuvor gesehen. Also das war Lola? Doch sie schien den Vater vergessen zu haben; er war's nicht, auf den sie dort wartete. Nun steckte sie den Zipfel ihres zusammengeknüllten Taschentuchs zwischen die Zähne und zerrte ärgerlich daran. Das Telefon läutete. A-ah! Lolas Aufschrei klang wie ein Seufzer, und sie stürzte an ihm vorbei. Die Tür zum Telefonraum knallte zu, und im gleichen Augenblick rief Charlotte: »Bist du's, Vater?«

»Du bist ja wieder ganz müde«, sagte Charlotte vorwurfsvoll, und sie hielt den Schaukelstuhl an und bot ihm ihre warme pflaumengleiche Wange. Die blonde Ethel gab ihm ein Küßchen auf den Bart; Marions Lippen streiften sein Ohr.

»Bist du etwa gelaufen, Vater?« fragte Charlotte.

»Ja, ich bin heimgelaufen«, sagte der alte Mr. Neave, und er sank in einen der riesigen Sessel.

»Aber warum hast du denn keine Droschke genommen?« fragte Ethel. »Um die Zeit gibt's doch massenhaft Droschken.«

»Liebste Ethel«, rief Marion, »wenn Vater lieber bis zur Erschopfung laufen will, dann ist das wohl seine Sache und geht uns nichts an.«

»Kinder, Kinder!« beschwichtigte Charlotte.

Doch Marion ließ sich nicht beirren. »Nein, Mutter, du verwöhnst Vater zu sehr, und das ist nicht richtig. Du solltest strenger zu ihm sein. Er ist sehr ungezogen.« Sie lachte ihr hartes, munteres Lachen und drückte sich vor dem Spiegel das Haar zurecht. Komisch! Als sie ein kleines Mädchen war, hatte sie so eine sanfte, stockende Stimme gehabt; sogar gestottert hatte sie, und jetzt dagegen, was immer sie sagte – selbst wenn es nur »die Marmelade bitte, Vater« war, tönte es, als ob sie auf der Bühne wäre.

»Ist Harold vor dir weg, Lieber?« fragte Charlotte und begann wieder zu schaukeln.

»Ich weiß nicht«, sagte der alte Mr. Neave.

»Ich weiß nicht. Ich habe ihn nach vier Uhr nicht mehr gesehen.«

»Er hat gesagt –«, begann Charlotte.

Doch in dem Augenblick lief Ethel, die nervös in den Seiten irgend so einer Zeitung herumgeblättert hatte, zu ihrer Mutter und sank neben ihrem Stuhl nieder.

»Da, sieh mal«, rief sie. »So etwas meine ich, Mama. Gelb, mit ein bißchen Silber. Meinst du nicht auch?«

»Zeig mal her, Liebes«, sagte Charlotte. Sie suchte nach ihrer Schildpattbrille und setzte sie auf, tippte leicht mit ihren molligen kleinen Fingern auf die Seite und schürzte die Lippen. »Allerliebst!« sang sie unbestimmt; sie sah Ethel über die Brille hinweg an. »Aber nicht mit der Schleppe.«

»Ohne die Schleppe!« jammerte Ethel tragisch. »Aber die Schleppe ist doch der Clou.«

»Komm, Mutter, laß mich entscheiden.« Marion riß Charlotte neckisch die Zeitung weg. »Ich bin Mutters Meinung«, rief sie triumphierend. »Die Schleppe ist zuviel.«

Sich selbst überlassen, versank der alte Mr. Neave in der breiten Mulde des Sessels, und, vor sich hin dösend, hörte er sie wie im Traum. Kein Zweifel, er war erschöpft; er hatte den Halt verloren. Sogar Charlotte und die Mädchen waren ihm heute abend zuviel. Sie waren zu ... zu ... Doch alles, was seinem schläfrigen Hirn einfiel, war – zu *reich* für ihn. Und irgendwo hinter alledem beobachtete er einen kleinen verhutzelten alten Mann, wie er eine endlose Treppe hochstieg. Wer war das?

»Ich ziehe mich heute abend nicht um«, murmelte er.

»Was sagst du, Vater?«

»Äh, was, wie?« Der alte Mr. Neave schreckte aus dem Schlaf hoch und starrte sie an. »Heute abend ziehe ich mich nicht um«, wiederholte er.

»Aber Vater, Lucile und Henry Davenport und Mrs. Teddie Walker kommen doch.«

»Wie soll denn *das* aussehen!«

»Fühlst du dich nicht wohl, Lieber?«

»Du mußt dich doch gar nicht bemühen. Wo*zu* ist denn Charles da?«

»Aber wenn dir wirklich nicht danach ist«, meinte Charlotte unschlüssig.

»Schon gut! Schon gut!« Der alte Mr. Neave stand auf, um mit diesem kleinen treppensteigenden Alten mitzugehen, wenigstens bis zum Ankleidezimmer.

Dort wartete der junge Charles auf ihn. Behutsam, als hinge alles davon ab, wickelte er ein Handtuch um den Krug mit dem heißen Wasser. Der junge Charles war sein Liebling schon seit er als kleiner rotbäckiger Junge ins Haus gekommen war, um aufs Feuer aufzupassen. Der alte Mr. Neave ließ sich auf das Korbsofa am Fenster sinken, streckte die Beine aus und machte seinen kleinen abendlichen Scherz. »Mach ihn fein, Charles!« Und Charles, er atmete heftig und runzelte die Stirn, beugte sich vor, um ihm die Krawattennadel herauszuziehen.

Hm, hm! So, so! Es war angenehm am offenen Fenster, sehr angenehm – ein schöner milder Abend. Unten auf dem Tennisplatz schnitten sie das Gras; er hörte das leise Surren des Mähers. Bald würden die Mädchen wieder mit ihren Tennispartys anfangen. Und bei dem Gedanken war ihm, er höre Marions Stimme, die da tönte: »Bravo, Partner ... Oh, *na also*, Partner ... Ach, *sehr* schön.« Dann Charlotte, die von der Veranda her rief: »Wo ist denn Harold?« Und Ethel: »Hier jedenfalls nicht, Mutter.« Und Charlotte, unbestimmt: »Er hat aber gesagt –«

Der alte Mr. Neave seufzte, stand auf, und indem er eine Hand unter den Bart hielt, nahm er vom jungen Charles den Kamm und kämmte sorgfältig den weißen Bart durch. Charles gab ihm ein zusammengefaltetes Taschentuch, Uhr und Siegel sowie das Brillenfutteral.

»Nun ist's aber gut, meine Junge.« Die Tür schloß sich, er ließ sich zurücksinken, er war allein ...

Und nun stieg dieser kleine Alte endlose Treppen hinunter, die in ein glitzerndes, fröhliches Speisezimmer führten. Was für Beine er hatte! Wie eine Spinne – dünn, verkümmert.

»Sie sind wirklich eine ideale Familie, Sir, eine ideale Familie.«

Aber wenn das stimmte, warum hielten ihn dann Charlotte oder die Mädchen nicht auf? Warum war er dann ganz allein, wie er so hinauf- und hinunterstieg? Wo war Harold? Ach, es war sinnlos, von Harold irgend etwas zu erwarten. Hinunter ging die kleine alte Spinne, hinunter, und dann, zu seinem Entsetzen, sah der alte Mr. Neave, wie er sich am Eßzimmer vorbeischlich und auf die Vorhalle zusteuerte, die dunkle Auffahrt, das Tor, das Büro. Halt, so halte ihn doch einer auf!

Der alte Mr. Neave schreckte hoch. Im Ankleidezimmer war es dunkel; das Fenster schimmerte fahl. Wie lange hatte er wohl geschlafen? Er lauschte, und durch das große, luftige, dunkle Haus klangen entfernte Stimmen, entfernte Geräusche. Vielleicht, dachte er dumpf, hatte er lange geschlafen. Man hatte ihn vergessen. Was hatte das alles mit ihm zu tun – das Haus hier und Charlotte, die Mädchen und Harold –, was wußte er denn eigentlich von ihnen? Sie waren ihm fremd. Das Leben war an ihm vorbeigegangen. Charlotte war nicht seine Frau. Seine Frau!

...Ein dunkles Vordach, halb versteckt unter Passionsblumenranken, die traurig und bekümmert herunterhingen, gleichsam verständnisvoll. Kleine, warme Arme umschlangen seinen Hals. Ein Gesicht, klein und blaß, hob sich zu ihm empor, und eine Stimme flüsterte: »Leb wohl, mein Schatz.«

Mein Schatz! »Leb wohl, mein Schatz!« Wer von ihnen hatte da gesprochen? Warum hatten sie Lebewohl gesagt? Das mußte doch ein schrecklicher Irrtum sein. *Sie* war doch seine Frau, dieses kleine blasse Mädchen, und sein ganzes restliches Leben war nur ein Traum gewesen.

Da ging die Tür auf, und der junge Charles stand da im Licht, legte die Hände an die Hosennaht und rief wie ein junger Soldat: »Es ist angerichtet, Sir!«

»Ich komme, ich komme ja schon«, sagte der alte Mr. Neave.

Die Zofe

Dreiundzwanzig Uhr. Es klopft an der Tür.

...Ich hoffe, ich habe Sie nicht gestört, Madam. Sie haben doch noch nicht geschlafen? Aber ich habe meiner Herrin gerade den Tee gebracht, und da ist noch so eine schöne Tasse übrig, da habe ich mir gedacht, vielleicht...

...Überhaupt nicht, Madam. Als letztes mache ich immer eine Tasse Tee. Sie trinkt ihn im Bett, nachdem sie gebetet hat, um sich aufzuwärmen. Wenn sie sich hinkniet, setze ich den Kessel auf, und ich sage zu ihm: »*Du* kannst dir beim Beten ruhig etwas Zeit lassen.« Doch das Wasser kocht immer schon, da ist meine Herrin erst zur Hälfte durch. Wissen Sie, Madam, wir kennen ja so viele Leute, und für sie alle muß man beten – jeden einzelnen. Meine Herrin hat eine Liste der Namen in einem kleinen roten Buch. Ach du liebe Güte! Jedesmal wenn jemand Neues bei uns zu Besuch war und meine Herrin hinterher sagt: »Ellen, gib mir mal mein kleines rotes Buch«, packt mich regelrecht die Wut. »Noch einer«, denke ich, »der sie nicht ins Bett kommen läßt, und das bei jedem Wetter.« Und ein Kissen will sie auch nicht, müssen Sie wissen, Madam; sie kniet auf dem harten Teppich. Es macht mich schrecklich nervös, wenn ich sie so sehe, wo ich sie doch so gut kenne. Ich habe auch schon versucht, sie zu täuschen; ich habe die Daunendecke hingelegt. Aber als ich das zum ersten Mal gemacht habe – oh, da hat sie mir vielleicht einen Blick zugeworfen – richtig heilig, Madam. »Hatte unser Herr Jesus etwa eine Daunendecke, Ellen?« sagte sie. Doch – damals war ich jünger – ich hätte am liebsten gesagt: »Nein, aber der Herr Jesus war nicht so alt wie Sie, und er wußte auch nicht, wie das ist, wenn man solchen Hexenschuß hat sie Sie.« Ganz schön frech, wie? Aber sie ist einfach *zu* gut, wissen Sie, Madam. Wie ich sie jetzt eben zugedeckt habe und sah – gesehen habe, wie sie dalag, die Hände draußen und den Kopf auf dem Kissen – so hübsch –, da konnte ich mir nicht helfen, ich mußte einfach denken: »Jetzt sehen Sie genau wir Ihre liebe Frau Mutter aus, als ich sie aufgebahrt hatte!«

... Ja, Madam, das war alles mir überlassen. Ach, sie sah ja so reizend aus. Ich habe sie frisiert, ihr die Haare ganz weich, in lauter zierlichen Locken um die Stirn gekämmt, und neben den Hals habe ich auf einer Seite einen Strauß wunderschöne lila Stiefmütterchen gelegt. Bildschön sah sie aus mit diesen Stiefmütterchen, Madam! Das werde ich nie vergessen. Heute abend, als ich meine Herrin ansah, habe ich gedacht: »Also, wenn jetzt noch die Stiefmütterchen da wären, keiner könnte den Unterschied merken.«

... Erst das letzte Jahr, Madam. Erst, nachdem sie ein bißchen – na ja – abgebaut hatte, wie man sagen könnte. Natürlich war sie nie gefährlich; sie war eine ganz reizende alte Dame. Aber wie das bei ihr kam – sie dachte immer, sie hätte was verloren. Sie konnte nicht stillhalten, sie konnte keine Ruhe finden. Den ganzen Tag geisterte sie herum, war überall und nirgends; man traf sie überall – auf der Treppe, auf der Veranda, auf dem Weg zur Küche. Und dann sah sie einen an und sagte – ganz wie ein Kind: »Es ist weg, es ist weg.« »Kommen Sie«, sagte ich dann, »kommen Sie, ich leg' Ihnen Ihre Patience.« Aber dann faßte sie mich an der Hand – ich war ihr Liebling – und flüsterte: »Such's für mich, Ellen. Such's doch für mich.« Traurig, nicht wahr?

... Nein, sie hat sich nie wieder erholt, Madam. Am Ende hatte sie dann einen Schlaganfall. Die letzten Worte, die sie je gesagt hat, waren – ganz langsam: »Guck mal – in – den – Guck – mal – in –« Und dann war sie tot.

... Nein, Madam, davon habe ich nichts gemerkt. Vielleicht ein paar Mädchen. Doch es ist so, müssen Sie wissen, ich habe doch niemanden außer meiner Herrin. Als ich vier war, starb meine Mutter an der Schwindsucht, und ich habe bei meinem Großvater gelebt, der einen Friseursalon hatte. Die ganze Zeit war ich im Laden unter einem Tisch und habe meine Puppe frisiert – ich hab' wohl die Friseusen nachgemacht. Die waren ja so nett zu mir. Haben mir immer kleine Perücken gemacht, in allen Farben, nach der neuesten Mode und so. Und da saß ich dann den ganzen Tag da, mucksmäuschenstill – die Kundschaft hat's gar nicht gemerkt. Bloß ab und zu mal hab' ich unter der Tischdecke rausgeguckt.

...Aber eines Tages habe ich doch eine Schere in die Hand gekriegt und – stellen Sie sich mal vor, Madam, ich hab' mir die ganzen Haare abgeschnitten; einfach so abgeschnippelt, in lauter Schnippelchen, so ein kleines Äffchen war ich. Der Großvater war *außer sich*! Er griff sich die Brennschere – das werde ich nie vergessen – packte mich an der Hand und klemmte meine Finger dazwischen. »Das soll dir eine Lehre sein!« sagte er. Es hat fürchterlich gebrannt. Die Narbe davon habe ich noch heute.

...Na ja, sehen Sie, Madam, er war so stolz auf meine Haare gewesen. Bevor die Kunden kamen, setzte er mich immer auf den Ladentisch und machte mir eine wunderschöne Frisur – große, weiche Locken und oben gewellt. Ich weiß noch, wie die Gehilfen danebenstanden, und ich so ernst mit dem Penny, den Großvater mir dabei immer zum Halten gab... Aber hinterher hat er mir den Penny immer wieder weggenommen. Der arme Großvater! Er hat förmlich vor Wut gerast bei meinem Anblick, so erschrocken war er. Doch damals hat er mich erschreckt. Wissen Sie, was ich gemacht habe, Madam? Ich bin weggelaufen. Ja, ich bin losgerannt, um die Ecken, rein und raus, wo war ich nicht alles. Ach du meine Güte, ich muß unmöglich ausgesehen haben, die Hand so in die Schürze gewickelt, und wie die

Haare so abstanden. Die Leute müssen gelacht haben, als sie mich sahen …

… Nein, Madam, Großvater ist nie darüber weggekommen. Er konnte meinen Anblick danach nicht mehr ertragen. Konnte nicht mal essen, wenn ich da war. So hat mich dann eine Tante zu sich genommen. Sie war ein Krüppel, Polsterin. Winzig klein war sie! Wenn sie die Rückenlehnen ausschneiden wollte, mußte sie sich auf die Sofas stellen. Und da, wie ich ihr half, habe ich auch meine Herrin kennengelernt …

… Nicht so ganz, Madam. Ich war gerade dreizehn geworden. Und ich kann mich nicht erinnern, daß ich mich jemals – na ja – wie ein Kind gefühlt habe, wie man so sagt. Sehen Sie, da war doch meine Uniform und all so was. Von Anfang an hat mich meine Herrin in Kragen und Manschetten gesteckt. O doch – einmal schon! Das war – schon komisch! Es war so. Meine Herrin hatte ihre zwei kleinen Nichten zu Besuch – damals wohnten wir in Sheldon –, und auf dem Anger war Jahrmarkt.

»Na, Ellen«, sagte sie, »ich möchte, daß du mit den zwei jungen Damen zu den Eseln gehst und sie reiten läßt.« Fort ging's; das waren ernste kleine Dingelchen; jede an einer Hand. Aber als wir zu den Eseln kamen, trauten sie sich nicht darauf. Also standen wir da und guckten statt dessen zu. Schön waren diese Esel! Es waren die ersten, die ich sah, die nicht vor einen Karren gespannt waren – einfach so zum Vergnügen gewissermaßen. Sie waren wunderschön silbergrau, hatten kleine rote Sättel und blaues Zaumzeug, und an den Ohren, klingeling, bimmelten Glöckchen. Und drauf ritten ziemlich große Mädchen – sogar noch älter als ich – und amüsierten sich so. Überhaupt nicht gewöhnlich, das meine ich nicht, Madam, es machte ihnen einfach Spaß. Und ich weiß auch nicht, warum, doch wie die kleinen Füße so liefen und die Augen – so sanft – und die weichen Ohren –, da wollte ich mehr als alles auf der Welt auf einem Esel reiten!

...Das ging natürlich nicht. Da waren ja meine beiden jungen Herrinnen. Und wie hätte ich wohl ausgesehen, wenn ich in meiner Uniform da oben gehockt hätte? Doch den ganzen restlichen Tag gab es für mich nur Esel – die Esel gingen mir nicht mehr aus dem Kopf. Ich hatte das Gefühl, ich müßte platzen, wenn ich es nicht jemandem erzählte; aber wem hätte ich's denn erzählen können? Doch als ich ins Bett ging – ich schlief im Zimmer von Mrs. James, das war damals unsere Köchin –, sobald das Licht aus war, waren sie wieder da, meine Esel mit den traurigen Augen, klingeling trotteten sie unter Gebimmel auf ihren hübschen kleinen Füßen dahin... Also, Madam, können Sie sich vorstellen, ich habe lange gewartet und getan, als ob ich schlief, und dann mit einem Mal hab' ich mich aufgesetzt und so laut ich nur konnte gerufen: *»Ich möchte ja so gerne auf einem Esel reiten. Ich möchte zu gerne auf einem Esel reiten!«* Sehen Sie, das mußte einfach heraus, und ich dachte, sie würden mich nicht auslachen, wenn sie wüßten, daß ich bloß träumte. Raffiniert – nicht wahr? Ganz, was ein törichtes Kind denken würde...

...Nein, Madam, nicht mehr. Natürlich hab' ich auch mal daran gedacht. Doch es sollte nicht sein. Er hatte einen kleinen Blumenladen gleich die Straße runter, gegenüber, wo wir wohnten. Komisch – nicht? Wo ich so fur Blumen bin. Damals hatten wir oft Gäste, und ich ging im Laden ein und aus, wie es so schön heißt. Und Harry und ich (er hieß Harry) fingen an zu streiten, wie alles arrangiert werden sollte – und damit fing's an. Die Blumen! Sie können sich nicht vorstellen, Madam, was für Blumen er mir immer brachte. Da kannte er nichts. Oft waren es Maiglöckchen, und ich übertreibe durchaus nicht! Ja, natürlich wollten wir heiraten und über dem Laden wohnen, und so sollte es denn sein, und ich müßte das Schaufenster dekorieren... Ach, wie ich dieses Fenster sonnabends gemacht habe! Natürlich nicht wirklich, Madam, bloß in meinen Träumen gewissermaßen. Für Weihnachten habe ich's dekoriert – das Motto ganz in Stechpalmenzweigen und alles – und Ostern hatte ich weiße Lilien, in der Mitte einen prachtvollen Stern aus lauter gelben Osterglocken. Da hingen – na ja, genug davon. Es kam der Tag, an dem er mich abholen wollte, um die Möbel auszusuchen. Ob ich das wohl jemals vergessen werde? Es war ein Dienstag. Meine Herrin war an diesem Nachmittag nicht ganz auf der Höhe. Nicht daß sie was gesagt hätte, natürlich nicht; sie sagt nie was. Doch ich merkte es ihr an, wie sie sich immer einmummelte und mich andauernd fragte, ob es kalt sei – und ihre kleine Nase wirkte... richtig spitz. Ich wollte sie nicht gerne allein lassen; ich wußte, ich würde mir die ganze Zeit Sorgen machen. Schließlich fragte ich sie, ob ich es nicht lieber auf ein andermal verschieben sollte. »O nein, Ellen«, sagte sie, »du mußt dich nicht um mich kümmern. Du darfst doch deinen jungen Mann nicht enttäuschen.« Und so heiter, müssen Sie wissen, Madam, nie dachte sie an sich. Da wurde mir noch viel elender zumute. Langsam fragte ich mich... da ließ sie ihr Taschentuch fallen und wollte sich auch schon selber danach bücken – was sie sonst nie tat. »Aber was machen Sie denn da!« rief ich und lief zu ihr, um sie daran zu hindern. »Na ja«, sagte sie und lächelte dabei, müssen Sie wissen, Madam, »ich werde wohl anfangen müssen, das zu üben.« Ach, da konnte ich mir gerade noch die Tränen verbeißen. Ich ging zur Frisierkommode hinüber und tat, wie wenn ich das Silber blankrieb, und ich konnte nicht an mich halten, und ich fragte sie, ob es ihr lieber wäre, ich... würde nicht heiraten. »Nein, Ellen«, sagte sie – ihre Stimme klang genauso, Madam, wie ich sie hier wiedergebe –, »nein, Ellen, nicht um *alles in der Welt*!«

Doch als sie das sagte, Madam – ich sah nämlich in ihren Spiegel; sie wußte natürlich nicht, daß ich sie sehen konnte – legte sie ihre kleine Hand aufs Herz, genau so, wie es ihre liebe Mutter immer machte, und hob den Blick ... Ach, *Madam*!

Als Harry kam, hielt ich seine ganzen Briefe bereit und den Ring und eine allerliebste kleine Brosche, die er mir geschenkt hatte – ein silberner Vogel war das, der hatte eine Kette im Schnabel, und am Ende der Kette ein Herz mit einem Dolch. Genau das Richtige! Ich öffnete ihm die Tür. Ich ließ ihn nicht zu Wort kommen. »Da, bitte«, sagte ich, »hier hast du alles wieder«, sagte ich, »es ist alles aus. Ich werde dich nicht heiraten«, sagte ich, »ich kann meine Herrin nicht im Stich lassen.« Weiß! kreideweiß wurde er, wie eine Frau. Ich mußte ihm die Tür vor der Nase zuknallen, und da stand ich, am ganzen Leibe zitternd, bis ich wußte, er war fort. Als ich die Tür aufmachte – ob Sie's glauben oder nicht, Madam –, war dieser Mann *wirklich* weg! So wie ich war, lief ich auf die Straße hinaus, in Schürze und Hausschuhen, und da stand ich dann mitten auf der Straße ... und starrte. Die Leute müssen gelacht haben, wenn sie mich so gesehen haben ...

... Ach du mein Güte! – Was ist denn das? Da schlägt ja die Uhr! Und ich habe Sie hier die ganze Zeit wach gehalten. Ach, Madam, Sie hätten mir Einhalt gebieten müssen ... Darf ich Ihnen die Füße gut zudecken? Meiner Herrin decke ich immer die Füße zu, jeden Abend, genauso. Und sie sagt dann: »Gute Nacht, Ellen. Schlaf gut und wach beizeiten auf!« Ich weiß gar nicht, was ich machen sollte, wenn sie das mal nicht sagen würde.

... Ach du liebes bißchen! Manchmal mache ich mir Gedanken ... was soll ich bloß machen, wenn es mal ... Aber, na ja, Nachdenken tut nicht gut – ist's nicht so, Madam? Darüber nachzudenken hilft auch nichts. Nicht daß ich oft so nachdächte. Und wenn, dann weise ich mich streng zurecht: »Aber, aber, Ellen. Bist du etwa schon wieder dabei – du dummes Ding! Wenn dir nichts Besseres einfällt, als dir wieder Gedanken zu machen!...«

Zu dieser Ausgabe

insel taschenbuch 1724: Katherine Mansfield, Das Gartenfest und andere Erzählungen. Die Erzählungssammlung *The Garden Party*, 1922 erstmals erschienen, zählt neben *Bliss and Other Stories* und *In a German Pension* zu den Sammlungen, die Katherine Mansfield selbst zusammengestellt und veröffentlicht hat. Die vorliegende Ausgabe ist text- und seitengleich mit der 1995 als insel taschenbuch 1724 erschienenen Ausgabe. Bis auf vier Erzählungen, die für diese insel taschenbuch-Edition neu übersetzt wurden, folgen die Übersetzungen der Ausgabe: Katherine Mansfield, Ausgewählte Werke in zwei Bänden. Herausgegeben von Wolfgang Wicht. Aus dem Englischen übertragen von Heide Steiner. Insel Verlag Anton Kippenberg, Leipzig 1980.

Die Erzählungen *The Voyage, Bank Holiday, An Ideal Family* und *The Lady's Maid*, die in der oben genannten Ausgabe nicht enthalten sind, wurden für den vorliegenden Band von Heide Steiner neu übersetzt.

An der Bucht. Originaltitel: At the Bay. Erstveröffentlichung: London Mercury, London, Januar 1922. Deutsche Übersetzung aus: Katherine Mansfield, Ausgewählte Werke, op. cit. Bd. 1, S. 141-179.

Das Gartenfest. Originaltitel: The Garden Party. Erstveröffentlichung: Weekly Westminster Gazette, London, Februar 1922. Deutsche Übersetzung aus: Katherine Mansfield, Ausgewählte Werke, op. cit. Bd. 1, S. 369-384.

Die Töchter des Obersten selig. Originaltitel: The Daughters of the Late Colonel. Erstveröffentlichung: London Mercury, London, Mai 1921. Deutsche Übersetzung aus: Katherine Mansfield, Ausgewählte Werke, op. cit. Bd. 1, S. 313-335.

Herr Tauber und Frau Taube. Originaltitel: Mr. and Mrs. Dove. Erstveröffentlichung: Sphere, London, August 1921. Deutsche Übersetzung aus: Katherine Mansfield, Ausgewählte Werke, op. cit. Bd. 1, S. 351-360.

Das junge Mädchen. Originaltitel: The Young Girl. Erstveröffentlichung: The Athenaeum, London, Oktober 1920. Deutsche

Übersetzung aus: Katherine Mansfield, Ausgewählte Werke, op. cit. Bd. 1, S. 292-298.

Das Leben der Mutter Parker. Originaltitel: Life of Ma Parker. Erstveröffentlichung: The Nations, London, Februar 1921. Deutsche Übersetzung aus: Katherine Mansfield, Ausgewählte Werke, op. cit. Bd. 1, S. 336-343.

Ehe à la mode. Originaltitel: Marriage à la mode. Erstveröffentlichung: Sphere, London, November 1921. Deutsche Übersetzung aus: Katherine Mansfield, Ausgewählte Werke, op. cit. Bd. 1, S. 391-402.

Die Schiffsreise. Originaltitel: The Voyage. Erstveröffentlichung: Sphere, London, Dezember 1921. Neu übersetzt von Heide Steiner.

Miss Brill. Originaltitel: Miss Brill. Erstveröffentlichung: Athenaeum, London, November 1920. Deutsche Übersetzung aus: Katherine Mansfield, Ausgewählte Werke, op. cit. Bd. 1, S. 385-390.

Ihr erster Ball. Originaltitel: Her First Ball. Erstveröffentlichung: Sphere, London, November 1921. Deutsche Übersetzung aus: Katherine Mansfield, Ausgewählte Werke, op. cit. Bd. 1, S. 361-368.

Die Singstunde. Originaltitel: The Singing Lesson. Erstveröffentlichung: The Garden Party and Other Stories, London 1922. Deutsche Übersetzung aus: Katherine Mansfield, Ausgewählte Werke, op. cit. Bd. 1, S. 344-350.

Der Fremde. Originaltitel: The Stranger. Erstveröffentlichung: London Mercury, London, Mai 1921. Deutsche Übersetzung aus: Katherine Mansfield, Ausgewählte Werke, op. cit. Bd. 1, S. 299-312.

Bankfeiertag. Originaltitel: Bank Holiday. Erstveröffentlichung: Athenaeum, London, August 1920. Neu übersetzt von Heide Steiner.

Eine ideale Familie. Originaltitel: An Ideal Family. Erstveröffentlichung: Sphere, London, August 1921. Neu übersetzt von Heide Steiner.

Die Zofe. Originaltitel: The Lady's Maid. Erstveröffentlichung: Athenaeum, London, Dezember 1920. Neu übersetzt von Heide Steiner.